치매에 걸린 뇌과학자

A TATTOO ON MY BRAIN

Copyright © 2021 Daniel Gibbs, Teresa H. Barker
Korean Translation Copyright © 2025 by Gilbut Publishing Co., Ltd
Korean edition is published by arrangement with Cambridge University Press through Duran Kim Agency.

이 책의 한국어판 저작권은 듀란킴 에이전시를 통한 Cambridge University Press와의 독점계약으로 길벗에 있습니다.
저작권법에 의하여 한국 내에서 보호를 받는 저작물이므로 무단전재와 무단복제를 금합니다.

A Tattoo on My Brain
치매에 걸린 뇌과학자

**절망 속에서도 결코
사라지지 않는 것들에 대하여**

대니얼 깁스, 터리사 H. 바커 지음 | 정지인 옮김

더퀘스트

이 책에 쏟아진 찬사

저는 죽음 이후의 뇌를 들여다보는 일을 20년 넘게 해왔습니다. 기억을 잃고 언어를 닫은 채 세상을 떠난 수많은 이의 뇌를 해부하며, 그 안에 깃든 한 인간의 생의 흔적을 더듬어왔습니다. 하지만 이 책은 반대로 자신의 뇌가 서서히 침묵해가는 과정을 기록한 한 과학자의 일기입니다. 생의 한복판에서, 그가 의사로서 마주해온 수많은 치매 환자의 길을 이제는 스스로 걸어가며 남긴 이 기록은 의학적 지식 너머의 고요하고도 단단한 용기를 전해줍니다.

장미 향을 느끼지 못한 어느 여름날의 이상한 순간부터, 언어의 미세한 빈틈과 감정의 희미한 소실까지. 이 책은 알츠하이머라는 질병이 인간을 어떻게 천천히 데려가는지를 가장 아름답고도 정직한 문장으로 담아냅니다. '치매'라는 단어에 씌워진 무력감과 낙인을 걷어내고, 그 안에서 여전히 생을 살아내는 이들의 존엄을 밝히는 책입니다. 과학자의 언어로 쓰인 가장 깊은 인간학이자, 치매를 둘러싼 공포와 편견에 맞선 정직하고 품위 있는 증언이라는 점에서 제 마음 깊은 곳에 오래도록 여운을 남겼습니다. 치매를 단지 병으로만 보지 않기를 바라는 모든 이에게 이 책을 권합니다.

유성호 | 법의학자, 서울대학교 법의학교실 교수

진료실에서 늘 느끼는 점이다. 치매에 대한 사람들의 공포는 실로 엄청나다. 판에 박힌 말기 치매의 모습을 떠올리는 것이다. 하지만 치매는 1과 0으로 구분 지을 수 있는 갑작스러운 병이 아니다. 그런 면에서 질병의 운명을 이미 완벽히 이해하고 있는 신경과 전문의가 스스로 겪는 치매의 모습은 매우 흥미로운 대리 경험이 된다. 그는

치매라는 어둠 앞에서, 자신의 뇌가 경험하는 경과에 신약으로 맞서 싸우려고도 해본다. 하지만 생물학적 시간의 흐름을 겸허히 받아들인 그는 인지예비능을 높이고 몸과 뇌의 노화를 느리게 만들 수 있는 다면적인 노력을 차분히 다져나간다. 생활습관의 힘으로 오히려 하루하루를 소중히 새기며, 시간의 걸음에 발맞춰 삶의 의미를 되새기면서 일상의 기쁨을 농밀하게 느낀다. 그 과정에서 기억은 희미해질지언정 사람의 삶과 마음의 빛은 사라지지 않을 수 있음을 보여준다. 인생의 황혼과 치매의 그림자를 마주한 모든 이에게, 이 조용한 기록은 천천히 그리고 차분히 스스로를 돌보며 살아갈 힘과 지혜를 전한다. 이 책과 함께 치매에 대한 불필요한 공포를 지울 수 있기를 바란다.

정희원 | 내과 의사, 유튜브 '정희원의 저속노화' 운영자

자랑스러운 내 친구 대니얼 깁스 박사는 은퇴한 신경과 의사이자 이제는 알츠하이머병 환자로서 크나큰 열정, 지식, 끈기로 무장한 글을 썼다. 그의 결의를 보면 윌리엄 어니스트 헨리의 시 〈인빅터스Invictus〉가 떠오른다. "내 머리는 피투성이지만 나는 굽히지 않는다." 이 책은 모두의 필독서다.

그레그 오브라이언 | 《명왕성에서》 저자

의사와 환자, 두 관점 모두에서 바라봐야 얻을 수 있는 남다른 통찰과 솔직하고 사려 깊은 관점을 제시한다.

리사 제노바 | 뉴욕타임스 베스트셀러 《스틸 앨리스》 《기억의 뇌과학》 저자

이 특별한 책에서 깁스 박사는 알츠하이머병 진단을 받기 훨씬 전부터 나타난 최초의 증상부터 꼼꼼하게 추적하며, 알츠하이머병 진행 속도를 늦추는 생활방식과 식습관 변화도 소개한다. 이 책은 전문가와 일반 독자 모두에게 큰 울림을 줄 것이다.
크리스토퍼 H. 호크스 | 바츠의과·치의과대학교 명예교수, 《후각 및 미각 장애》 저자

알츠하이머병 초기 단계인 신경학자로서 몸소 경험한 일을 사려 깊고도 교육적이며 유머러스하면서도 통렬한 이야기로 들려준다.
길 라비노비치 | 의학박사, 캘리포니아대학교 샌프란시스코 신경과 교수

신경과 전문의에서 알츠하이머병 환자로 넘어가는 놀라운 여정을 담은 책이다. 그 길 곳곳에서 병의 실마리들이 나타난다. 깁스 박사는 이어지는 모험에서 얻은 지혜와 성찰을 우리 모두에게 전한다.
스티븐 샐로웨이 | 로드아일랜드 프로비던스 버틀러 병원의 신경학과 기억 및 노화 프로그램 디렉터
마틴 M. 주커 | 브라운대학교 앨퍼트의학대학원 정신의학 및 인간 행동학 교수, 신경학 교수

온 세상의 자녀와 손주, 미래 세대에게

우리의 노력과 헌신으로 알츠하이머병을 이길 수 있다는

희망과 기대를 담아

차례

들어가며 삶의 의미를 끝까지 지키기 위하여 10
프롤로그 24

비컨 록 27
미리 알아보고 미리 대비하자 38
빵 굽는 냄새 45
나 홀로 시사회 53
맞춰지지 않는 퍼즐 59
잠긴 상자와 가계도 66
기억의 척도 78
아무튼 범고래 89
나의 뇌, 나 자신 97
감춰진 뇌가 드러나다 112
인지예비능과 회복력: 저축해둔 뇌세포 122
실험하는 삶 132
아리아가 오페라 독창곡이라면 좋겠지만 143

우리의 모든 선택이 삶을 변화시킨다 **159**

마들렌, 음악, 아프리카비둘기 **183**

내려다보지 않으면 무섭지 않다 **200**

DNA를 넘어: 가족의 역사를 다시 생각하다 **217**

5시 뉴스: 은퇴한 신경과 의사 알츠하이머병 투병 중 **229**

숲, 나무, 그리고 내가 딛고 선 땅 **234**

알츠하이머병이라 불리는 병의 실체를 다시 생각하다 **256**

의미 있는 결과 **269**

에필로그 글 쓰는 삶 **283**
부록 마인드 식단의 기초와 임상시험 **292**
참고자료 295
주석 300
감사의 말 312
찾아보기 315

들어가며: 삶의 의미를 끝까지 지키기 위하여

나는 은퇴한 신경과 의사이며 현재 알츠하이머병Alzheimer's disease 초기 단계다. 신경과 의사로 일하는 동안 알츠하이머병과 다른 유형의 치매에 걸린 환자를 많이 진료했지만, 언젠가 나도 치매에 걸릴 수 있다는 생각은 한 번도 해본 적이 없었다. 그런데 내게도 치매가 찾아왔다. 이렇게 지금 나는 뇌를 천천히 잠식해가는 초기 알츠하이머병을 앓는 환자이자 안팎이 뒤집힌 전문가의 입장에서 이 병을 바라보고 있다.

강조할 부분은 "천천히 잠식해가는"이다. 알츠하이머병 환자는 대부분 행동이나 인지 기능에서 증상이 나타날 때 이 병을 진단받는다. 그러니까 주변 사람들이 보기에도 본인이 느끼기에도 뭔가가 확연하게 '이상할' 때 말이다. 대체로 뇌세포에 중등도나 중증의 심각한 손상이 생긴 뒤다. 나는 그보다 훨씬 일찍 병을 발견했다. 일찌감치 이 병을 찾고 있었기 때문이다. 나는 순전히 운 좋게 나의 어떤 유전 정보를 알게 됐고 이를 계기로 임상 검사에 돌입했다. 알츠하이머병에 걸렸으니 내가 운이 나빴다고 생각할 것이다. 하지만 그 시기에 병을 발견한 건 정말이지 큰 행운이었다. 그 덕에 임상시험과 혁신적인 치료법들을 경험하며 최첨단 의료 혜택을 누렸기 때문이다. 병을 시기적절하게 발견함으로써 상황이 흘러갈 경로가 크게 바뀐 셈이다. 또한 나는 알츠하이머병 환자뿐 아니라 전반적인 뇌 건강과 신경 회복탄력성neural resilience에도 유익하다고 과학적으로 증명된 식단과 운동, 사회적 활동 및 지적 활동을 선택하며 생활습관도 바꿨다. 그 과정에서 자연 자체가 이 여정의 공명정대한 안내자라는 걸 알게 됐다. 가장 정교한 기술로 바라본 세포 속 자연이든 산책길에 디딘 땅이든 강에서 마주한 물살의 흐름이든, 어디에서나 가르침이 솟아났다. 이렇게 과학자이자 의사로서 내가 얻은 구명줄을 다른 사람들과 나누고 싶다.

지금까지 내가 경험한 알츠하이머병 '초기' 단계에서는 병이 거의 티가 나지 않거나 아주 가벼운 인지 손상만 나타난다. 그러다 보니 초기 단계만 연구하는 일부 신경과학자와 연구자 외에 이 경험담에서 도움을 얻을 사람은 별로 없다는 생각이 들지도 모르겠다. 하지만 나는 그렇지 않다고 힘주어 말하고 싶다. 가장 보편적인 의미에서 알츠하이머병 진단은 상황을 명료히 해준다. 원치 않은 일이긴 하겠지만 알츠하이머병 진단은 자신의 필멸성을 직시하고 주어진 시간을 최대한 잘 활용하겠다고 진지하게 마음먹는 계기가 될 수 있다. 구체적으로 말하자면 질병이 시작됐다는 사실을 일찍 알수록 그 과정을 멈추거나 속도를 늦출 합리적 조치를 더 빨리 취할 수 있고 삶의 다른 우선순위를 더 빨리 재검토할 수 있다. 남은 시간에 해야 할 정말 중요한 일은 어쩌면 버킷 리스트를 점검하고 친구, 가족, 친지들과의 관계를 더욱 돈독히 다지는 일일지도 모른다. 과학과 통계가 보여주듯이 사회적 수준에서는 알츠하이머병을 둘러싸고 이미 최악의 상황이 벌어지고 있고 게다가 점점 악화하고 있다. 발병률 증가, 의료·돌봄 전문가 부족, 제대로 준비되지도 않았고 효과적 돌봄을 제공할 만한 훈련도 충분히 받지 못한 1차 진료 의사들이 짊어지는 막대한 부담, 가족과 환자 본인의 상상할 수 없는 고통까지. 이들은 결코 소수가 아니다. 오늘날 미국에는 알츠하이머병 환자가 580만 명 정도인데, 2050년에는 이 수가 1,400만 명에 이를 것으로 추정된다. 알츠하이머병 및 기타 치매의 전 세계 유병률은 2010년에 3,500만 명으로 추산됐고 2050년에는 1억 1,500만 명까지 증가할 것으로 예상된다.[1] 고소득 국가의 치매 환자 대부분은 병이 중등도나 꽤 후기 단계에 이르러서 진단을 받는데, 이때가 되어서야 의학적으로 주의를 기울일 만한 증상이 처음으로 눈에 띄게 나타나기 때문이다. 그보다 사정이 더 안 좋은 지역에서는 많은 사람이 치매에 대한 치료를 전혀 받지 못하거나 치매의 마지막 단계에 이르러서야 병원에 가게 된다.

치매는 정상적인 노화 과정보다 훨씬 심하게 기억을 앗아가고 사고 과정에 혼란을 초래하는 뇌의 퇴행성 장애다. 뇌에 나타나는 이러한 변화는 일상적 과제와 활동을 수행하는 능력, 다른 사람의 말을 듣고 반응하는 의사소통 능력, 인간관계에서 자신이 맡은 역할을 유지하는 능력을 손상시킨다. 전체 치매 가운데 적어도 60퍼센트는 알츠하이머병으로 인한 것이며, 파킨슨병Parkinson's disease을 비롯한 다른 치매 원인병도 증상만으로는 알츠하이머병과 구별하기 어려울 수 있다. 또한 한 사람에게 알츠하이머병과 다른 원인병이 모두 생기기도 한다.

결정적으로 알츠하이머병이라는 진단이 내려지려면 뇌에 아밀로이드 플라크amyloid plaque(아밀로이드 베타 단백질amyloid beta protein 파편들의 덩어리)와 엉킨 신경섬유 뭉치neurofibrillary tangle(타우 단백질tau protein에 생긴 뒤틀린 미세섬유)가 존재한다는 증거가 있어야 한다. 이 플라크와 뭉치는 1906년에 알로이스 알츠하이머Alois Alzheimer 박사가 발견한 것으로, 비교적 최근까지도 이를 확인할 방법은 환자가 사망한 뒤에 뇌를 현미경으로 관찰하는 것뿐이었다. 오늘날에는 생체표지자biomarker(몸 안에서 일어나는 변화를 측정하고 질병의 존재 여부나 건강 상태를 판단하는 데 쓰이는 생체 신호-옮긴이) 검사를 통해 살아 있는 동안에도 알츠하이머병의 존재에 관해 신뢰할 만한 정보를 얻을 수 있다. 뇌척수액 검사spinal fluid test도 이에 포함되는데, 플라크를 이루는 아밀로이드 단백질과 신경미세섬유 뭉치에서 발견되는 비정상적 타우 단백질의 존재를 조사한다. 양전자방출단층촬영positron emission tomography, PET을 통해 아밀로이드와 타우 단백질의 위치를 파악할 수도 있고, 머지않아 혈액검사를 통해서도 그 존재를 확인할 수 있게 될 것이다(2024년을 기준으로 혈액검사는 미국, 한국, 유럽 등에서 부분적으로 사용되고 있고 점점 확대되는 추세다-옮긴이).

알츠하이머병 환자의 뇌에서 제일 먼저 생기는 이상인 플라크 형성이, 치매의 인지 증상이 나타나는 시점보다 길게는 20년 전부터 시작된다는 것이 생체표지자를 활용한 연구에서 밝혀졌다. 뇌세포에 타우 단백질 뭉치가 생기고 그 결과 뇌세포가 사멸하며 뇌가 위축되는 현상은 인지 손상이 처음 나타나는 무렵에 시작되기도 하고, 그보다 몇 년 앞서 시작되기도 한다. 이처럼 알츠하이머병의 외적인 증상이 나타나는 시점보다 수년 전에 뇌 변화가 시작된다는 것이 밝혀졌으니, 병의 진행을 바꿀 수 있는 효과적 치료는 병의 초기 단계에, 증상이 나타나기보다 훨씬 전에 시작하는 것이 이상적이라는 결론이 나온다.

통상적으로 알츠하이머병은 줄곧 알츠하이머 치매와 동의어였고 알츠하이머병의 진단 역시 치매 증상이 있느냐에 따라 결정됐다. 일부 전문가는 여전히 이 엄격한 정의를 고수한다. 하지만 인지 손상이 나타나기 10~20년 전에 뇌의 병리적 변화가 시작된다는 사실이 확실히 밝혀진 20년 전부터는 상황이 달라졌다. 이제는 인지 기능은 아직 정상이지만 이미 뇌 변화가 일어나고 있는 증상 발현 이전 시기도 알츠하이머병 정의에 포함해야 한다고 주장하는 전문가들이 많아졌다. 그래야 병의 진행을 늦추기 위한 개입을 더 빨리 시작할 수 있기 때문이다. 나도 그중 한 명이다.

진단의 관점에서 초기 알츠하이머병을 어떻게 정의할지에 대한 전문가들의 논의는 아직 끝나지 않았지만, 이와 별개로 질병 과정이 진행되고 있는지 확인할 수 있는 검사법들이 있다. 이런 검사들은 나 같은 사람들에게 알츠하이머병의 인지 저하 속도를 늦춰준다고 과학적으로 증명된 방법들을 적용할 소중한 시간을 벌어준다. 과거에 내가 알츠하이머병 환자들과 처음으로 만나는 때는 이미 그들의 인지 손상이 한참 진행된 시점이었다. 그 시절에도 그런 검사법들이 존재했더라면 얼마나 좋았을까? 너무나 아쉽다.

나는 일선 의사로서는 은퇴했지만, 이는 내게 초기 알츠하이머병과 그에 관해 우리가 할 수 있는 일에 관한 인식을 높이는 데 쏟을 시간이 더 많아졌음을 의미할 뿐이다.

내가 병을 진단받은 지 3년 후이자 은퇴한 지 5년 후였던 2018년 가을, UCSF 기억 및 노화 센터에서 나를 담당하던 신경학자들 중 한 사람이 알츠하이머병 환자로서 내 경험을 글로 써서 학계에 알려보라고 권유했다. 2019년 《미국의사협회저널 신경학회지 JAMA Neurology》(이하 《JAMA 신경학》)에 실은 글에서 나는 알츠하이머병을 조기에 인지하고 진단해야 한다는 의견을 피력했다.[2] 그 이유는 다음에서 보듯이 시간이 지날수록 더욱 강력해졌다.

- 여러 새로운 연구를 통해 유전적·생물학적·환경적 요인들이 복합적으로 알츠하이머병 및 기타 치매를 초래하는 과정에 관한 과학적 이해가 진전되고 있다. 이 연구들은 질병 과정에 관한 더욱 정교한 관점을 제공한다. 또 다른 새로운 연구들은 식생활, 신체적·정신적 운동, 사회적 활동뿐 아니라 잠재적으로는 일부 약물에도 알츠하이머병을

포함한 신경퇴행적 쇠퇴를 막아주는 보호 효과가 있음을 강조한다.

• 혁신적인 유전학 기술들이 여러 가능성을 빠르게 변화시키고 있다. 때로는 그 속도가 너무 빨라서 더 신중하고 조심스럽게 의학적 정보를 사용했던 지난 몇 세대 동안의 관행이 위태로워질 정도다. 23앤드미23&Me와 앤시스트리닷컴 ancestry.com 같은 가계 추적 서비스에서는 자신의 유전 정보를 알고 싶어하는 고객에게 개인화된 유전 정보를 제공한다. 소비자가 자신의 유전 정보를 손쉽게 얻을 수 있는 것은 유익한 일이다. 그러나 기업에서 데이터를 산출하는 방법, 그 데이터의 질, 개인이 (많은 경우 의사나 유전학 상담사와 의논하지 않은 채) 데이터를 해석하고 그 해석을 바탕으로 행동하는 방식 때문에 사용자들이 취약한 입장에 처하기도 한다.

• 신경퇴행 질환의 진행을 늦출 방법을 찾기 위한 약물 및 치료법에 대한 임상시험의 수가 급증했다. 이는 개인이 참여할 기회가 더 많아지고 의사가 환자에게 관련된 임상시험을 고려해보도록 추천할 기회도 많아진다는 뜻이다.

최대한 이른 시기에 알츠하이머병을 포착할 때 얻는 이점들, 요컨대 증상이 나타날 것으로 예측되는 시기보다 수년 전에 세포 손상을 늦추거나 심지어 멈출 수 있다는 증거가 계속 쌓이고 있다. 의과학 실험실에서 나온 최선의 성과를 임상 현장으로 옮기려는 긴박한 노력이 매일 새로운 발전을 거두는 가운데, 여러 분야의 최전선에서 미래의 희망이 피어나고 있다.

그러나 언론이 알츠하이머병과 그에 관한 연구를 다루는 방식은 너무 전문적인 경우가 많고 서로 모순되기도 하며 때로는 내용을 지나치게 단순화하는 바람에 오해를 일으킨다. 그 결과 알츠하이머병과 대책에 관해 명료하게 알리지 못하고 혼란을 초래할 때가 더 많다. 코로나19 팬데믹 훨씬 전부터 알츠하이머병에 관한 뉴스가 끊임없이 흘러나오며 많은 사람에게 '업데이트 피로감'을 안겼다. 특히 새로운 연구 결과가 빠르게 임상 치료로 이어지기를 바라는 사람들에게는 더욱 그랬다. 이 책을 쓰던 중에 팬데믹이 발발하면서는 병의 진행을 늦추고 너무 많은 인구가 요양 시설로 몰리지 않게 하는 것이 어느 때보다 시급해졌다. 이 책을 씀으로써 내가 하고 싶은 일은 독자들에게 조각조각 흩어진 여러 연구 결과를 더 실용적이고 도움이 되는 온전한 그림으로 맞춰 보여주는 것이다. 단 하나의 연구에서 즉각적인 치료법을 찾아낸 경우는 없지만 각각의 연구가 모여 우리의 이해를 넓히고 더 효과적인 치료법과 예방법을 찾는 데 기여한다. 아직 완전한 치료법을 찾지 못했다고 해서 우리가 속수무책인 것은 아니다. 그러나 알츠하이머병에 대한 두려움과 낙인은 우리에게 무력감을 안길 수 있다.

알츠하이머병을 더 일찍 진단하고 치료할수록 유익하다는 것을 확인해주는 여러 결과에도 불구하고 알츠하이머병에 관한 공적 담론에는 여전히 할 수 있는 일이 아무것도 없다는 무력감과 절망감이 팽배해 있다. 의학계에서도 상황은 그리 다르지 않다. 나는 동료들의 강력한 권고를 받아들여 2019년에 《JAMA 신경학》에 게재한 글의 확장판으로서 이 책을 쓰기 시작했다. 의료계 사람들에게, 특히 도움받을 환자들을 직접 접하는 일선의 의사들에게 변화를 촉구하기 위해서였다. 하지만 우리 개개인이 제도가 바뀌기만을 마냥 기다릴 필요는 없다. 과학적 증거에 입각한 합리적이고 책임감 있는 조치를 통해 우리 스스로를 도울 수 있으니 말이다.

한 사람의 인생에는 아주 많은 것이 걸려 있다. 내가 아내와 자식, 손주들과 그랬듯이 누구에게나 사랑하는 사람들과 함께 나눈 소중한 세월이 있다. 좋아하는 일, 친구, 동료, 그 밖의 많은 사람과 아주 다양한 방식으로 즐겁게 보냈던 세월도. 이미 알츠하이머병에 걸린 사람이나 고위험군인 사람부터 환자의 가족, 친구, 간병인, 연구자, 연구자금 지원자, 의료업계와 공공정책 입안자까지 선제적 조치를 통해 얻는 혜택은 우리 모두의 몫으로 돌아온다.

알츠하이머병이 어느 단계에서든 사람을 힘들게 하는 이유는, 나이나 병의 진행 정도를 떠나 스스로 알츠하이머병에 걸렸다는 사실을 아는 것만으로도 미래에 품었던 모든 기대와 계획이 뒤엎어지기 때문이다. 의사뿐 아니라 가족이나 친구 같은 사람들과 힘겨운 대화를 나눠야 할 수도 있다. 내 환자들이나 받아들이기 어려운 진단을 받은 주변 사람 중에는 속 깊은 감정을 털어놓는 이들도 있었지만 감정을 전혀 내비치지 않는 이들도 있었다. 저마다 자기만의 대처 방식이 있는 것이다. 나는 모든 방식을 존중한다. 이상하게 보일 수도 있겠지만, 내 경우에는 이 병에 완전히 매료됐다. 이전까지 과학자이자 신경과 의사로서 일하는 내내 나는 이 병을 밖에서만 관찰했다. 그런데 이제는 객석 맨 앞줄에 앉아 있다. 아니, 호랑이와 함께 링에 올라가 있다고 해야 할까. 물론 알츠하이머병에 걸렸다는 사실을 알았을 때는 낙심했었다. 하지만 호락호락 물러서지는 않았다. 그리고 알고 보니 내가 평생 유지해온 습관들, 다시 말해 비교적 초연한 태도로 문제에 접근하고 연구하고 실험하고 가설을 세우고 발견하는 일이 나의 대처기제가 되어주었다. 지금 나는 바로 그 점에 무척 감사한다. 그리고 초기 알츠하이머병에 관한 과학과 의학과 일상 경험을 바탕으로 한 이 책이 다른 사람들에게도 도움이 되기를 소망한다.

《JAMA 신경학》에 에세이를 실은 뒤, 포틀랜드의 KATU-TV에서 내 이야기를 중심으로 초기 진단의 중요성에 관한 보도를 내보냈다. 나는 영상을 시청하고 댓글을 단 사람들의 수에 깜짝 놀랐다.[3]

그렇게 나의 진단은 사적인 일에서 공적인 일이 되었다. 잘 모르고 지냈던 이웃이나 전혀 모르는 사람들까지 아내와 나에게 말을 걸어왔고 많은 이가 슬픈 위로나 안타까움을 표했다. 솔직히 말하면 그건 좀 거북한 상황이기도 했다. 나는 실질적으로 모든 면에서 아주 괜찮은 상태였고(능력과 거동에 아무 문제가 없었다) 삶에서 훨씬 더 어려운 문제를 겪고 있는 이들도 많았으니 말이다. 오늘날에는 특히 더 그렇다. 코로나19 팬데믹을 겪으며 우리 모두 자신의 필멸성을 직시하고 상실을 애도할 수밖에 없었고 그 뒤로도 불확실한 미래에 대한 두려움 속에서 살고 있다.

2019년 초에 우리는 알츠하이머병에 관한 논의가 앞으로 빨리 감기를 한 것처럼 말기와 최종 단계의 상실에만, 그 병에 대한 두려움과 낙인에만 오랫동안 집중돼 있었음을 깨달았다. 조기 진단과 치료를 통해 몇 년, 심지어 몇십 년의 의미 있는 시간을 극대화할 수 있다는 사실은 놓치고 있었던 것이다. 나는 이렇게 왜곡된 담론을 바로잡기 위해 이 책을 쓰기로 마음먹었다. 상황을 바꿀 수 있는 시기를 놓치기 전에 더 많은 사람에게 그 가능성을 알려야 한다고 생각했다. 지금 나는 그 과정에서 내가 배운 사실들이 알츠하이머병이 주는 공포와 두려움뿐 아니라 어떤 상황에 직면해 있든 현재 우리에게 존재하는 희망과 삶의 선물에 관해서도 증언해 준다는 것을 깨닫는다.

알츠하이머병에 관한 서사는 대부분 병이 진행되면서 겪게 되는 상실과 고통의 감정적 영향에 초점이 맞춰져 있다. 나는 그런 이야기를 반복할 생각이 없다. 누구의 삶에서든 알츠하이머병의 진행 과정을 바꿀 기회인, 생물학적으로 유일무이하고 대체할 수 없는 시기의 잠재력을 명확히 알리는 것이 나의 목표다. 이는 헛된 희망도 아니고 근거 없고 순진한 낙관도 아니다. 운동, 식생활, 사회적 활동과 인지적 도전이 알츠하이머병의 진행을 늦춰준다는, 과학적으로 증명되고 확립된 연구 결과에 증거 기반의 의과학이 더해진 관점이다. 나는 열린 마음으로 격려와 권고를 받아들일 사람들에게, 임상적 증거가 아닌 한 가지 의학적 우화이자 행동의 권유로서 나의 이야기를 공유하고자 한다. 오늘날 알츠하이머병에 대해 아무것도 할 수 없다는 무력감을 느끼는 사람들에게 이 낙관적 이야기가 스스로 할 수 있는 일이 있다는 자신감을 조금이라도 불어넣어주기를 희망한다.

알츠하이머병 초기 환자로서 지내는 동안 나는 내부자의 시각을 얻었다. 이런 시각 따위 아무도 반기지 않을지 모르지만, 나는 평생의 업을 이어갈 기회로 받아들이고 기꺼이 이 일에 뛰어들었다. 나에게는 두 가지 동기가 있다. 개인적 동기는 사랑하는 사람들과 함께 내가 사랑하는 일을 하며 충만한 삶을 살면서 남은 시간을 즐기고 싶다는 것이다. 직업적 측면에서 보자면 의사로서, 그 이전에는 과학연구자로서 나의 목표는 늘 사람들을 돕는 것이었다. 이 책은 내가 평생 해온 일을 계속 이어가면서 내게 남은 모든 역량을 활용해 내 힘이 다할 때까지 최대한 많은 사람에게 이로운 일을 가능한 한 많이 하겠다는 결심이 물질적으로 구현된 결과물이다.

이 책을 쓰고, 이 책에 담긴 삶을 살아내는 일의 어려움과 즐거움은 알츠하이머병에 맞서 싸우며 주어진 시간을 최대한 잘 활용하려 한 것이므로 그만큼 더 강렬하게 느껴진다. 의사들은 만성 퇴행성 질환의 치료 성공 여부를 '의미 있는 결과'에 기여한 정도를 기준으로 판단한다. 의미 있는 삶. 나는 이것이 누구에게나 보편적으로 바람직한 결과라고 믿는다. 그것이 바로 이 책이 들려주는 이야기다.

프롤로그

아우구스테 D.Auguste D.가 쉰두 살쯤 되었을 때, 그의 남편은 아내가 이상하게 행동하고 집안 여기저기 엉뚱한 곳에 물건들을 놓아두며 자신이 옆집 이웃과 바람을 피운다고 의심한다는 걸 알게 됐다. 이후 1년 동안 아우구스테의 기억력은 급속히 쇠퇴했고 편집증과 망상도 악화됐다. 때는 1901년이었다. 아우구스테는 프랑크푸르트에 있는 '정신이상자 및 간질환자를 위한 요양원'에 보내져 알로이스 알츠하이머 박사에게 치료를 받게 됐다. 알츠하이머는 뇌의 신경병리학적 변화와 정신질환 및 신경질환의 관계를 밝히는 일에 관심이 많은 젊은 정신과 의사였다. 1906년에 아우구스테가 사망했을 때 뮌헨에 있는 다른 병원으로 이직해 있던 알츠하이머는 병리학적 검사를 위해 아우구스테의 뇌를 확보했다. 현미경으로 보니 뇌 바깥층의 신경세포들 사이에 어두운색의 입자들이 있었다. 신경세포들 내부에는 또 다른 유형의 어둡고 더 작은 입자들이 엉켜 있었다. 이것들이 바로 오늘날 우리가 알츠하이머병의 신호로 여기는 뇌 속의 아밀로이드 플라크와 미세신경섬유 뭉치다. 이 신경퇴행성 질환에는 이런 병변들과 치매의 한 유형 사이의 상관관계를 밝힌 의사 알츠하이머의 이름이 붙었다.

아우구스테 D는 알츠하이머 박사를 만나고 겨우 5년 뒤에, 남편이 기이한 행동을 처음 눈치챈 지 8~9년쯤 만에 사망했다. 아우구스테의 진단과 죽음 이후로 100년 넘는 세월이 흘렀지만 알츠하이머병 진단을 받은 후 사망까지 걸리는 일반적인 시간은 아직도 약 8년으로 그대로다.

그것은 내가 신경과 전문의로서 보낸 25년 동안 만난 알츠하이머병 환자 대부분의 예후이기도 했다. 증상을 보인 환자들이 내게 온 무렵이면 대체로 병은 이미 의학이 손쓸 수 없는 단계로 진행된 뒤였다. 오늘날 신경과학은 눈에 띄는 인지 증상이 나타나기 최소 10년, 어쩌면 20년 전에 알츠하이머병이 시작된다는 사실을 아는 정도까지는 발전했다. 이제 던져야 할 질문은 '신경퇴행성 질환으로 전개될 병리학적 변화를 더 일찍 감지한다면 손상이 일어나기 전에 병의 진행을 멈추고 경로를 바꿀 수 있을까?'다. 알츠하이머병에 맞서 시간을 버는 데 그 잠복기를 활용할 수 있을까? 나는 그럴 수 있다고 믿는다. 내가 그 시간을 살고 있기 때문이다.

비컨 록

높이가 지브롤터 암벽에 버금가는 현무암 바위산인 비컨 록은 컬럼비아강의 워싱턴주 쪽 강변에 260미터 높이로 솟아 있다. 컬럼비아강의 오리건주 쪽 강변, 포틀랜드의 삼림이 우거진 언덕 꼭대기 동네의 막다른 길 끝에 자리한 우리 집에서는 동쪽으로 약 64킬로미터 떨어져 있다. 컬럼비아강은 나에게 제2의 고향과 같은 곳이다. 이 강에는 우리 아이들이 어렸을 적에 함께 쌓아 올린 즐거운 추억과, 앞으로 손주들과 보내게 될 행복한 시간에 대한 기대감이 스며 있다. 이 강에서 자식들과 손주들은 살아가는 데 필요한 문제해결 능력과 실용적 기술 몇 가지를 배웠고 나 역시 여기서 몇 가지 요령을 익혔다.

이제 그런 시절도 그리 많이 남지 않았다. 그때가 정확히 언제가 될지는 알 수 없지만 말이다. 정확성을 따지는 것이 제2의 천성인 연구과학자이자 신경과 의사였던 시절의 나였다면 이런 불확실한 상황에 몹시 분개했을 것이다. 하지만 이제 나는 공식적으로 은퇴했다. 지금은 무엇이든 원하는 연구를 할 수 있는 자유가 있다. 현재 몰두하는 탐구의 목표는 내가 직면한 이 부정확한 타임라인을 나에게 유리하게 활용할 방법, 불확실성을 나에게 이로운 쪽으로 돌릴 방법을 찾는 것이다.

나는 현재 알츠하이머병 초기다. 시간이 흐를수록 점차 진행되어, 다른 일이 없다면 언젠가는 나를 죽일 신경퇴행 과정의 초기 단계에 있는 셈이다. 지금 내 관심사는 초기 단계에서 이 병의 진행 속도를 늦출 방법을 찾아 이 질병의 땅을 탐사하는 일이다. 알츠하이머병의 연속체상에서 현재 내가 있는 이 지점에서 보낼 시간을 더 벌고 싶다. 가족 및 친구들과 함께할 시간, 직업적 목표뿐 아니라 즐거움을 위해서도 연구하고 책을 읽고 글을 쓸 시간, 숲속 산책을 즐길 시간과 강에서 보낼 시간. 다행인 점은 이 모든 추구가 서로 만나는 지점을 찾아냈다는 것이다. 이런 일들은 모두 서로 영향을 주고받으면서 과학적 탐구나 삶의 만족과 관련된 더 큰 목표를 진전시키기도 하고 통찰의 밑거름이 되어주기도 한다. 이 모든 것이 뇌라는 풍경 속에서 신경학적으로 절묘하게 맞물리는 광경은 정말 놀랍다. 기운차게 걷는 것만으로도 뇌 기능에 직접 영향을 미칠 수 있다니. 일단 지금은 비컨 록이 출발점으로 삼기에 딱 좋다.

화창한 날 등산 애호가들을 설레게 하는 휴화산인 인근의 후드산과 그 자매 격인 몇몇 산과 비교하면 포틀랜드시의 스카이라인은 아주 왜소해 보인다. 나는 그 산들에 한 번도 가본 적이 없었다. 하지만 5년쯤 전에 내가 알츠하이머병 초기 단계 같다는 의심이 들자 살면서 꼭 해보고 싶었던 일들이 죽 떠올랐다. 수년간 탄자니아의 킬리만자로 기독교의료센터에서 신경과 의사로서 자원봉사를 해오며 킬리만자로 등반도 버킷리스트에 올려둔 터였다.

그 무렵 해마다 그 지역으로 떠났던 봉사활동에 아내 로이스가 동행한 적이 있다. 우리는 하루 시간을 내서 만다라헛까지 등산을 했다. 만다라헛은 야영하며 쉬어가는 첫 장소이자 산 정상에 오르기 위한 신체적 준비와 고도 적응을 시작하는 첫 쉼터다.

킬리만자로산 기슭에 있는 그 병원에서 고산병이나 다른 등산 관련 사고로 온 환자들을 자주 봤다. 높이가 6킬로미터 가까이 되는 킬리만자로산은 아프리카에서 가장 높은 산이지만 전문적인 등반 기술이 있는 사람만 오를 수 있는 산은 아니다. 그래도 킬리만자로산 등반은 육체적으로 고된 일이고 잘못하면 목숨을 잃을 수도 있다. 매년 약 4만 명의 등반가가 정상에 도전하는데 그중 사망하는 사람이 평균 6~10명은 된다. 사망자 중 약 60퍼센트는 고산병 때문에, 30퍼센트는 심장마비, 폐렴, 맹장염 같은 질병 때문에, 약 10퍼센트는 추락이나 낙석으로 인한 외상으로 목숨을 잃는다. 2013년에 아일랜드의 한 유명 산악인은 킬리만자로산을 등반하다가 번개에 맞아 사망하기도 했다. 고도 3킬로미터 부근에 도달하면 고도에 적응하지 못한 등반가의 80퍼센트 정도가 고산병으로 인한 두통에 시달린다. 보통은 물을 충분히 마시고 진통제를 먹고 적응할 시간을 보내면 가라앉는다. 그보다 더 심한 경우는 두통에 더해 식욕감퇴, 구토나 설사를 동반한 메스꺼움, 졸음이 한데 섞인 급성 고산병이다. 가장 심각한 단계는 고산 뇌부종이다. 이때 등반가는 급성 산악병의 심한 두통과 위장 증상 외에도 착란, 협응 능력 상실, 발음 꼬임, 즉시 치료하지 않으면 뇌사와 사망으로 이어질 수도 있는 극도의 피로에 시달린다. 폐에 체액이 축적되어 호흡 곤란을 유발하는 고산 폐부종이 생길 수도 있다. 4.5킬로미터 이상 올라간 등반가 가운데 약 1퍼센트가 겪는 일이다. 대다수는 곧바로 낮은 고도로 이동하면 완전히 회복되지만 몇 달

뒤에 눈(망막 출혈)과 뇌(미세출혈)에서 변화가 발견될 수도 있다.[1]

우리 부부가 마랑구 트레일 입구에서 출발해 약 2.7킬로미터 지점까지 올라가는 데는 4시간쯤 걸렸다. 정상까지 절반밖에 안 되는 비교적 낮은 고도인데도 우리 둘 다 약한 두통과 메스꺼움에 시달렸다. 산에서 내려오는 동안 증상은 빠르게 호전됐고 집에 돌아오니 내년에 다시 정상에 도전하고 싶은 마음이 솟아났다. 아내 로이스는 내가 고산병 같은 치

내가 일했던 탄자니아의 의료센터에서 바라본 킬리만자로산

명적인 신경계 합병증에 매우 취약한 상태이므로 그런 생각은 아주 위험하다고 했다.

로이스는 함께 가지 않을 게 분명했으므로 나는 노련한 도보 여행가인 친구 헨리에게 함께 가지 않겠느냐고 물었다. 헨리는 등반에 앞서 훈련부터 권했고 자기가 근처에서 함께 하이킹과 등반을 하며 몸 만드는 걸 도와주겠다고 했다. 자기는 이미 여러 번 정상까지 올라봤던 후드산에 나도 이제는 한번 올라보라고 말이다. 우리는 컬럼비아강 협곡에서 적당한 난이도의 당일치기 등산으로 시작했는데, 이날 경험으로 나는 킬리만자로산은 말도 안 된다는 로이스의 생각이 옳았음을 깨달았다. 그러자 헨리는 비컨 록을 소개했다.

비컨 록은 한눈에도 만만치 않아 보였다. 남쪽 암면이 특히 그랬다. 120미터 수직으로 솟은 암벽은 노련한 등반가들만 오를 수 있고 숙달된 기술과 장비가 필요하다. 그러나 서쪽 암면에는 이미 한 세기도 더 전에 평범한 주말 산책객을 위한 나무가 우거진 산책로가 조성되었고 난간과 함께 지그재그로 정교하게 닦은 등반로도 마련되었다. 일부 구역에는 바위를 깎아 만든 넓은 길과 사이사이 17개나 되는 목재 다리가 놓여 있으며, 다니기 좋게 만든 모든 길에는 안전 레일이 설치돼 있다. 높이가 부담스러울 수 있지만 눈앞의 넓은 등반로에만 시선을 고정하고 걸으면 괜찮다. 그렇게 걷다가 이따금 멈춰서서 멋진 원경의 풍광을 감상하다 보면 어렵지 않게 오를 수 있다. 가파른 바위 위에서 아래를 내려다보지만 않으면 무서울 일도 없다.

컬럼비아강 기슭과 트레일 입구의 숲, 그리고 정상에 도착해서 바라보는 풍경은 숨이 멎을 정도로 아름답다. 모든 걸음걸음이 수백만 년에 걸쳐 만들어진, 서두름이라고는 모르는 지질학적 시간에 속한 숲과 바위 지형을 지난다. 이런 풍경을 보며 산을 오르다 보면 마음이 차분하게 가라앉는다. 강과 바위산에서 하루를 보내면 감각의 속도도 빨라지는지 이 강에서 가족과 친구들과 보낸 좋은 시간의 기억이 몰려온다. 지금도 헨리와 나는 1년에 한 번씩 1.5킬로미터 정도까지 올라간다. 정상으로 갈수록 맨 바위가 점점 좁아지며 가팔라지는데, 정상까지 마지막 15미터는 콘크리트 계단으로 된 45도 각도의 등산로를 따라 올라가야 한다.

가장 최근에 비컨 록에 올라갔을 때는 약간 숨이 차고 땀범벅이 된 채로 정상에 도착했지만 아주 좋아하는 장소에서 이렇게 근사한 운동을 했다는 순수한 기쁨에 마음이 마냥 들떴다. 나는 현재 스마트폰 기반의 새로운 인지 테스트 임상시험에 참여하고 있다. 이 시험은 하루에 여러 차례 할 수 있고 유의미한 학습편향도 없다. 그러니까 반복한다고 해서 더 쉬워지는 게 아니라는 뜻이다. 이 임상시험의 목적은 인지적 변동이 활동 수준과 관계가 있는지 알아보는 것이다. 스마트폰 앱으로 수집한 인지 데이터와 피트니스 추적기로 얻은 운동 측정값을 함께 검토한다. 최근 나는 건망증과 당황스러운 머뭇거림 같은 인지 기능 저하를 어느 정도 감지하기 시작했지만 운동을 하는 동안과 운동 후에는 사고가 더 명료해지는 걸 느낀다. 이 점은 지금까지 이 시험으로도 입증되었다. 평균적으로 내 인지 평가 점수는 유산소 운동 후에 8퍼센트 높아진다. 오늘은 피트니스 추적기에 따르면 등산을 시작할 때 64였던 심박수가 131까지 올라갔다. 보트 선착장에서 출발해 정상까지 57분 동안 2.8킬로미터를 이동하고 획득 고도가 260미터가 됐을 때는 인지 평가 점수가 15퍼센트 높아졌다.

나중에 친구에게 이 이야기를 했더니 이렇게 매혹적인 자연에 나와 있는 날에도 데이터를 들여다보냐며 핀잔을 줬다. 하지만 이 정교한 추적 프로그램과 실시간 피드백, 이 과정이 임상시험이라는 사실이 나에게는 등산의 즐거움을 더욱 키워준다. 암벽 등반가가 어려운 암벽 등반을 더 좋아하듯이 나는 데이터의 사실적 디테일에서 즐거움을 느낀다. 그것은 등산로의 아름다운 풍경을 해치지 않으면서도 내가 음미할 수 있는, 게다가 지금으로서는 용기를 주는 내면의 풍경이다.

우리 같은 등산객들은 암벽 등반가들과 마주치지 않는다. 남쪽 암면을 타고 올라가는 그들의 위험한 등반은 우리가 보는 것과는 다른 풍경으로 보상받을 것이다. 하지만 어느 길로 가든 올라가서 내려다보는 컬럼비아강 협곡의 풍광은 그저 장관이다. 더 쉬운 등반로가 있다는 사실에 감사할 따름이다. 내가 비컨 록에 올라갈 수 있는 것은 순전히 지그재그 모양으로 설치된 등반로가 있기 때문이니까. 그 역시

비컨 록 정상에서 인지 테스트를 하는 나. 친구 존이 찍어준 사진.

수월한 길은 아니지만 말이다.

    알츠하이머병을 안은 채 보낼 장차의 세월은 유난히 버겁고 높은 거석처럼, 가파른 암벽처럼 느껴진다. 그런 날에는 비컨 록을 떠올린다. 내게 선물과 같은 지그재그 등반로를, 한 번에 하나씩 내딛는 걸음의 힘을.

비컨 록의 지그재그 등반로

미리 알아보고
미리 대비하자

알츠하이머병의 반대편 끝에 어떤 일이 기다리고 있는지 모르는 건 아니다. 30년 가까이 의사로 일하며 만났던 환자 대부분은 담당 의사에게서 내게로 보내졌을 때 이미 알츠하이머병이 어느 정도 혹은 꽤 진행된 단계였다.

지금 머릿속에 한 환자가 예약 시간에 맞춰 진료실로 들어오던 순간이 생생하게 떠오른다. 이 사람을 M이라고 부르겠다. 80대의 여성 환자였던 M은 걸음이 불안정해서 내가 부축해야 했다. 당시 M과 함께 살던 딸이 바로 따라 들어왔다. 딸이 어머니를 데려온 이유는 M이 점점 건망증이 심해지고 한 일을 자꾸 반복했기 때문이다. M은 얼마 전까지 혼자 살았지만 딸은 이제 어머니가 혼자 사는 게 안전하지 않다고 판단했다. M의 1차 진료의가 앞서 뇌 스캔을 실시했을 때 뇌위축brain atrophy은 보였지만 뇌졸중이나 종양은 발견되지 않았다. 표준 신경학 검사 결과에서는 언어기억이 두드러지게 저조했고 내가 5분 전에 말한 단어 세 개도 기억하지 못했다. 머리를 어떻게 빗는지, 양치질을 어떻게 하는지 보여주는 것도 어려워했다. 걸음걸이도 약간 불안정했으며 간이 정신상태 검사mini-mental status exam, MMSE에서는 30점 만점에 12점이 나왔다. M에게는 치매가 있었고 임상 소견으로는 알츠하이머병과 가장 일치했다. M은 별로 걱정하는 것 같지 않았지만 딸은 몹시 당황해했다.

치매 스펙트럼상에서 상대적으로 젊은 나이인 50대 중반의 또 다른 여성 환자는 날 만나러 왔을 때 매우 이르지만 분명한 인지 손상 징후를 보였다. 그가 내게 말한 가장 큰 걱정은 자신이 아니라 가족에 대한 것으로, 치매 진단이 가족에게 끼칠 영향을 두려워했다. 그는 자신의 진단이나 병이 가족의 삶에서 초점이 되지 않기를, 사랑하는 사람들에게 자신이 만성적이고 짐스러운 걱정거리가 되지 않기를 바랐다. 그는 어떤 희생을 치르더라도, 심지어 더 이상 상태를 숨길 수 없을 때까지 홀로 분투하게 되더라도 가족에게 부담이 되지 않기를 바랐다.

의사로서 나는 이 병이 증오스러웠다. 때는 1992년이었고 의학으로 할 수 있는 게 아무것도 없었다. 희망조차 줄 수 없었다. 환자들과 가족들이 나를 만날 때쯤에는 이미 아무런 희망도 없다는 게 누가 봐도 명백했다. M의 경우처럼 그들의 1차 진료의는 어떤 치료도 해줄 수 없었고, 그 두렵고 미끄러운 비탈길 아래에 있는 다음 단계가 바로 나였다. 많은 환자가 자신뿐 아니라 가족에 대해서도 최악의 상황을 예상하고 두려움에 떨었다. 당시 신경과 의사들에게는 알츠하이머병의 치료법은 고사하고 사망 전에 그 병을 진단할 도구조차 극히 제한적이었다. PET를 할 수 있는 경우도 드물었기 때문에 뇌종양, 뇌졸중 등 알츠하이머병과 증상이 유사한 다른 질병일 가능성을 배제하기 위해 의지할 수 있는 것이라곤 자기공명영상magnetic resonance imaging, MRI과 컴퓨터단층촬영computed tomography, CT 스캔뿐이었다. 훨씬 뒤에는 아밀로이드와 타우 단백질의 수치를 측정할 수 있는 뇌척수액 검사가 개발되었다. 그러나 이 검사 중 어느 것도 환자가 정말 알츠하이머병에 걸렸는지, 다른 유형의 치매인지, 아니면 둘 이상의 유형이 섞인 것인지 확실하게 알려주지 않았다. 이런 구분이 중요한 이유는 치매 유형마다 다른 생물학적 메커니즘에 맞춰 대처해야 치료 효과가 발휘되기 때문이다.

    신경과 의사로 일한 마지막 5~10년 동안에는 아직 경도 인지 장애 단계인 치매 환자도 일부 보았다. 이 환자들 가운데 일부에게는 시중의 약물들이 도움이 되는 것 같았고 꽤 유의미한 결과를 보이는 이들도 있었다. 하지만 모든 환자가 그렇지는 않았다. 확실한 건 이 환자 대다수가 기억을 완전히 잃고 일상적인 활동을 다른 사람들에게 완전히 의존하는 단계로 나아가리라는 것, 우리가 무슨 일을 하더라도 8~10년 후에는 죽음이 찾아오리라는 것뿐이었다. 이 병의 가차 없는 진행 속도를 떨어뜨릴 명확한 방법은 하나도 없었다.

당시에는 희망을 품을 실질적 기반이 전무했다. 과학자들은 환자에게 신속히 적용할 수 있는 효과적인 임상 치료법의 기반을 마련하기 위해 열심히 노력했다. 하지만 알츠하이머병에 관한 필수적인 초기 연구가 이루어지고 이를 바탕으로 유망한 연구 방향을 잡아가기 전까지는 아주 허술한 지도에 의존할 수밖에 없었다. 반면 오늘날의 지도는 글자 그대로 고해상도의 스캔 이미지이며 이를 통해 뇌 속과 알츠하이머병의 질병 과정을 들여다볼 수 있다. 그 차이는 자동차에 장착된 GPS와 과거에 우리가 쓰던 종이 지도의 차이와 맞먹는다. 이런 발전과 더불어 광범위한 연구에서 생활방식의 변화가 알츠하이머병 진행을 늦출 수 있음을 보여줌으로써 치료의 영역과 희망의 의미를 재정의했다. 하지만 조기진단은 여전히 학문적으로 논의 중인 단계이며 알츠하이머병 진단은 증상(손상)이 상당히 진행되어 중등도 단계나 후기에 이르러서야 내려지는 것이 보통이다. 그땐 유의미한 변화를 이루기에는 너무 늦은 시점이어서 환자와 가족은 미래를 생각하면서 절망에 빠질 수밖에 없다.

나는 이따금 저널리스트 그레그 오브라이언Greg O'Brien과 연락을 주고받는데 그는 2014년에 중등도 단계의 알츠하이머병을 앓았던 경험을 담아 《명왕성에서On Pluto》라는 책을 펴냈다. 처음에 우리를 연결해준 것은 알츠하이머병협회 Alzheimer's Association였다. 우리는 금세 친구가 되었고 몇 년 동안 이메일과 전화로 서로 생각과 의견을 나눴다. 그레그의 여정은 나보다 2년쯤 먼저 시작되었으므로 그에게서 앞으로 예상되는 상황에 관해 많이 배웠다. 당시 나는 신경과 전문의였지만 나와 달리 그에게는 그 병을 온몸으로 겪으며 쌓은 개인적 경험이 있었다. 그의 부모는 모두 알츠하이머병으로 세상을 떠났고 그에게도 인지 손상의 신호들이 나타나기 시작했다. 그레그가 50대 초반에 알츠하이머병이 조기 발병한 것은 유전적 소인에 자전거 사고로 입은 심각한 두부외상이 더해진 결과로 보인다. 그는 병과의 싸움이 점점 힘겨워지는 중에도 이 병에 대한 대중의 인식을 높이기 위해 앞장섰다. 우리는 간간이 이메일을 주고받으며 연락을 이어왔지만 그의 상태가 악화함에 따라 답장이 오는 간격이 점점 길어졌다. 얼마 전에는 한동안 그에게서 연락이 없어 부고란을 확인해봤을 정도다. 부고란 어디에도 그의 이름은 없었지만 그에게서 소식을 받고서야 비로소 안도할 수 있었다. 상태가 많이 나빠지기는 했지만 그는 여전히 싸우고 있었다. 최근 한 이메일에서 그는 이제 후기에 이른 이 병이 초래하는 파괴적 영향에 관해 감상을 배제하고 직설적으로 묘사했다. "증상으로는 끔찍한 단기 기억상실, 친한 사람들을 못 알아보는 것, 판단력과 분별력 상실, 통제되지 않는 분노, 헛것이 눈에 보이는 일 등등이 있어요." 그는 현재 자기가 하는 투쟁은 자신의 시간을 더 벌기 위한 것이 아니라 더 빨리 다른 사람들을 도울 자원을 결집하려는 것이라고 강조했다.

그는 자기 상황에 관해 이렇게 썼다. "나는 이 상태를 연장하는 데는 관심이 없습니다. 연구자들이 아직 증상이 발현하지 않은 사람들에게 한정된 자원을 더 집중하기를 바랄 뿐이에요."[1]

그렇다면 그런 사람들은 어떤 사람들일까? 증상이 없는데 어떻게 그들을 알아볼 수 있을까? 아직 행동으로 드러나지 않은 알츠하이머병은 어떤 모습일까? 겉으로 드러나기 여러 해 전에 그 병은 어떤 형태로 존재하는 것일까?

오리건 해안으로 다가오는 폭풍우

빵 굽는
냄새

후각 능력에 문제가 있을지도 모른다고 처음 알아차린 것은 2006년 여름의 어느 날이었다. 로이스와 함께 개를 데리고 산책하다 아름다운 장미 옆을 지날 때였다. 몸을 숙여 코를 대봤지만 향기가 나지 않았다. 나는 로이스에게 장미가 예쁘기는 한데 향기는 없는 것 같다고 말했다. 그런 품종의 장미도 있지 않은가. 그러자 로이스가 다가가 향기를 맡았고 아무 문제 없이 평소와 같은 후각적 즐거움을 누렸다. 장미가 문제가 아니었던 것이다. 나는 그런 일이 있고도 별생각 없이 지냈다. 그러다 1년쯤 지났을 때 별안간 현실에는 존재하지 않는 대상의 냄새를 맡는 일이 생겼다. 항상 같은 냄새였다. 빵 굽는 냄새와 어떤 향수 냄새가 섞인 것 같은 향이었다. 그 냄새는 느닷없이 나타나 몇 분에서 1시간까지 지속되었다.

이렇게 가짜 냄새를 맡는 것을 환후각증phantosmia이라고 하는데 일종의 후각적 환각이다. 의학 문헌에서는 보통 냄새 맡는 능력이 떨어진 일과 관련된 현상이라고 설명한다. 냄새를 감지하지 못하게 되니 그 빈자리를 메우기 위해 뇌가 냄새를 발명해내는 모양이다. 환후각증은 두부외상을 입은 적 있는 사람에게 더 흔하고, 건강한 사람에 비해 건강이 나쁜 사람에게 두 배 더 흔하다.[1]

냄새 맡는 능력이 떨어진(후각 저하) 데다 환후각증으로 나타나는 가짜 냄새들까지 더해지면서 나는 진짜 냄새가 왜곡되는 일, 곧 후각 부전을 경험하고 있었을 것이다. 이는 휘발유나 배기가스, 스컹크의 분사액처럼 매우 강하고 독한 냄새가 날 때 특히 두드러졌다. 어느 주말 로이스와 친구 몇 명과 함께 차를 타고 갈 때 차에 탄 다른 사람들은 우리 앞 차가 뿜어낸 매우 강한 휘발유 냄새를 맡았다고 했다. 나도 뭔가 냄새를 맡기는 했지만 휘발유 냄새는 전혀 아니었다. 나 혼자만 맡은 그 냄새는 다른 사람들이 아무 냄새도 못 맡게 된 후에도 5~10분 정도 더 남아 있었다. 이후 몇 년 동안 우리는 이를 이따금 생기는 기이한 일 정도로만 여겼고 의학적으로 걱정스러운 일이라고는 전혀 생각하지 못했다.

후각 상실 또는 후각 왜곡의 가장 흔한 이유는 일반적 노화, 흡연, 코폴립nasal polyp(비용종), 알레르기, 감기 같은 상기도감염 등이다. 그보다는 덜 흔하지만 두부외상과 특정 독성 화학물질, 일부 약물, 코카인 남용, 후각기관에 침범한 종양, 두경부암에 하는 방사선 치료 등도 원인이 된다. 파킨슨병이나 알츠하이머병 같은 신경계 장애도 종종 후각을 손상한다.* 한센병은 미국, 캐나다, 영국, 유럽에서는 거의 볼 수 없지만 인도, 인도네시아, 브라질, 아프리카의 몇몇 지역에서는 아직 비교적 흔한데** 한센병을 일으키는 막대균이 후각신경에 대한 친화성이 높기 때문에 한센병 환자는 대부분 후각이 심하게 손상되어 있다.[2] 대다수 코로나19 감염자도 어느 정도의 후각 상실을 겪었으며 후각 상실이 첫 증상인 경우도 많았다.[3]

---

* 신경학적 관점에서 후각 장애를 다루는 책 중 내가 찾은 가장 좋은 책은 크리스토퍼 H. 호크스Christopher H. Hawkes와 리처드. L. 도티Richard L. Doty가 쓴 《후각 및 미각 장애Smell and Taste Disorders》다.[4] 5장에서는 후각의 일반적인 장애를 다루고 7장에서는 알츠하이머병을 포함한 신경퇴행성 질환을 논의한다. 이전 판본의 제목은 《후각의 신경학The Neurology of Olfaction》이었다.
** 전 세계적으로 한 해에 약 20만 8,000명의 새로운 한센병 환자가 생기며 미국에서 한센병에 걸리는 사람은 한 해에 150~250명 정도다. 이들 중 다수는 해외나 미국 남부의 특정 지역에서 살거나 일하다가 병에 걸린 것으로 보이며 대부분 아르마딜로에게 한센병 막대균이 옮은 결과다.[5]

나는 두부외상을 입은 적이 없었고 건강한 상태였으며, 담배를 피우거나 코카인을 하지도 않았다. 후각에 영향을 끼칠 수 있는 화학물질 중 내가 노출된 것은 40년 전에 의대 해부학실험실에서 맡은 포름알데히드 증기뿐이었는데 이 포름알데히드가 이제 와서 후각 이상을 초래했을 가능성은 별로 없었다. 또한 탄자니아의 병원에서 일할 때 한센병 환자들을 보기는 했지만 대부분은 치료를 받아 전염성이 없었다.

나는 건강 검진 때 주치의인 1차 진료의에게 후각 문제를 언급했다. 그냥 호기심 차원에서 한 말이었다. 그런데 의사는 나보다 더 걱정스러워하면서 꼭 뇌 MRI 스캔을 받아보라고 했다. 나는 과잉반응이라고 생각했다. 어쨌든 나는 신경과 의사가 아닌가. 주치의는 내과 의사고 말이다. 내 정신은 멀쩡했다. 사실 MRI에서 뭔가 나타날 거라는 생각은 없었지만 의사 말대로 받아보기로 했고 걱정은 전혀 되지 않았다.

그 2층 진료실에서 창밖을 내다보며 했던 생각은 차까지 돌아가는 동안 어느 커피를 골라서 사갈까 하는 것뿐이었다. 도심 공원 같은 대학 캠퍼스의 나무 우듬지들과 주변의 가로수 거리, 길가 카페들과 멋쟁이 옷 가게들이 내다보였다. 그 순간 내게 가장 중요한 결정은 스타벅스냐 피츠냐 아니면 사이사이에 있는 작은 개인 카페냐였다. 모두 내가 좋아하는 커피였고 활기차고 다채로운 이 도시가 주는 혜택 중 하나였다. 블록마다 우거진 관목, 높이 자란 참나무와 상록수, 이끼로 덮인 담장과 오래된 집들이 늘어선 이곳에서는 아늑함이 배어났다. 내가 이 도시의 대형 의료센터에 신경과 레지던트로 들어가게 되면서 우리가 샌디에이고에서 이곳으로 옮겨왔던 30여 년 전에도 그랬듯이.

이전 6년은 샌디에이고에서 UCSD를 다녔고 또 그 전 6년은 애틀랜타에서 의학대학원을 다녔다. 그러는 내내 나는 의대생 아니면 수련의 아니면 연구과학자였고, 로이스는 대학원을 마치고 샌디에이고와 애틀랜타 두 도시의 공공 도서관에서 사서로 일했다. 검소했던 우리는 항상 '개성 있는' 집, 그러니까 수리가 필요한 크래프트맨 스타일(미국에서 1900년대 초에 유행한 건축 양식으로 목조와 돌 등 자연적 재료를 이용했다-옮긴이)의 집을 구했다. 그 시절에는 그런 집들이 그저 오래된 집일 뿐이었고 트렌디한 빈티지 주택 대접을 받기 전이었다. 1986년 봄에 내가 포틀랜드에서 일자리를 제안받았을 때, 불과 며칠 안에 살던 집을 정리하고 포틀랜드로 이사하는 것은 미친 짓 같았지만 우리는 그냥 그렇게 해버렸다. 집을 구하러 포틀랜드로 날아간 화창한 봄날, 우리는 그 동네를 보고 사랑에 빠졌고 그중에서도 이 집은 오래됐음에도 수리할 필요가 없다는 점이 더욱더 좋았다. 세 살짜리 아이

하나와 갓난아기 하나, 들뜬 눈빛의 기운 넘치는 개 한 마리와 늘 일에 지쳐 있던 젊은 부부가 바로 들어가 살기에 딱 알맞은 집이었다. 로이스가 특히 기뻐하고 안도했다. 신경과 레지던트 생활을 앞둔 나는 분명 병원에서 늦게까지 근무할 터였고, 로이스는 집과 가족의 크고 작은 일을 책임지며 모든 일을 관리하느라 나보다 더 할 일이 많아질 참이었다.

우리는 그곳에서 보낸 첫 번째 여름을 사랑했다. 늘 화창한 하늘과 햇빛을, 바닷가 드라이브를, 강가나 숲속에서 보낸 시간을. 그러나 계절이 끝없는 우기로 접어들자 내가 레지던트 프로그램을 끝낸 뒤에도 계속 이곳에 머무르고 싶을지 우리는 확신이 서지 않았다. 그런 와중에도 삶은 자리를 잡아갔다. 셋째가 태어났고 첫째와 둘째는 동네에서 친구들을 사귀면서 어린 뿌리를 내리고 있었다. 곧이어 우리도 그렇게 됐다. 레지던트로 일하면서 나는 환자들을 직접 만나며 일하는 걸 아주 좋아한다는 사실을 깨달았다. 그래서 레지던트가 끝나고 연구직으로 돌아갈지 의사로 계속 일할지 선택할 때가 왔을 때 의사 일을 선택했고 우리는 이 도시에 머무르기로 했다.

이를 순전히 내 건강관리의 측면에서만 보자면 그때 이후로 내내 정기 검진을 받을 때마다 주치의와 동료로서 임상적 세부 사항에 대해 대화를 나누는 것이 일상이 되었다는 의미다. 레지던트 시절부터 친구였던 내과 의사가 나의 주치의이니 말이다. 그때까지 나의 임상적 세부 사항에 흥미로운 점은 없었다. 이런 의미에서 나는 항상 별 볼 일 없는 사람, 좋은 뜻으로 따분한 사람이었다. 그랬던 사정이 이제 막 바뀌려는 참이었다.

오리건주 포틀랜드 국제 장미 시험 정원의 장미

나 홀로
시사회

신경과 전문의로 일할 적에는 환자들이 영상검사나 다른 검사를 받고 난 뒤 길어도 일주일 안에 환자와 함께 결과를 검토하는 일정을 잡았다. 핵심은 의사와 환자가 그 일을 함께한다는 것이다. 우리는 같이 영상을 보면서 거기서 보이는 것들을 살핀 뒤 환자의 의문점이나 걱정, 두려움에 관해 이야기하고 다음 단계들을 의논했다. 원래는 그렇게 해야 한다.

하지만 나는 의사였고 내 스캔 결과가 담긴 디지털 파일에 직접 접근할 수 있었으므로 이를 재빨리 살펴보고 아무 문제도 없다는 걸 확인하기로 했다. 주치의와 후속 일정을 잡는 수고를 덜자는 심산이었다. 스캔 결과를 열면서 뭔가 있을 거라는 예상은 전혀 하지 않았기에 심각한 뭔가가 진짜 보인 순간 깜짝 놀라고 말았다. 몸을 더 가까이 기울이고 화면의 이미지를 응시했다. 정말 큰, 놀랍도록 커다란 종양이 하나 있었다. 탁구공만 한 크기의 덩어리. 뇌하수체pituitary gland에 생긴 것이었다. 뇌하수체는 뇌의 바닥 부분 근처에 자리하고 호르몬을 만드는 콩알만 한 크기의 내분비샘으로, 우리 몸에서 호르몬을 만드는 다른 내분비샘 대부분의 활동을 통제한다. 다른 내분비샘들은 뇌하수체의 통제를 받아 사실상 그 외 모든 작용에 관여하거나 이를 조절한다.

신경학은 뇌, 척수, 말초신경, 근육의 다양한 질병과 손상에 대처하는 의학의 한 분야다. 나는 초기에 신경내분비학과 스트레스의 신경화학을 전문적으로 연구했으므로 주로 만성적인 신경학적 문제(편두통, 다발성경화증multiple sclerosis, 말초신경 문제, 파킨슨병, 일부 유형의 치매)가 있는 환자들을 진료했다.

뇌하수체에 종양이 있는 환자를 흔하게 본 건 아니지만 뇌하수체에 생기는 종양이 대체로 양성이라는 사실은 알고 있었다. 하지만 내 종양의 놀라운 크기를 보는 순간 이성적 판단력은 모조리 사라지고 순전한 충격과 공황에 휩싸였다. '내 뇌에 암이 생겼다니.'

"젠장." 내가 점잖게 선언했다. "나 완전 망했네." 솔직히

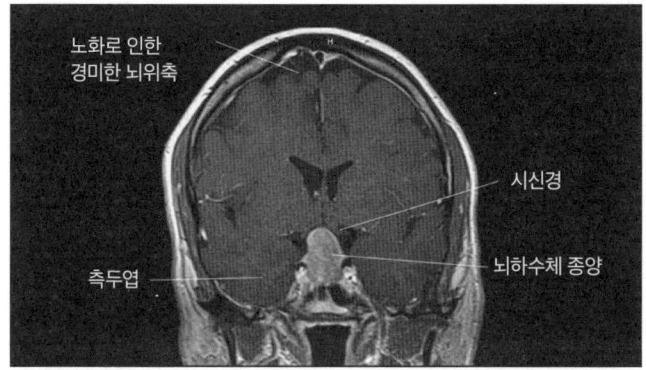

2007년(56세)에 찍은 나의 뇌 MRI. 뇌를 앞뒤로 놓고 한가운데를 세로로 잘랐을 때와 같은 모습이다. 중간에 하얀 뇌하수체 종양이 보인다. 위로는 시신경 쪽으로 밀고 올라오고 양옆으로는 측두엽temporal lobe 쪽으로(측두엽 안까지 들어가지는 않았다) 밀고 나오는 모양새다. 측두엽에는 중요한 시각중추와 후각중추의 일부도 있다. 방사선 전문의는 "나이에 비해 뇌위축이 좀 더 많이 진행됐다"라고 덧붙였다. 뇌위축은 뇌하수체 종양이나 다른 증상들과는 무관하기에 당시에는 약간 예외적인 사실 정도로만 여겼지만, 어쩌면 앞으로 일어날 일의 전조였을지도 모른다.

내가 곧 죽을 거라고 생각했다.

항상 종양을 들여다보는 신경종양학자 동료에게 서둘러 내 스캔 결과를 공유했더니 뇌하수체 종양이 맞는다고 확인해줬고, 골칫거리이긴 하지만 악성이 아니라 양성일 거라고 했다. 종양은 시신경을 압박할 정도로 컸지만 다행히 시각에 유의미한 영향을 주지는 않았다. 적어도 아직은 그랬다. 주치의도 그 진단에 동의했고 내 공황도 차츰 가라앉았다. 덩어리 크기가 너무 커서 제거해야 하긴 했지만 걱정할 일은 성가신 수술 과정 정도라는 데 다들 동의했다. 수술을 한다는 게 탐탁지는 않았지만 훨씬 나쁜 일이 생길 수도 있었다는 점을 고려하면 불평할 계제가 아니었다. 나는 뇌하수체 종양을 전문으로 다루는 UCSF의 외과 팀을 골랐다.

수술이 딱히 걱정되진 않았다. 치명률이 아주 낮고 노련한 외과 의사가 집도한다면 합병증도 거의 없는 안전한 수술이란 걸 알고 있었으며, 내 집도의는 뛰어난 뇌하수체 종양 수술 실력으로 유명한 존경받는 의사였다. 새로운 내시경 수술법 덕분에 두개골을 뚫고 뇌에 진입할 필요도 없어 뇌 자체에 외상이 생길 가능성도 크게 줄었다. 전형적인 개두술에서는 두개골 일부를 떼어내 뇌를 노출한다. 반면 내시경 수술에서는 집도의가 코와 뇌하수체 밑의 부비동sinus으로 가늘고 긴 튜브를 삽입해 뇌에 접근한다. 개두술을 안 해서 실망했다고 하면 이상하게 들리겠지만, 이전에 여러 차례 담당 환자들의 개두술을 지켜본 적이 있었기에 내 뇌를 관찰할 기회가 사라진 건 솔직히 아쉬웠다.

신경과 수련의 시절 초반에는 환자가 뇌수술을 받을 때면 가능한 한 참관했다. 그 시절 뇌수술은 항상 똑같은 방식으로 시작됐고 지금도 뇌를 곧바로 노출하는 그 수술법이 최선일 때가 많다. 제일 먼저 신경외과 의사가 두개골의 한 조각을 떼어내기 위해 개두술을 실시한다. 그런 다음 뇌를 보호하는 가장 바깥의 튼튼한 층인 경막dura mater을 벗겨 내면 반들거리는 뇌가 드러난다. 이때 뇌는 에담 치즈 같은 크림색이며 뇌 내부와 주변을 지나는 혈관들이 빨간색 악센트를 더해준다. 놀랍게도 뇌에는 통각수용체가 없기 때문에 두개골과 경막을 제거한 뒤에는 환자를 마취에서 깨워도 되며, 뇌전증epilepsy이나 떨림 때문에 수술을 할 경우에 이따금 필요한 뇌 조작이나 전기 자극을 가해도 환자는 통증을 느끼지 않는다. 자극을 준 뒤 환자가 어떤 경험을 했는지 즉시 반응을 들어볼 수도 있다. 뇌수술은 아무리 많이 참관해도 늘 변함없는 경외감을 안겨줬다. 살아 있는 뇌를, 그토록 막강한 능력이 있으면서도 이렇게 노출되면 너무도 연약한 뇌를 직접 눈으로 볼 수 있다는 사실이 더없이 경이로웠다. 신경과학자인 내가 나의 뇌수술을 지켜볼 수 있었다면 얼마나 흥미로웠을까. 그러나 지금은 영상 스캔과 데이터로나마 내 뇌를 볼 수 있는 것에 만족한다.

뇌암이 아니라는 사실과 종양이 위협적이지 않다는 진단에 안도감이 파도처럼 밀려오면서 걱정이 씻겨 내려가고 평소의 과학적 호기심만 남았다. 어쨌든 이 커다란 뇌하수체 종양 자체는 대단히 흥미로웠고 나는 이 수술 극장의 맨 앞자리를 얻었다.[1]

1976년, 실험실에서 박사과정 연구를 하던 대학원생 시절의 나.

아내 로이스가 찍어줬다.

맞춰지지 않는
퍼즐

지붕에서 샌 물은 서까래와 이음매를 따라 돌아다니다 방 세 개쯤 지난 곳에서 소파 위 천장의 얼룩으로 모습을 드러낸다. 질병이나 손상으로 말미암은 증상들도 이 얼룩처럼 우리의 주의를 잡아끌고 더 깊이 살펴보라고 등을 떠미는 가시적 신호다.

한 증상에서 거꾸로 거슬러 올라가 원인을 찾아내는 일은 과학과 의학의 영원한 숙제다. 신경학은 복잡한 연결들로 이루어진 뇌 자체와 그보다 더 광범위한 전체 신경계, 수시로 변하는 다양한 호르몬과 신경전달물질까지 다루므로 특히 더 그렇다. 어쨌든 눈에 보이는 증상에서 출발해 원인을 더 빨리 찾아낼수록 가장 효과적인 치료법이 무엇인지도 더 빨리 밝혀낼 수 있다.

뇌하수체 양성 종양으로 주의가 쏠리고 이 종양이 내 시신경에 문제를 일으키지 않도록 제거해야 한다는 판단이 섰을 때, 나는 수수께끼 같던 후각 상실과 존재하지 않는 냄새를 맡은 이상한 경험의 주범이 이 종양이 아니었을까 하는 희망적인 궁금증이 생겼다. 만약 그렇다면 퍼즐이 다 맞춰진 셈이었다. 그러니 종양을 제거하면 후각도 확실히 돌아올 터였다. 이런 종양을 수천 개나 제거해본 신경외과 담당의는 내 가설을 즉각 일축했다. 뇌하수체 종양이 아무리 크기가 커도 후각 상실을 초래한 경우는 한 번도 본 적이 없다는 것이었다.

나는 그의 말을 완전히 받아들이지는 않았다. 종양이 사라지면 후각도 다시 돌아올 거라고 거의 확신했고 펜실베이니아대학교 후각 인지 검사University of Pennsylvania Smell Identification Test, UPSIT로 후각을 측정하기 시작했다.* 그런데 뇌

---

* UPSIT은 펜실베이니아대학교의 리처드 L. 도티 박사가 개발한 것으로 미국에서 가장 흔히 사용되는 후각 검사 중 하나다. 검사에는 40장의 카드가 이용되는데 각 카드에는 표면을 긁어 냄새를 맡는 칸과 사지선다형 보기가 있다. 시험자는 아무 냄새도 맡지 못했더라도 넷 중 하나의 답을 골라야 한다. 만점은 40점이다. 후각이 전혀 없어서 무작위로 답을 고르는 경우 대략 10점 정도가 나온다. 20점 이하는 후각이 심각하게 손상되었다는 뜻이다.[1]

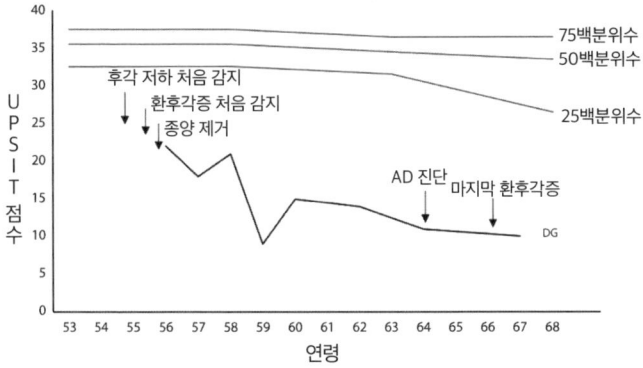

56세부터 67세까지 내 UPSIT 점수를 나타낸 그래프. 평균적인 건강한 피검사자(50백분위수)는 35점 정도를 받는다. 20점 이하는 심각한 후각 저하나 후각 상실을 암시한다. AD는 알츠하이머병, DG는 나(대니얼 깁스)를 가리킨다.

하수체 종양을 제거한 뒤로도 후각은 개선되기는커녕 오히려 더 나빠지기만 했고 몇 년 뒤에는 후각이 완전히 사라졌다. 난데없는 냄새를 맡게 되는 환후각증은 처음에는 상당히 잦아서 일주일에 여러 번 나타났다. 그러나 시간이 흐르면서 빈도가 줄더니 1년에 두세 번 정도만 나타났고 66세가 되었을 때 완전히 사라졌다.

로이스는 거실 탁자에 거의 항상 직소 퍼즐을 펼쳐두는데, 대개 수고스러운 분류와 실험을 거쳐야 하는 몇천 조각짜리 고난도 퍼즐이다. 나에게 이 후각 문제는 천 조각짜리에서 그림 퍼즐과 같았다. 뇌하수체 종양이 아니라면 대체

무엇이 원인일까? 나는 종일 진료를 보고 회진을 돌고 밤에 아이들을 재우는 사이사이 짬이 날 때마다 후각 증상과 후각 상실에 관한 퍼즐 조각들을 분류하고 재분류하며 연구했다. 이는 보통 이비인후과 전문의의 영역으로, 내가 받은 신경과 교육에서는 후각 장애에 관한 내용이 거의 없었다. 이 시절에는 온라인 조사도 지금처럼 쉽지 않았기 때문에 병원에서 학술 논문들을 출력해 집으로 가져와 잠자기 전 독서 시간에 읽었다. 크리스토퍼 H. 호크스와 리처드 L. 도티가 쓴 《후각의 신경학》이 침대 옆 탁자에 쌓아둔 책들 맨 위에 놓여 있었다.

이 모든 참고자료를 통해 후각 손상의 가장 흔한 세 가지 원인이 내 경우와 무관하다는 것이 금세 판명났다. 65세 이상(그때 나는 56세였다), 흡연, 코의 만성 염증. 두부외상도 흔한 원인은 아니지만 뇌의 후각신경이나 후각 처리 중추에 손상을 일으킨 경우라면 원인이 될 수 있다. 하지만 나는 두부외상을 입은 적도 없었다. 잠재적 원인 목록의 다음 항목은 후각망울olfactory bulb, 조롱박피질piriform cortex 등 뇌에서 냄새를 처리하는 기타 영역에 손상을 일으키는 몇몇 질병이었다. 파킨슨병 같은 신경퇴행성 질환이 혹시 그 원인일지도 궁금했다.

나는 신경과 전문의이므로 파킨슨병과 후각 장애의 연

관성에 대해서는 잘 알고 있었다. 파킨슨병 환자 가운데 적어도 80퍼센트는 어느 정도 후각이 손상되어 있으며 냄새 맡는 능력에 일어나는 이러한 변화는 떨림이나 걷기의 어려움 같은 다른 증상이 나타나기 10년도 더 전에 생길 수 있다. 파킨슨병 환자들은 환각과 유사한 환후각증 역시 경험했다고 보고한 바 있다.[2] 하지만 당시에는 내가 보는 환자 집단에서 나타나는 신경학적 상태들과 후각 장애의 상관관계가 널리 알려져 있지 않았다. 내가 만나는 알츠하이머병 환자 대부분은 그들의 주치의가 나에게 보냈을 즈음에 이미 중등도나 후기 단계에 접어든 상태였고, 아무도 냄새 맡기가 어렵다는 말을 하지 않았다. 물론 나 역시 그걸 물어봐야 하는지도 몰랐다.

이전에 내게 나타난 후각 증상들은 기이하고 사소한 의학적 미스터리였을 뿐 심각한 걱정거리는 아니었다. 신경외과 의사가 예측했던 대로 종양을 제거해도 후각 증상에 아무 변화가 없자 파킨슨병과의 연관성이 떠오르며 불안해지기 시작했다. 내게 파킨슨병 증상은 전혀 없었지만 후각 상실이 앞으로 일어날 일의 전조가 아닐까 하는 의구심이 든 것이다.

하지만 얼마 지나지 않아 환자를 진료하고, 늘어난 의대 행정직무와 교직원으로서 업무를 처리하고, 국내와 해외에서 자원활동을 하고, 가족의 삶에 몰두하는 사이 혹시 파킨슨병이 아닐까 하는 어렴풋한 걱정은 스르르 묻혀버렸다. 우리 가족의 삶은 스포츠, 스카우트 활동, 음악, 연극, 숙제, 학교 자원활동, 여름 캠프, 카누 여행과 여러 현장학습 등 자라나는 세 아이의 부모에게 주어지는 모든 의무와 기쁨으로 채워졌다. 여러 해가 흘렀다. 정확히는 5년이 지났다. 만약 내가 시계의 째깍거림을 느꼈다면 그건 누구나 이따금 갑작스럽게 시간의 흐름을 깨달을 때 느끼는 것과 다르지 않았다. 탄생과 죽음, 삶의 이정표 같은 순간들, 사진으로 기억하고 싶은 순간들, 때때로 거울을 들여다보다가 훌쩍 나이 든 자신을 마주하게 되는 순간들 말이다.

이 슈퍼문 사진은 2020년 4월 8일에 지구와

가장 가까운 지점인 달의 근지점을 지날 때 촬영한 것이다.

이날 보름달은 평소보다 더 크고 더 선명하게 보였다.

빛과 그림자가 만든 이 패턴이 나중에는 해골처럼 느껴졌다.

잠긴 상자와
가계도

로이스는 우리가 포틀랜드로 이사할 때 사서 일을 그만두었지만, 무언가를 파헤치고 발견하려는 집요한 열정은 우리 가족의 삶이라는 비옥한 토양에서 무럭무럭 자라났다. 아내는 열성적인 계보학자가 되었다. 퍼즐을 사랑하는 로이스는 계보학도 퍼즐과 수수께끼를 푸는 일이라는 점에서 정말 좋아한다. 온라인의 정보를 파헤칠 때도 정원을 파헤칠 때만큼 행복해한다. 그러니까 엄청나게 행복해한다는 말이다. 이런 로이스의 특징은 항상 우리의 드문 휴식 시간을 흥미롭게 해줬고, 고맙게도 나는 늘 아내가 추천해준 책과 텔레비전 프로그램 덕을 봤다. 2012년에 우리는 〈당신의 뿌리를 찾아서

Finding Your Roots〉라는 PBS 시리즈물에 푹 빠져 있었다. 전통적인 계보학 연구와 DNA 검사를 조합해 유명인들의 가족사를 추적하는 프로그램이다. 이 무렵 로이스는 우리 각자의 가계도에서 흐릿한 가지 몇 개를 밝혀내려 애쓰다가 난관에 부딪힌 참이었다. 로이스는 인기 있는 조상 추적 회사의 DNA 검사를 받아서 답을 찾을 수 있을지 보자고 했다.

무엇을 발견하게 될지 구체적으로 예상되는 바는 없었다. 어쩌면 먼 가족이나 과거 세대가 살았던 장소, 생소한 삶의 방식을 새롭게 알게 될지도 모른다는 정도였다. 매체뿐 아니라 친구들에게서도 흥미로운 이야기를 들었던 터라 우리에게도 행운이 찾아올지 모른다고 생각했다. 로이스는 우리 가계도에서 빠져 있는 조각들을 꼭 찾고 싶어했다. 과거와의 연결점을 찾아낼 수도 있다는 기대감으로 침을 묻힌 면봉을 보내 DNA 분석을 맡겼다. 늘 장거리 자동차 여행이나 당일치기 하이킹 같은 활동적인 여행에만 익숙해져 있던 우리로서는 이렇게 가만히 앉아서도 시간 여행을 떠날 수 있다니 색다른 기분이 들었다.

몇 주 뒤 결과 보고서와 잠정적 DNA 친척 명단이 온라인으로 도착했다. 거기에는 우리 유전자와 연관된 잠재적 건강 위험 목록도 포함됐다. 보고서에는 잠긴 상자 모양 아이콘이 있었는데 여기에 신경질환 위험 요인인 두 유전자에 관한 결과가 들어 있었다. 하나는 류신풍부반복키나제-2leucine-rich repeat kinase-2, LRRK-2 유전자였다. 이 유전자의 돌연변이는 유전성 파킨슨병의 가장 흔한 원인이다. 다른 신경학적 유전자 검사 결과는 아포지질단백질 E-4apolipoprotein E-4, APOE-4에 대한 것이었다. 이는 노령을 제외하고 후발성 알츠하이머병의 가장 중요한 위험 요인이다. 이 결과를 열람하려면 '결과 해석에 유전 상담이 권장됨'이라는 항목에 동의해야 했다. 나 역시 잘 아는 사실이었다. 나는 박스에 체크했다.

당시 나에게 파킨슨병의 징후는 아주 사소한 것조차 없었고 몇 년 전 내가 그 병에 대한 걱정에 사로잡혀 있었다는 사실도 거의 잊고 지내던 터였다. 후각은 돌아오지 않았지만 파킨슨병 증상이 전혀 없었으므로 심하게 걱정되지는 않았다. 하지만 파킨슨병 관련 유전자 중 하나인 LRRK-2라면 지속적인 후각 문제를 조사할 당시 다소 신경 쓰였던 유전자였다. 그걸 지금 이렇게 다시 보게 되니 걱정이 몰려왔다. 잠긴 상자 폴더를 열고 내게 그 유전자가 없다는 걸 알았을 때 얼마나 안도했는지 모른다.

그러나 검사 결과 내게 실제로 있다고 밝혀진 유전자에 대해서는 전혀 마음의 준비가 되어 있지 않았다. 뇌 스캔을 열어보고 예상치 못한 뇌하수체 종양을 발견했던 날처럼, 이번에도 화면에 보이는 것을 도저히 믿을 수 없었다. 너무 충격적이었다. 나에게 APOE-4 유전자 두 개가 있다니. 이는 알츠하이머병에 걸릴 위험이 상당히 크다는 뜻이다. 부모님 두 분 다 암으로 아버지는 예순, 어머니는 일흔다섯이라는 비교적 이른 나이에 세상을 떠났는데 두 분에게서 치매나 정신 능력 저하를 암시하는 행동은 전혀 보지 못했다. 그래서 두 분에게 알츠하이머병 유전자가 있으리라고는 생각해본 적이 없었다. 알츠하이머병 증상이 발현할 나이가 되기 전에 돌아가셨다는 점까지는 미처 생각지 못한 것이다.

알츠하이머병은 치매의 한 유형이다. 치매는 정상적 노화로 인한 쇠퇴보다 기억력과 사고력이 과도하게 떨어지고 그 결과 일을 포함한 일상적 활동 수행 능력이 훼손되는 퇴행성 질환이라고 폭넓게 정의된다. 우리가 알츠하이머병으로 정의하는 병은 치매의 적어도 60퍼센트를 차지한다. 그 밖에 혈관성 치매vascular dementia, 파킨슨병, 루이소체 치매Lewy body dementia, 전두측두엽 치매frontotemporal dementia 등 다른 치매 원인도 증상만으로는 알츠하이머병과 구별하기 어려울 때가 있다. 실제로 한 사람에게 알츠하이머병과 그 밖의 치매가 모두 발병할 수도 있다. 알츠하이머병의 발병 위험을 높이는 유전자 변이는 여럿 있지만 지금까지 밝혀진 바에 따르면 후발성(65세 이후 발병) 알츠하이머병과 조발성(65세 이전 발병) 알츠하이머병 모두에서 가장 중요한 발병 원인이

APOE-4 유전자 변이다.

APOE 유전자가 파괴를 목적으로 존재하는 건 아니다. APOE 유전자는 혈액 속에서 특정 지질lipid을 운반하는 일을 맡은 특정 지질단백질lipoprotein의 DNA 설계도다. 이 유전자에는 APOE-2, APOE-3, APOE-4라는 세 가지 이형 또는 대립유전자가 있다. 콜레스테롤 운반에 관여하는 단백질을 만드는 이 유전자는 아직 이유가 완전히 밝혀지지는 않았지만 알츠하이머병에 걸릴 위험을 높인다. 뇌에서 아밀로이드 베타 단백질 생산에 관여하는 것으로 보이지만 APOE-4의 위험성 메커니즘은 그보다 더 복잡할 것이다. 우리가 그 메커니즘을 아직 모를 뿐이다.

모든 사람은 부모에게서 대립유전자를 각각 하나씩 받으므로 양쪽에서 어떤 대립유전자를 받았는지에 따라 APOE-2, APOE-3, APOE-4 중 같은 복제본 둘을 갖고 있을 수도 있고, APOE-2 복제본 하나와 APOE-3 복제본 하나를 갖고 있을 수도 있으며 또 다른 조합을 갖고 있을 수도 있다. 가능한 조합은 여섯 가지다. 가장 흔한 대립유전자는 APOE-3이고 APOE-2가 가장 적으며 APOE-4는 중간 정도다. 알츠하이머병 발병 위험은 APOE-4가 하나 있으면 중간 정도로 증가하고 APOE-4가 둘 있으면 확연히 증가한다. APOE-3은 일반적인 위험성을 지니는 것으로 여겨지며

APOE-2가 있는 사람들은 발병 위험이 감소한다는 의견도 있다.

APOE-4 대립유전자는 알츠하이머병의 위험 요인 중 하나일 뿐 결정 요인은 아니라는 점에 유념해야 한다. APOE-4 유전자 복제본이 하나만 있는 사람 중에 끝까지 알츠하이머병에 걸리지 않는 경우도 많고, 두 개가 있는 사람 중에도 발병을 피해가는 경우가 있다. APOE-4와 관련된 알츠하이머병 발병 위험이란 구체적으로 다음과 같다. APOE-4 복제본이 하나만 있다면 발병 위험은 세 배 증가하고, 두 개가 있으면 12배 증가한다. 최근의 한 연구에 따르면 그보다 더 많이 증가할 수도 있다.* 또한 APOE-4 복제본이 둘 있는 경우에는 발병이 10년 정도 앞당겨지는 것으로 보인다. 따라서 APOE-4가 둘 있으면서 알츠하이머병이 발병하는 사람은 일반적인 진단 연령인 80세 정도가 아니라 70대 초에 후발성 알츠하이머병을 진단받을 가능성이 크다. 나의 DNA

---

* 부검으로 알츠하이머병의 유무를 확인한 다음 APOE 상태를 매우 상세하게 비교한 이 연구에서는, APOE-4가 둘 있는 사람이 알츠하이머병에 걸릴 위험이 APOE-3 유전자가 둘 있는 사람들보다 약 30배 높았다(질병 발생 위험률은 31.22). 흥미롭게도 훨씬 드문 APOE-2 대립유전자는 보호적 성격을 띠는 것으로 보인다. APOE-2가 둘 있는 사람은 APOE-3이 둘 있는 사람과 비교할 때 질병 발생 위험률이 0.13이었고, APOE-4가 둘 있는 사람과 비교해서는 0.001이었다. 이는 그들이 APOE-4가 둘 있는 사람에 비해 알츠하이머병에 걸릴 가능성이 1,000분의 1이라는 뜻이다.[1]

검사 결과가 정확해서 내게 정말로 APOE-4 유전자가 둘 있는 거라면 이는 내가 70세가 됐을 때 알츠하이머병 진단을 받을 확률이 약 50퍼센트라는 의미였다.*

나는 유전학 상담가는 아니지만 과학자이자 의사로서 위험 요인을 객관적으로 바라보는 데 익숙한 사람이다. 위험 요인은 환자를 위한 약물 및 치료 계획에 어떤 위험성과 이점이 있는지 판단할 때 중요하다. 이번에는 내가 DNA 분석과 알츠하이머병 위험성에 대한 통계 결과를 통보받는 입장이 되었다. APOE-4 유전자의 존재에 대한 충격이 수그러들

---

* APOE-4 유전자에는 논쟁적이기는 하지만 나에게는 아주 흥미진진한 측면이 하나 있다. 1990년대 말부터 2000년대 초 무렵에 나온 몇몇 연구는 APOE-4 유전자가 있는 젊은 성인이 그 유전자가 없는 동년배에 비해 몇몇 인지 검사에서 더 나은 결과를 내거나 고등교육을 받을 확률이 더 높다고 암시했다.[2] 한 연구는 이 효과가 APOE-4 유전자가 있는 이들의 신경 처리 속도가 더 높기 때문이라는 의견을 제시했다.[3] 이런 장점은 50대 중반에 이르면 사라지고 그 후로는 알츠하이머병 발병 위험이 시작되면서 인지 상태가 악화된다.[4] 이런 결과는 적대적 다면발현antagonistic pleiotropy의 한 예로 제시된다. 적대적 다면발현이란 한 유전자가 생애 초기에는 유익하다가 생애 후기에는 해로워지는 것을 말한다. 이게 사실인지 확실히 알 수 없고 학계에서도 뜨거운 논쟁거리이지만[5] 그럼에도 나에게는 어쩐지 그럴듯하게 들린다. 나는 10대 시절과 청년 시절에 게으르기는 했지만 상당히 똑똑한 편이었다. 그냥 또래에 비해 더 빨리 사고할 수 있었던 것 같다. 숙제도 계속 미루다가 더 이상 미룰 수 없을 때야 해치웠고 친구들은 이런 나를 아주 짜증스러워했다. 나는 60대까지도 꽤 똑똑한 상태를 유지하다가 미묘한 기억력 문제가 불거지기 시작했다. 앞으로 보겠지만 그 무렵 내 뇌에서는 알츠하이머병의 신경병리학적 변화가 최소한 10년 동안은 진행되었을 것이다.

자 내 정신은 데이터에 고정되었고 핵심 결론으로 초점이 옮겨갔다. 그렇다. APOE-4 대립유전자가 있는 사람, 특히 그 유전자의 복제본이 둘 있는 사람은 발병 위험성이 높다. 나는 80세에 알츠하이머병에 걸려 있을 확률이 매우 높았다. 그러나 APOE-4 보유자 가운데도 끝까지 알츠하이머병에 걸리지 않는 이들이 있지 않은가. 이 역시 사실이다. 내가 그런 사람 중 한 명이 될 수 있을까? 그럴 수도 있다. 아닐 수도 있고. 아직은 알 수 없는 일이었다. 당시 나에게 가장 의미 있었던 것은 나에게 APOE-4 대립유전자 복제본이 두 개 있고 그래서 알츠하이머병 발병 위험이 매우 높지만 아직 내게 인지 손상의 징후는 전혀 없다는 객관적 사실이었다.

알츠하이머병에는 다른 위험 요인들이 있긴 하지만 가족력이 매우 중요하다는 걸 알고 있었기 때문에 나는 가계도를 파헤치기 시작했다. 우리가 서부 펜실베이니아에 있는 무성한 풀로 뒤덮인 유서 깊은 가족 묘지에서 계보를 추적했을 때, 우리 아이 하나는 이를 두고 "죽은 조상을 추적하는 일"이라고 표현했다. 나의 직계 가족에서는 유전적 위험이 명백하지 않았지만 이전 세대까지 가계도를 파헤치기 시작하자 얼마 지나지 않아 치매의 흔적이 드러났다. 공식적으로 진단된 알츠하이머병의 가족력을 추적하는 일은 쉽지 않다. 1970년대까지만 해도 알츠하이머병의 정의는 65세 이전에 치매가 발생하고 사후 부검을 통해 아밀로이드 플라크와 신경섬유 뭉치라는 특징적 병리가 뇌에서 발견된 경우로 제한되었기 때문이다. 65세 이후에 생긴 치매는 노인성 치매라고 불렸고 정상적인 노화의 결과로 여겨졌다. 심지어 사후 부검으로 뇌에서 특징적인 플라크와 뭉치가 발견된 경우에도 그랬다.

로이스가 가족 이야기의 흔적에서 단서가 될 만한 정보나 새로운 세부 사항을 샅샅이 뒤지는 동안 나는 새로운 목적을 염두에 두고 우리 가족에게 전해 내려오는 이야기들을 훑고 오래된 자료들을 재검토했다. 이윽고 더 많은 실마리와 패턴과 연관성이 나타나기 시작했다.

내 부모의 부모, 그들의 형제자매를 비롯한 더 넓은 범위의 대가족에서 노년기 치매와 치매였을 가능성이 뒤섞인 유산이 발견됐다. 일부는 꽤 고령에도 치매의 징후가 전혀 없었고 일부는 알츠하이머병과 관련이 있을 수도 있고 없을 수도 있는 건강상의 문제로 사망했다. 외할아버지 대니얼은 예순의 나이에 뇌출혈로 돌아가셨고 이때 어머니는 겨우 열다섯 살이었다. 할아버지에게 뇌출혈의 원인이 되는 동시에 알츠하이머병과도 관련이 있는 뇌 아밀로이드 혈관병증 cerebral amyloid angiopathy이 있었던 건 아닐지 궁금하다. 물론 당시에는 CT 스캔도 없었고 부검도 하지 않았다. 가족에 전해

1920년경에 찍은 사진으로 가운데가 어머니 엘리자베스이고 양쪽에 외할아버지와 외할머니가 앉아 있다. 외할머니는 생애 마지막 몇 년에 치매가 있었던 것 같다.

지는 이야기에는 할아버지가 생애 마지막 몇 년에 기이한 행동을 보였다는 부분이 있었는데, 이는 펜실베이니아주 킨위드에서 교구 목사 자리를 잃은 결과라는 추측만 있을 뿐 치매(당시 표현으로는 '노망')에 대한 언급은 없었다. 메이 외할머니는 일흔여덟까지 살았는데 돌아가실 무렵에 치매가 있었던 건 거의 확실하다. 잠옷을 입고 동네를 헤매고 다녔다는 이야기들이 있는 걸 보면 말이다.

아버지의 부모와 조부모에게서도 치매와 관련된 이야기들이 전해진다. 친할머니 애나 루이즈는 여든한 살에 뇌졸중으로 돌아가셨고 치매의 명백한 징후는 없었다. 하지만 할머니의 두 동생 프레드와 엘시, 조카딸까지 모두 치매가 있었다. 친이조부인 프레드 할아버지는 인정 많은 괴짜로 어린 시절의 내게 특별한 존재감이 있었는데, 80대 중반에 알츠하이머병을 앓았던 그분의 말년이 갑자기 새로운 의미로 다가왔다. 친할아버지 아멜리어스 메리언은 스물두 살이던 1899년에 오하이오주 캔턴 근처의 한 농장에서 로스앤젤레스로 이주했다. 8남매 중 한 명이었던 할아버지는 지긋지긋한 농장을 떠나 은행에서 일자리를 구했고 성실하게 일해 로스앤젤레스 금융업계의 밑바닥에서 거의 최상층까지 올라갔으며 일흔여섯에 심장마비로 돌아가셨다. 할아버지는 인지적 부담이 큰 직업을 갖고 있었고 치매의 증거는 전혀 보인 적이 없었다.

로이스처럼 나도 계보학과 점점 드러나는 가족 이야기에 흥미를 느꼈다. 로이스에게는 유전적으로 걱정스러운 가족력이 전혀 없었다. 그러나 내 쪽은 눈에 들어오는 조각들이 죄다 심란했다. 첫 조각, 그리고 또 한 조각. 점들을 하나하나 연결해나가자 밤하늘을 배경으로 우리 집안에서 치매에 걸린 사람들의 무리가 맹수의 윤곽처럼 불길한 모습을 드러냈다.

친할머니 쪽 가족.

뒷줄 오른쪽에 있는 사람이 친할머니 애나 루이즈다.

뒷줄 왼쪽에 있는 할머니의 여동생 엘시와 가운데 있는 남동생

프레드(우리 모두 애정을 담아 엉클 프레드라고 불렀던 친이조부)

모두 치매가 있었는데 아마도 알츠하이머병 때문이었을 것이다.

기억의
척도

가장 오래되고 가장 기본적인 항해 방법인 추측 항법은 수세기 동안 뱃사람에게 필수적인 기술이었다. 늦여름 한 주를 산후안 군도 해안에서 보내면 어떨까 하는 생각이 처음으로 내 마음을 사로잡았던 1990년대 말에도 전세 범선을 몰려면 역시나 이 기술을 알아야 했다. 사람이 사는 섬들부터 픽업트럭만 한 크기의 섬까지 수백 개의 섬이 워싱턴주 최북단 해안과 브리티시컬럼비아주 앞바다에서 군도를 이룬다. 그 해역에 가면 수염고래, 범고래, 바다사자, 해달 등과 세일리시해라는 거실을 나눠 쓰게 된다. 하늘은 바닷새들이 다음 식사 거리를 찾아 물을 탐색하는 낮에도 생동감이 넘치지만 소리 없이 반짝이는 별들의 장려한 바다가 펼쳐지는 밤하늘도 그에 뒤지지 않는다.

나는 소형 범선이 흔하던 시절에 서던 캘리포니아의 바닷가 근처에서 성장기를 보내며 항해하는 법을 배웠다. 친이조부 프레드 할아버지가 기본 요령을 가르쳐줬지만 나침반과 지형지물, 시간과 속도를 이용해 항로를 찾아내는 추측 항법은 가르쳐주지 않았다. 그로부터 거의 40년이 흐르고 아직 민간 보트 대부분에 GPS 시스템이 장착되지 않았던 때, 나는 친구 둘과 우리만의 스타일로 항해 여행을 떠나기로 계획했다. 11미터 길이의 바바리아 슬루프(외돛단배)를 임대하고 직접 모는 자격을 얻으려면 우리 중 둘은 추측 항법을 포함한 항해술 훈련 과정을 통과해야 했다. 친구 존과 나는 바다에서 하는 5일짜리 수업에 등록했다. 나는 아직도 그때의 해도들을 갖고 있으며 때로는 재미 삼아 그것들을 사용한다. 요즘 배에는 대부분 GPS 내비게이션이 장착돼 있어 우리는 이 기계에 의존한다. 제대로 작동하기만 하면 GPS도 충분히 유용하다. 그러나 몇 년 전 우리가 다른 배를 몰고 낯선 수역에서 짧은 항해를 하던 중 GPS가 고장난 적이 있다. 안전하게 목적지까지 갈 수 있었던 건 그 순간 추측 항법 기술을 기억해내서 사용한 덕분이었다.

기억은 이를테면 뇌 자체의 추측 항법 시스템이다. 바다를 항해하든 인생의 행로를 항해하든, 가정이나 일터나 학교에서 문제를 마주했을 때든, 그저 지난날을 회상하고 싶을 때든, 상점에서 필요한 식료품을 제대로 골라야 하거나 약속 시간에 맞춰 가야 할 때든, 모든 순간에 우리는 뇌의 기억하는 능력에 기댄다. 듣고 배우고 회상하고 새로운 정보를 처리하고 그 모든 것을 평가하여 의미와 행동으로 옮기는 능력 말이다. 알츠하이머병은 이를 망쳐버린다. 한마디로 기억의 나침반과 좌표를 파괴하고 끝내 정신이 바다 위에서 표류하게 만든다.

담당의가 경도 혹은 중등도 인지 장애를 발견하여 나에게 보낸 환자들을 보면 자신의 건망증을 참을 수 없어 하거나, 아무리 점진적이라도 정신이 빠져나가고 있다는 생각에 낙담하거나 우울해했다. 그들은 무슨 상황이 이어질지, 다음에는 무엇을 잃게 될지 두려워했다. 특히 두려워하는 것은 독립성을 잃는 일이었다. 함께 온 가족들이 더 큰 충격을 받는 경우도 많았다. 점점 더 나이 들어가는 가족 구성원을 돌보며 마주하게 될 현실적인 부담도 문제였지만 어떤 면에서 가족들은 자신들이 아는, 또는 지금까지 알았던 그 사람을 서서히 잃어가고 있었다. 모두가 닻이 풀린 채 어두운 바다를 표류하는 중이었다. 단 하나 확실한 것, 수평선 위에 단 하나 고정된 지점은 알츠하이머병 자체였고 거기에는 어떤 위안도 없었다.

　이럴 때 희망의 등대는 알츠하이머병의 증상이 발현되기 전 단계에서 일어나는 신경학적 변화의 지도를 조속히 그려내는 데 있다. 이 시기에는 뇌의 기억 영역에 최초로 일어난 병리적 변화를 스캔이나 여러 검사로 감지하고 측정하고 추적 관찰할 수 있다. 또한 치료를 통해 변화의 속도를 늦추거나, 뇌가 손상된 기능을 대체하거나 보완할 신경망을 형성하도록 유도할 수도 있을 것이다. 머릿속에서 일어나는 최초의 변화들은 미묘하고 금세 흩어지기 때문에 나처럼 훈련된 사람의 눈으로도 놓치기 쉽다. 많은 경우에 어떤 징후가 있더라도 과도한 멀티태스킹, 과로, 수면 부족, 만성 스트레스, 영양이나 운동 부족, 그 밖의 생활양식 요인으로 말미암은 산만함이나 건망증 정도로 치부하고 넘기기 쉽다. 내 경우에도 내게 정말로 그 병이 있음을 알기 전에는 그렇게 판단하는 편이 합리적이었다. 버거울 정도로 점점 늘어나던 업무, 점점 커지는 가족과 공동체에 대한 책임을 다 기록하려면 플래너에 자리가 모자랄 지경이었다. 새로 알게 된 이름이나 전화번호를 기억할 엄두조차 나지 않았다.

　2013년이 다가오던 무렵, 나는 오리건보건과학대학교의 신경과 레지던트 훈련 과정의 책임자가 되면서 더 많은 행정적 책임을 떠맡았다. 공 여러 개를 동시에 공중에 띄워두려면 갖은 애를 써야 했다. 레지던트들을 위한 주간 강의 계획을 세워야 했고 몇몇 강의는 직접 들어갔다. 우리 과정의 빈자리 넷을 채울 레지던트를 선발하기 위해 가을 내내 의대생 200명의 지원서를 읽고 그중 약 40명의 면접을 보았으며, 채점 위원회를 열어 최종 점수를 매기고 이를 전국 레지던트 매칭 프로그램(미국에서 의과대학 학생들을 레지던트 과정에 배치해주는 비영리기업-옮긴이)에 제출했다. 또한 남은 시간 절반을 일반 신경과 환자들을 진료하고 진료실과 병동에서 일하는 신경과 레지던트들을 감독하는 데 쏟아부었다.

이런 상황에서 멀티태스킹을 하는 사람 대다수가 그렇듯이 나는 상세한 할 일 목록과 수많은 메모에 의지했고 상황은 그럭저럭 잘 굴러갔다. 하지만 언제부턴가 이렇게 일하기가 생각보다 더 힘들어진 것 같다고 느꼈다. 2013년 초가 되자 신경과 의사로서 내가 경도 인지 장애라고 판단할 만한 몇 가지 증상을 인지했다. 때때로 이름을 기억하고 단어를 떠올리기가 어려웠다. 이는 내 나이대에 흔한일이었지만 나는 그 밖에 계획을 세우고 멀티태스킹을 처리하는 데도 몇 가지 문제가 생겼다. 게다가 새 사무실의 전화번호와 주소도 외우지 못하고 있었다.

이런 문제들이 정상적인 노화의 영향을 넘어서는 것인지 알아보기 위해 치매 전문 신경과 의사 친구와 함께 컴퓨터로 하는 비공식적 인지 테스트를 받았다. 결과는 꽤 괜찮았지만 위험 신호가 하나 있었다. 인지 영역 중 딱 하나만 빼고 내 점수는 95백분위수 이상이었다. 다시 말해 보통 사람들의 95퍼센트보다 더 뛰어났다. 하지만 언어기억에서 50백분위수, 정확히 평균 점수를 받았다. 언어기억은 말이나 글로 된 단어와 개념과 관련된 기억으로 독서, 글쓰기, 대화, 단어와 개념을 떠올리는 일을 포함한 여러 과제에 사용된다. 그러니까 인지 검사의 전반적 결과는 정상이었지만 내 뇌에서 언어기억을 담당하는 부분에 뭔가 문제가 있다는 신호가 나타난 것이다. 내가 겪고 있던 자잘한 어려움이 검사 결과에 그대로 반영되었다.

'기억'의 풍경을 모여 있는 섬들의 지도처럼 그려본다면 이때 우리가 보통 '기억'이라 여기는 것의 상당 부분은 물 위로 드러나 있어 눈에 보이는 영역이다. 사건과 사람, 경험, 감각, 감정, 느낌으로 형성된 기억들 말이다. 우리가 한 일이나 배운 것들, 떠올렸거나 말한 생각들, 집에 가는 길에 가게에 들러 우유를 사야 한다는 걸 기억하고 가게에 갔을 때 잊지 않고 우유를 사 오는 일. 기억이란 경험을 인지하고 회상하게 해주는 우리 정신의 한 측면이다. 그러나 신경학적 현상으로 보면 기억을 담당하는 뇌의 처리와 신경망은 표면보다 훨씬 아래에 있다. 눈에 보이지 않는 깊은 곳에서 모든 일이

제대로 돌아가는 동안에는 흐름과 연결이 아무런 방해 없이 묵묵히 역할을 다하면서 수면 위로 모든 것이 원활하게 흘러가게 해준다. 이런 수준에서 기억은 가장 기본적인 연결을 뇌가 처리할 수 있게 한다. 그 연결 덕분에 우리는 글을 읽고 쓰고, 숟가락을 알아보고 그 사용법과 용도를 떠올리며, 우리 자신을 인지할 수 있다. 그러나 알츠하이머병 같은 것이 흐름을 방해하면 그 영향은 결국 행동과 인지 기능의 가시적인 변화로 나타나게 된다.

더 구체적으로 말하면 알츠하이머병은 단순히 그 흐름을 가로막는 것이 아니라 기억의 신경 군도를 이루는 섬들의 풍경을 바꿔놓는다. 이른바 서술기억declarative memory(사실과 사건에 대한 기억)은 측두엽 및 대뇌피질cerebral cortex의 몇몇 부분에 자리하고, 절차기억procedural memory(자전거 타는 법이나 피아노 치는 법에 대한 기억)은 더 깊숙한 곳의 기저핵basal ganglia과 소뇌cerebellum에 자리한다. 서술기억의 문제는 알츠하이머병 초기에 나타나지만 절차기억은 대체로 후기까지도 영향을 받지 않는다. 알츠하이머병이 상당히 진행되어 가족을 알아보지 못하거나 말도 하지 못하는 사람이 여전히 기억만으로 복잡한 피아노곡을 연주하기도 한다. 무슨 이유에선지 뇌 깊숙이 자리한 절차기억의 회로들은 뇌 표면 가까이 위치한 피질 영역보다 알츠하이머병의 파괴력에 영향을 덜 받는다.

서술기억은 다시 세 부분으로 나뉜다. 즉시회상(예를 들어 머릿속으로 전화번호 되뇌기)은 몇 초 정도 지속되고, 최근의 사건에 대한 기억은 몇 분 정도 지속되며, 먼 과거의 사건에 대한 장기기억은 평생 가기도 한다. 측두엽의 안쪽 가장자리에 있는 해마hippocampus는 최근의 기억을 장기기억으로 응고하고 장기기억은 대뇌피질의 여러 영역에 저장된다.*

중요한 건 위치다. 현재 알츠하이머병에서 대체로 제일 먼저 영향받는 곳이 뇌의 후각 중추라는 건 밝혀져 있지만, 대부분의 사람은 후각 능력이 점진적으로 손상되고 있다는 것을 잘 사색하지 못한다. 그다음으로 손상되는 것은 대체로 해마와 그 연결들이며 그 결과 최근의 기억 및 새로운 장기기억을 형성하는 능력이 훼손된다. 이미 잘 다져진 먼 과거의 사건들에 대한 기억은 일반적으로 알츠하이머병 후기까지도 보존된다.

다른 인지 영역들도 알츠하이머병에 영향을 받는다. 언

---

* 기억 유형의 분류는 헷갈릴 수 있다. 예를 들어 어떤 교과서나 논문에서는 암묵기억implicit memory과 외현기억explicit memory이라는 용어를 사용한다. 암묵기억은 기본적으로 절차기억과 같은 것으로 자전거 타기나 악기 연주처럼 자동으로 하게 되는 일들에 대한 기억이다. 외현기억은 서술기억과 같은 것으로 단어, 과거 사건, 개념에 대한 기억이다.

어 문제는 기억 문제와 함께 일찌감치 발생할 수 있다. 알맞은 단어를 잘 떠올리지 못하는 일, 엉뚱한 단어를 말하는 일, 사용하는 어휘 수가 줄어드는 일, 이해력이 떨어지는 일 등이 언어 문제에 포함된다. 시각-공간 지각의 손상은 기억과 언어 문제가 시작되고 얼마 후에 발생하지만 때로는 첫 증상으로 나타나기도 한다. 그 때문에 물건을 엉뚱한 곳에 두고 찾지 못하거나, 길을 잃거나, 물건이나 얼굴을 잘 알아보지 못할 수 있다.

실행 기능의 문제는 알츠하이머병의 비교적 초기 단계에 흔한 증상으로 의욕이 생기지 않고 계획 세우기가 어려워지는 현상 등으로 나타난다. 멀티태스킹 능력도 사라진다. 이런 활동들은 뇌의 제일 앞부분인 전전두피질prefrontal cortex에서 통제한다. 흥미롭게도 전전두피질은 알츠하이머병에 걸리게 되는 사람들의 뇌에서 제일 먼저 아밀로이드 플라크가 나타나는 영역 중 하나다(121쪽 사진 참고). 병이 진행됨에 따라 간단한 도구 사용, 옷 입기, 음식 먹기를 비롯해 여러 운동 활동에도 문제가 생기므로 간병인의 도움이 점점 더 많이 필요해진다. 중기와 후기에는 초조함, 편집증, 환각, 공격성 같은 정신과적 증상도 문제가 된다.

나는 2013년 초반까지 거의 모든 기준에서 인지가 아직 정상이었다. 축적된 신경학 지식은 탄탄했고 이를 쉽게 꺼내

썼으며 학생들을 잘 가르쳤다. 가족의 삶은 여전히 정신없이 바쁘게 돌아갔다. 하지만 이름과 단어가 잘 떠오르지 않는 문제 때문에 심란했다. 그 문제가 알츠하이머병 발병과 관계가 있을 것 같아 걱정스러웠다. 유전자 때문에 내가 70세에 알츠하이머병에 걸려 있을 확률이 매우 높다는 사실까지 알아버렸으니 더욱 그랬다. 이때 나는 예순둘이었다. 만약 내 직업이 의사가 아니었다면 은퇴를 고려하지 않았겠지만 의료계에서는 기억 착오나 판단 실수가 용납되지 않는다. 나는 그런 위험한 일이 현실이 되기 전에 일찌감치 은퇴하는 게 낫겠다고 생각했고, 실행에 옮겼다.

'이스케이프호'는 친구 존, 헨리와 함께 매년 여름

임대하려고 애쓰는 바바리아 36 범선이다.

워싱턴주 산후안 군도 로페즈섬의 헌터 베이에 정박한 모습.

아무튼
범고래

그전까지는 은퇴를 고려해본 적이 없었다. 일을 정말 사랑했으니까. 조기 은퇴 절차를 밟게 되니 그간 그려왔던 원숙한 노년기의 은퇴에 대한 전망이 한순간에 물거품이 됐다. 신중함에 더 무게를 두어 공식적인 직무에서 물러나기는 했지만 놀랍게도 자원활동가로서 의료계에 이바지할 기회는 남아 있었다. 현장 의료진과 환자들을 지원할 수 있었고 지역적으로도 국제적으로도 동료들에게 의견을 보낼 수 있었다. 가르치는 능력은(더불어 배우는 능력도) 사실상 전혀 달라지지 않았고 은퇴 후 1년 동안 교육과 자원봉사 활동으로 꽉 찬 시간을 보냈다. 이따금 이름 등이 기억나지 않아 백지상태가 되는 작은 사건들이 있긴 했다. 하지만 탄자니아, 에티오피아, 콩고에 교육을 위해 가던 출장은 계속할 수 있었다. 포틀랜드에서는 이민자와 건강보험이 없는 미국인들에게 1차 진료를 제공하는 지역 무료 진료소에서 자원봉사를 했다. 이곳에서는 숙련된 가정의학과 의사나 내과 전문의의 지도와 조언을 받으며 환자를 진료했다.

어찌 보면 이런 교육과 자원봉사 활동은 내가 상상했던 은퇴 생활과 비슷했다. 하지만 이른 퇴직을 할 수밖에 없었던 원인 때문에 몇 가지 다른 선택을 할 수밖에 없다는 점도 받아들여야 했다. 또한 초기 인지 저하의 신호가 나타나지 않는지, 내가 하는 일들을 더 조절해야 하지 않는지 더욱 촉각을 곤두세웠다. 퇴직하고 1년쯤 지나 2014년이 시작될 즈음 기억이 잘 나지 않는 가벼운 사건들이 계속되자 공식 인지 검사를 받기 위해 치매 전문의와 일정을 잡았다.

신경과 주치의의 말을 빌리면 '연령 평균에 비해 언어 회상이 약간 지체되는 점'을 제외하면 검사 결과는 정상이었다. 이는 단어와 언어에 대한 내 기억이 일반적인 수준만큼 좋지 않다는 뜻이었다. 검사 요약문의 결론에 따르면 "가장 적절한 진단은 주관적 인지 손상 또는 본인의 불평만을 근거로 한 경도 인지 장애"였다. 바꿔 말하면 내가 알츠하이머병 조기 증상일지도 모른다고 생각했던 것이 사실 공식 평가에 반영될 정도의 변화는 아니라는 의미였다. 나는 경도 인지 장애에 관한 어떤 기준에도 부합하지 않았다.

모든 측면에서 내 인지 기능은 여전히 높은 수준을 유지하고 있었고 증상이 나타나려면 몇 년은 더 지나야 할지도 몰랐다. 그럼에도 나는 만약 뇌에서 최초의 신경퇴행이 진행되고 있다면 병의 진행을 늦출 방법이 있을지도 모르는 지금이야말로 그 진행 여부를 알아낼 때라고 판단했다. 일단 뇌세포가 죽고 나면 외양간을 고쳐봐야 소는 돌아오지 않는다. 그러니 아직 소가 외양간 안에 있을 때 보호하거나 지킬 조치를 하는 게 낫다. 지금 아는 게 많을수록 더 좋았다. 나는 원래도 무언가를 조사하고 데이터를 분석하고 환자가 일상에서 경험한 증상의 맥락에서 데이터를 해석하기를 워낙 좋아하는 데다, 내가 처한 상황이 상황인지라 이제 그런 임상적인 시선을 온전히 나 자신에게 맞춰보는 것은 자연스러운 귀결이었다. 나는 나 한 사람에 대한 종단연구의 대상이 되기로 했다.

물론 내 인생 계획에 있던 일은 아니었다. 그러나 때로는 예상치 못한 방향으로 틀어진 길이 뜻밖의 선물을 안기기도 한다. 항해가 이를 가르쳐줬다. 언뜻 생각하면 돛단배가 바람이 불어오는 쪽을 향해 항해하기란 불가능해 보인다. 그러나 공기역학의 원리에 따라 돛과 속도와 위치를 잘 조절하면 약간 비스듬한 각도로 방향을 잡아 바람을 거슬러 앞으로 나아갈 수 있다. 목적지가 바람이 불어오는 쪽에 있다면 반드시 주기적으로 방향을 바꿔가면서 지그재그를 그리며 목적지로 접근해야 한다. 맞바람을 받으며 항해할 때는 목적지를 향해 직선거리로 항해할 때보다 속도가 느려지기는 하지만, 배를 몰아본 사람이라면 이때가 항해에서 가장 짜릿하고 재미있는 순간이라는 걸 알 것이다. 그럴 때는 매 순간 세부 사항에 주의를 기울여야 한다. 바람의 방향이 초 단위로 바뀌니 최고 속도를 유지하려면 배의 방향과 돛을 계속

이스케이프호의 키를 잡고 있는 나

해서 조정해야 한다. 배가 기울어지기도 하고, 실제 풍속에 배가 움직이는 속도가 더해지면서 겉보기 풍속이 아주 높아지기도 한다. 바다가 거칠다면 바닷물의 비말이 얼굴을 때릴 것이다. 속도와 바람과 물방울이 더해져 만들어내는 감각은 사람을 아주 신나고 들뜨게 한다. 반면 뒤에서 불어오는 바람을 받아 순조롭게 나아가는 항해가 상당히 따분하다는 점에도 다들 동의할 것이다. 이럴 때는 바람이 전혀 느껴지지 않을 수도 있다. 배의 속도가 풍속을 무의미하게 만들어버리기 때문이다. 항해에서 제일 중요한 일은 목적지에 도착하는 것이 아니다. 그곳에 도달하는 과정의 즐거움 자체에 의미가 있다.

게다가 그 즐거움이란 계획한 장소에 도착했기 때문이 아니라 그냥 그 순간 자기가 그곳에 있다는 데에서 비롯된다. 몇 년 전, 매년 8월에 하는 항해 여행 중에 하루는 친구들과 함께 어느 섬 항구에서 더 탁 트인 바다로 나아가고 있었다. 세일리시해는 여름에 고래를 보기 가장 좋은 곳인데 그중 가장 인기 있는 건 범고래(사실은 돌고래의 한 종류지만)다. 하지만 범고래를 보기란 쉽지 않아서 종일을 바다에서 보내고도 한 마리도 못 보기도 한다. 우리는 행운이 따라주기를 바랐다. 돛으로 항해하기에는 바람이 충분히 세지 않아서 디젤 엔진을 켜고 브리티시컬럼비아주의 밴쿠버섬과

워싱턴주 산후안 군도를 나누는 커다란 해협인 하로 해협으로 향했다. 이 지역 범고래 무리가 하로 해협 근처에서 자주 발견되기 때문이었다. 그런데 채 30분도 지나지 않아 엔진이 과열되었다는 경고음이 울렸다. 확인해보니 배기관에서 물이 새고 있었다. 엔진 냉각수 수위는 정상이었다. 우리는 엔진을 어느 정도 식힌 후 다시 출발했다. 몇 분 안 가 또다시 경고음이 울렸다. 결국 견인선을 불렀고 이제 태양 아래에서 1시간 반을 기다려야 했다. 바람 한 점 없어서 힘없이 늘어진 돛을 펼친 채 바다 위를 정처 없이 떠다녔다. 우리는 샌드위치를 만들고 전날 밤 나누던 이야기를 이어가며 뭔가 철학적인 대화도 주고받았다. 그리고 조용한 바다를 가만히 바라보며 견인선이 나타나기를 기다렸다. 운 나쁘게 엔진에 문제가 생겼으니 이날 하루는 부둣가에서 엔진 수리나 하며 보내겠거니 체념한 상태였다.

그 순간, 100미터쯤 떨어진 곳에서 범고래 무리가 나타났다. 어느 찰나에 갑자기 물 위로 눈부시게 솟아올랐다가 절도 있는 다이버처럼 깔끔한 움직임으로 다시 물속으로 사라졌다. 그러다 다시 수면 위에 나타났다가 또다시 사라지는 안무를 몇 번 반복한 뒤 마침내 시야에서 사라졌다. 여덟 내지 열 마리였는데 기가 막힌 장관이었다. 우리는 황홀감에 빠져 이 믿을 수 없는 행운에 어리벙벙해했다.

이런 여행을 20년이나 하고 나서 알게 된 것은, 범고래를 보게 되는 때는 범고래를 찾으려고 애쓸 때가 아니라 기대를 거의 하지 않을 때라는 사실이다. 그냥 우연히 마주치게 되는 것이다. 그해에 엔진이 멀쩡히 작동해서 계획대로 항해를 계속했다면 범고래를 보지 못했을 것이다.

은퇴 후의 첫해를 돌아볼 때면 바다 위에서 오도 가도 못한 채 목적 없이 표류하던 그날이 떠오른다. 계획은 엎어졌지만 삶의 평범하면서도 기억에 남을 일들이 가득했던 날이었다. 범고래의 선물, 시간의 선물이.

범고래

나의 뇌,
나 자신

신부 아버지 중에 결혼식 리허설 만찬 때 할 건배사를 쓰고, 그걸 다 외워서 말할 수 있을지 걱정하고, 연습해놓고도 계속 걱정하고, 그러다 만약의 경우를 대비해 아예 종이에 옮겨 써서 주머니에 넣어두지 않는 사람이 있을까. 종이가 잘 있나 초조하게 주머니를 두드려보고, 몇 번 더 두드리며 재차 확인한 사람도 나뿐만은 아닐 것이다. '나이 들어 깜빡하는 순간'에 관한 농담들은 내 나이대 사람들 사이에 항상 등장하는 얘기다. 이름이 기억나지 않아서, 메모해둔 종이를 찾지 못해서, 자동차 키를 어디 뒀는지 잊어버려서 머릿속이 하얘졌던 순간이 한 번도 없었던 사람이 몇이나 될까? 어느

방에서 하던 일을 멈추고 다른 방으로 갔는데 왜 왔는지 이유가 생각나지 않다가 기억해내기를 포기하고 한참이 지나서야 기억이 난 경험도 누구나 있을 것이다.

이런 '깜빡하는 순간'들에 내가 과하게 신경을 쏟기 시작한 것처럼 보일지도 모른다. 하지만 나는 오랜 시간 신경과학 전문가로 일하다 은퇴한 직후였고, 내 뇌를 직접 관찰할 시간도 기회도 동기도 충분했다. 게다가 이런 변화들이 나에게는 흥미롭기까지 했다. 나는 줄곧 새로운 치료법 연구에 실험참여자로 들어갈 자격을 얻기를 고대했다. 그 치료법으로 변화시킬 수 있는 질병 과정이 있다면 가능한 한 빨리 그것에 제동을 걸고 싶었다. 하지만 매번 인지 점수가 높게 나와서 임상시험에 참여할 자격이 안 됐다. 아직까지는 그랬다. 그럼에도 나는 인지 손상의 징후들을 기록하며 증거를 모으기 시작했다. 이 증거를 통해 나 같은 사람들, 다시 말해 초기 신호가 왔고 분명히 발병 위험이 있는 사람에게도 연구에 참여할 기회를 열어주고 싶었다. 이런 마음으로 한 해 동안 나의 인지 기능에서 약간의 결손 신호라도 찾아내기 위해 더욱 세심하게 주의를 기울였다.

여러 면에서 그 변화들은 다른 사람은 알아차릴 수 없는 것들이었다. 나는 개인적인 백업 시스템인 메모와 캘린더를 더 자주 사용했고 나름 덕을 봤다. 하지만 동시에 인지 기능에서 다른 미묘한 걸림돌들을 감지하기 시작했다. 그중 하나가 언어였다. 공적인 자리에서 연설하고 콘퍼런스에서 발표하고 대학에서 강의했던 사람으로서 나는 수월한 언어적 의사소통을 당연하게 여겨왔다. 일을 해오면서 하루의 대부분을 환자, 동료, 학생들과 대화하며 보냈고 언제나 이야기하는 걸 즐겼으며 부담감을 느끼거나 스트레스를 받은 적이 없었다. 그러나 이제는 말하고 싶은 단어를 찾기 위해 자주 말을 멈춰야 했다. 때로는 말을 이해하는 데도 애를 먹었다. 상대가 한 말을 명료하게 듣지 못했을 때 특히 더 그랬다. 내가 맥락을 근거로 빠진 단어를 채워넣지 못한다는 사실을 금세 깨달았다. 나는 자원봉사와 여행을 계속했는데 이 인지적 빈틈이 메모나 포스트잇으로는 해결할 수 없는 새로운 난관이 되었다. 매년 봄에 탄자니아로 가던 업무 여행에서는 이제 진료 회의(아침 브리핑)를 쉽게 따라갈 수 없다는 걸 알게 됐다. 물론 이전에도 브리핑은 쉽지 않았다. 그곳의 젊은 의사 대부분이 영어를 할 줄은 알았지만 살살 말하는 데다 모국어 억양이 심하게 섞여 있었고 방은 소리가 울려서 말이 뚜렷하게 전달되지 않았기 때문이다. 그래도 예전에는 이에 적응하고 잘 따라갈 수 있었던 반면 이제는 대화가 불분명했고 의미를 알 수 없었다.

하루는 집에 있다가 이름을 기억하는 능력이 점점 악화

되고 있음을 알아차렸다. 옆집 이웃의 이름이 몇 주 동안이나 도통 떠오르지 않았다. 이웃의 성과 그 아내의 이름은 기억났지만 이웃의 이름은 끝내 기억나지 않았다. 로이스에게는 묻지 않기로 했다. 기억나지 않는 게 너무 많다고 털어놓으면 로이스의 근심이 깊어졌기 때문이다. 그러던 어느 날에는 얼빠진 듯한 짓을 두 가지나 하면서 마음이 착잡해졌다. 둘 다 주방에서 수백 번은 했을 평범한 루틴에 일어난 작은 오류였다. 저녁 샐러드는 늘 내가 도맡아 만든다. 그런데 그날 저녁에 나는 오이 껍질을 벗긴 뒤 샐러드 볼 옆에 있던 퇴비용 용기가 아닌 샐러드 볼에 넣어버렸다. 로이스가 샐러드에 왜 오이 껍질이 들어 있느냐고 의아해하며 물어볼 때까지도 그 사실을 알아차리지 못했다. 로이스는 그럴 수 있다며 가볍게 넘겼다. 그런 다음 식기세척기에서 그릇을 꺼낼 때 커피잔을 맥주잔이 있는 선반에 올렸다. 엄청난 일은 아니지만 전에는 한 번도 그런 적이 없었고, 이 역시 로이스가 말해줄 때까지 인지하지 못했다. 치매가 진행되고 인지 손상이 악화될 때 사람들은 자기가 하는 실수를 알아차리지 못한다. 하지만 나는 고통스럽게 실수를 의식했다. 로이스는 종종 내 기억 실수를 짚어주며 내가 정신을 차리고 주의를 기울이게 해주면서도 항상 다정함을 잃지 않았고 내가 웃어넘길 수 있게 도와줬다.

나 자신에 관해 노트에 더 열심히 기록하기 시작했지만 기록을 다시 살펴보다 보면 비어 있는 날짜들도 있었다. 때때로 기록하는 일조차 까맣게 잊은 것이다. "자신에게 남기는 기록: 잊지 말고 자신에게 기록을 남겨야 한다는 걸 기억해라."

이런 일들이 있기는 했어도 우리 부부의 행복을 해치진 못했다. 여름에 있을 큰딸의 결혼식 준비를 돕던 중이었고, 아들 부부는 곧 첫아이를 출산할 예정이었으니 겹경사가 기다리고 있었다. 가장 슬펐던 순간도 알츠하이머병과는 무관했다. 9년 동안 함께한 개가 갑자기 세상을 떠나면서 우리는 깊은 슬픔에 빠졌다. 자식들이 각자의 삶을 꾸리면서 독립해 나간 데 이어 헌신적으로 사랑했던 개마저 사라진 것이다. 그러다 7월이 되었다. 작은 딸이 캘리포니아 북부에서 대학을 마치고 동부에 있는 대학원에 진학하게 되었고 우리 부부는 그곳으로 차를 몰고 가 이삿짐 싸는 것을 도왔다. 그런 다음 함께 내 생일을 축하했으며(나는 예순셋이 되었다) 새로운 강아지를 집으로 데려왔다.

로이스와 나는 이제 아이들이 곁에 없으니 우리 둘 다 아껴주고 돌봐줄 대상이 필요하다고 판단했다. 잭은 바로 그 필요를 채워줬다. 문제는 잭을 보살피는 일에서 내 몫을 제대로 하지 않고 있다는 걸 자각하지 못했다는 점이다. 이제

막 이빨이 나고 있던 잭이 무엇이든 닥치는 대로 씹어댄 흔적이 우리 집 1층의 거의 모든 방에 남아 있다. 수 세대 전부터 내려온 가구들도 있다. 잭은 걸레받이, 몰딩, 문, 심지어 벽난로의 조각 장식 목재들까지 죄다 씹었다. 잭의 이런 행동이 유난히 심란했던 이유는 내가 잭을 돌보기로 했을 때 그런 일이 벌어졌기 때문이다. 로이스는 딸의 결혼 준비로 바빴기 때문에 내가 근처 책상에서 일하면서 잭을 지켜보기로 한 터였다. 하지만 한번 일에 몰두하면 이내 잭을 잊어버렸다. 전에 없던 일이었다. 나는 멀티태스킹의 달인이었다. 그러나 이제는 하나에 주의를 집중하면 주변에서 일어나는 다른 일들에 대한 주의가 흐려졌다. 잭은 그냥 강아지답게 행동했을 뿐이지만 거기에서 내 상태가 드러났다. 그럴 땐 대체로 로이스가 대신 나서서 해결했다. 로이스는 이미 실수로 자책하고 있는 사람의 마음을 더 긁어대는 성품이 아니다.

그런 일만 제외하면 그해 여름은 환상적일 만큼 멋졌다. 나는 할 일 목록과 달력에 의지해 과제를 해나갔고 그 방법이 대체로 잘 먹혔다. 한번은 실수로 스마트폰에 있는 할 일 목록을 삭제했다가 다시 작성하느라 애를 먹기는 했지만 어떻게든 해냈다. 딸의 결혼식에서는 쪽지를 보지 않고도 건배사를 마쳤다. 몇 달 뒤에 아들 부부 덕분에 우리는 할아버지, 할머니가 됐고 다시 한번 내가 행운아임을 실감했다. 경

색을 처음 만난 날

도 인지 장애에 대한 걱정에도 불구하고 나는 로이스의 표현을 빌리자면 "타고난 아기 달래기 명수"였다. 그 능력이 뇌의 어느 부분에 들어 있는 것인지는 모르겠으나 나에게 뜻밖의 선물처럼 느껴졌다.

11월에는 몇 가지 미묘한 기억 착오가 있었다. 이를 나중에 의사를 만나면 들려주려고 일기장에 적어뒀다. 이제는 적어두지 않으면 그 일들을 기억할 수 있으리라는 확신이 없었다. 나는 즉시기억을 단기기억으로 응고시키는 능력, 예를 들어 전화번호를 듣고 나서 종이에 적을 때까지 기억하는 능력도 좀 더 나빠졌다고 판단했다. 장기기억에는 몇몇 구멍이 생기기 시작했지만 전반적으로는 멀쩡했다. 그 구멍이란 로이스가 실마리를 던져줘도 과거의 어떤 사건들이 도저히 기억나지 않는 것이었다. ("왜, 당신 우리가 …했을 때 기억하지?" "아니, 기억 안 나.") 절차기억은 기본적으로 정상인 것 같았다. 아직은 운전하고 피아노를 연주하고 정상적으로 돌아다닐 수 있었다. 하지만 실행 기능에는 몇몇 경미한 문제가 생겨 목표 설정과 실행이 원활히 돌아가지 않는 것 같았다. 아침에 일어나자마자 그날 계획을 써두지 않으면 집중하지 못하고 샛길로 빠져 어떤 일도 마무리하지 못했다. 목표나 계획을 기억하는 과정을 담당하는 단기기억에 이상이 생겼기 때문일 수도 있었다. 원인이 무엇이든 짜증스럽고도 우려스러운 일이었다. 물론 이 문제도 기록해두었다. 하지만 기록하겠다는 다짐을 몇 번이나 하고 나서야 실제로 기억해서 기록했는지는 나도 모르겠다.

12월에는 고유감각proprioception에 약간 문제가 생겼다. 고유감각이란 자기 몸에 대한 인식으로, 식탁에서 싱크대까지 가거나 슈퍼마켓의 진열대 통로 사이로 순조롭게 움직이게 해주는 감각이다. 나는 안경을 쓰지 않았을 때 약간 휘청거리는 느낌이 들었고 특히 타일 바닥에서 더 심했다. 하지만 카펫 위로 올라가면 괜찮았다. 또한 헬스장에서 크로스 트레이너를 탈 때 팔다리의 움직임과 호흡을 맞추려면 (보통은 자연스럽게 맞춰지지만) 주변에서 다른 리드미컬한 소리가 하나도 안 들려야 했다. 음악이든 뭐든. 하지만 헬스장에서 크로스 트레이너에 올라 운동할 때면 누군가 근처 러닝머신에서 달리고 있기 마련이었고, 그러면 내 호흡은 항상 내 걸음이 아니라 뛰는 사람의 걸음에 맞춰졌다. 이 신경 처리상의 오류를 극복하기란 불가능했다. 러닝머신에서 달릴 때는 아무 문제도 없었다. 실내 사이클을 탈 때는 기구의 움직임과 호흡을 맞출 수 있었다. 이 문제에 대해 내가 세운 가설은 아주 미세한 운동기구의 소리까지도 동작과 소리를 연결하는 내 신경 경로를 활성화한다는 것이다. 크로스 트레이너에서는 아무 소리도 안 나니 다른 기구 소리에 반응하는 게 문제였다. 이는 소리를 처리하는 경로는 멀쩡하지만 고유감각 처리 경로에 약간의 기능 이상이 생겼다는 의미였다. 고유감각이 정상적인 사람들도 이런 문제를 겪는지 어떤지 확실하진 않지만 아무래도 그러지는 않을 것 같다.

한 달 두 달 지나면서 내가 기록한 노트 파일은 점점 두꺼워졌다. 새해에 접어든 2015년, 마침내 임상 연구 참가 자격을 얻을 수 있을 거라는, 다시 말해 인지 손상이 충분히 진행됐다는 증거가 나오리라는 생각이 들었다. 새해에 어울리는 희망찬 생각은 아니겠지만 나로서는 초기 알츠하이머병으로 예상되는 내 상태에 대해 의학에 기반한 조기 치료를 받을 기회를 얻으리라는 기대를 품게 되었다.

이른 봄에 UCSF의 신경과 주치의 길 라비노비치Gil Rabinovici 박사에게 인지 검사를 받았다. 놀랍게도 지난해와 달라진 게 없다는 결과가 나왔다. 그러나 박사는 한 가지 변화를 눈여겨보았다. 우울증 평가에서 높은 점수가 나온 것인데 내게는 전혀 놀랍지 않았다. 알츠하이머병 진단을 받은 사람 대부분은 의사들이 반응성 또는 상황성 우울증이라고 부르는 상태에 빠진다. 알츠하이머병 진단은 당연히 사람을 우울하게 만든다. 쉽게 받아들이기 힘든 소식이 아닌가. 미래는 암울하게만 보이고 실질적인 상실감이 찾아온다. 잃어버린 것에 대한 슬픔도 있다. 당시는 아직 알츠하이머병 진단을 받기 전이었지만 어쨌든 신경과 의사로서 그 병이 닥쳐오고 있음을 인지하고 있었다. 우울증 평가 항목에 내가 적은 답들은 하나 마나 한 뻔한 말이었다. 슬프다고 느끼는가? 물론이다. 미래에 대한 희망을 잃었다고 느끼는가? 당연했다. 더군다나 초기 단계에 이 병의 진행을 늦춰줄 수도 있을 임상 연구가 진행 중이라는 걸 아는데도 인지 손상 정도가 "충분하지" 않다는 이유로 그 연구에 참여할 수 없었다. 나 자신의 신경퇴행이 슬로모션으로 진행되는 광경을 그저 지켜볼 수밖에 없었다. 더욱 답답했던 점은 알츠하이머병 초기 단계를 어떻게 분류하거나 최소한 식별할 것인지에 관한 논쟁이 아직도 끝나지 않아서, 새로운 잠재적 치료법을 찾는 데 걸림돌이 된다는 사실이었다.

라비노비치 박사는 자신이 진행하고 있는 알츠하이머병 발병 위험군을 대상으로 한 종단연구에 참가하는 게 어떻겠냐고 했지만 그 연구도 지연되고 있었다. 수백만 명이 나처럼 알츠하이머병 초기로 가는 신경학적 변화의 문턱에 서 있으리라는 생각이 멈추지 않았다. 이 단계를 식별하고 연구하고 과학적·의학적 치료법을 발전시킨다면 정말 많은 것을 알아내고, 누군가의 남은 삶에 커다란 변화를 가져올 수 있을 것이다.

하지만 나는 진단이 내려질 날이 언젠가 오리라는 걸 알고 있었다. 마냥 손놓고 있을 때가 아니었다. 걸려 있는 게 너무 많았다. 임상 연구에 참여할 자격을 얻기에는 인지 점수가 계속해서 너무 높게 나오더라도, 나는 나대로 할 수 있는 일을 하겠다고 일찍이 몇 달 전부터 결심한 터였다. 알츠하이머병의 진행을 늦추고 인지적 회복력을 키운다고 밝혀진 식생활, 운동, 기타 활동 등 내가 해볼 수 있는 일이 있었다. 그에 관한 연구는 광범위하고 결과는 명확했다. 의사의 목표는 병을 치료하고 관리하는 것뿐 아니라 가능한 모든 예방책을 고안하는 것이다. 지금 내게는 혼자서 할 수 있는 확실한 예방 조치들이 있었다. 실질적 예방은 가능하지 않을지 몰라도 신경퇴행의 속도나 확산을 늦출 수 있다면 충분했다.

그래서 나와 같은 상태의 환자들에게 의사로서 제안했을 법한 방법을 나에게 자가 처방했다. 첫째, 운동량을 늘리고 특히 유산소 운동의 비중을 더 높였다. 둘째, 뇌 건강에 방점을 둔 마인드(신경퇴행 지연을 위한 지중해식-대시 개입법mediterranean-DASH intervention for neurodegenerative delay, MIND) 식단을 실천했다. 또한 사회적 활동성과 정신적 자극을 유지해줄 일상 활동, 예를 들어 매일 십자말풀이 1~2회, 한 달에 책 6~10권 읽기 등으로 이루어진 관리 전략을 세웠다. 읽은 것을 며칠만 지나도 잘 기억하지 못하는 문제가 있긴 했지만 로이스와 책에 관해 이야기를 하면 기억을 다지는 데 도움이 되었다. 다행히 로이스는 열혈 독서가여서 아주 좋은 말동무가 되어줬다.

로이스는 나의 이 새로운 활동 계획을 적극적으로 지지했다. 내가 운동하고 야외활동을 할 때는 한결같이 잘한다고 응원해줬다. 동네 헬스장에서 하는 운동부터 잭과 함께 하는 긴 산책, 가끔 몇몇 오랜 친구들과 컬럼비아강에서 보트 여행을 하며 보내는 시간까지. 나중에 로이스는 그 덕에 자기가 "찬란한 고독"이라 부르는 것을 누릴 수 있어서, 옆으로 밀어뒀던 자기만의 관심사와 활동에 몰두할 혼자만의 시간을 되찾아서 감사했다고 털어놨다. 우리 둘 다 내향적이고 조용한 책벌레지만 함께하는 시간과 대화도 정말 좋아한다. 하지만 배우자가 은퇴하고 갑자기 종일 집에 함께 있는 것은 분명 꽤 부담스러웠을 것이다. 지금까지 자기만의 일정과 할 일에 따라 긴 하루를 보내며 대부분의 시간을 혼자 지냈고, 성인이 된 자식, 친구, 동료와 전화나 문자로만 대화하고 이따금 개와 즉흥적으로 대화하는 생활을 해왔으니 말이다.

나로서는 불평할 처지가 못 된다. 우리가 대화를 나눌 때면 처음 몇 단어를 놓치거나 들은 단어의 의미를 이해하지 못해 방금 한 말을 다시 말해달라고 부탁하는 일이 잦아졌다. 가족이나 친구들과 식탁에 둘러앉아 대화를 나누거나 의대에서 학생이나 동료들과 이야기를 나눌 때, 아침 회진 때처럼 여럿이 한꺼번에 대화를 나눌 때면 더욱 골치 아팠다. 사람들의 말을 알아들으려면 신경을 곤두세워야 했고 몹시 초조해졌다. 게다가 솔직히 말해 그렇게 애써봤자 아무 소용이 없었다.

로이스는 한 번에 한 걸음씩 나아가는 법을 잘 안다. 산을 오를 때든 가족의 결혼을 준비할 때든 초기 알츠하이머병의 여정을 시작할 때든 마찬가지다. 사서로 일한 시절부터 결혼 생활과 엄마로서의 역할을 더해갈 때도, 가족 행사를 계획하고 모두의 생일과 기념일을 챙길 때도, 수많은 책을 꾸준히 읽을 때도, 퍼즐을 한 번 맞추기 시작하면 끝을 보고 말 때도, 퀼트와 뜨개질 같은 창조적인 활동을 할 때도, 나아가 아내의 손길이 닿지 않은 곳이 없는 우리 가족의 삶이라는 태피스트리를 짤 때도, 로이스는 큰 그림을 보면서도 아주 작은 세부 사항까지 놓치지 않는 대단한 능력자다. 이 모든 일이 MRI 스캔에서 어떻게 보일지 상상도 안 간다. 다만 알츠하이머병이 뇌 스캔에서 어떻게 보이는지는 분명히 알고 있으며 머지않아 내 뇌 스캔에서 그 전형적인 모습을 보게 될 터였다.

신부의 아버지. 에린 그레이스 포로즈니 촬영.

감춰진 뇌가
드러나다

동료 30명 정도가 큰 탁자에 둘러앉아 있는 회의실에 들어갈 때면 보통은(적어도 몇 년 전에는) 내가 어떤 환자의 사례를 발표하거나 그에 대해 조언해야 하는 상황이었다. 그러나 이날은 달랐다. 이날은 내가 바로 논의 대상인 환자였다.

은퇴한 지 2년이 넘게 지난 2015년 9월, 나는 샌프란시스코로 향했다. 뇌 영상 연구에 참여하기 위해서였다. 이 연구는 앞으로 계속 진행될 나의 인지 손상 정도를 측정하는 데 기준선이 되어줄 참이었다. 이날 회의는 라비노비치 박사의 초대로 참여한 알츠하이머병 위험군에 대한 장기 뇌 영상 연구의 일환이었다. 절차는 PET 스캔 2회, 고해상도 MRI 스캔 1회, 이틀에 걸친 인지 검사로 이루어졌다. PET 스캔 중 하나는 플라크 속에 존재하는 비정상적 아밀로이드 단백질을 확인하기 위함으로, 이 비정상적 단백질은 인지 손상이 시작되기 20년 전부터도 발견된다. 다른 PET 스캔을 통해서는 알츠하이머병에서 보이는 엉킨 신경섬유 속 비정상적 타우 단백질을 확인했다. 뇌 스캔과 광범위한 인지 검사를 받으며 나흘을 보낸 뒤 닷새째에 결과를 듣기 위해 연구팀 및 임상팀과 만났다. 의료계 버전의 '가족회의'랄까.

40년 전, 살아 있는 사람의 뇌 스캔 이미지를 처음 보았던 의대생 시절의 나처럼 이날 회의실에 있는 모두가 프레젠테이션 화면에서 눈을 떼지 못했다. 살아 있는 사람의 실시간 뇌 영상을 처음으로 보았던 그때가 아직도 생생히 기억난다. 병원에서 막 EMI 스캐너를 구입한 때였다.* 1977년인가 1978년이었고 이런 발전된 기기가 나오기 전에는 살아 있는 뇌를 보는 일이 거의(수술할 때를 제외하고) 불가능했다. 물론 의대에 다니던 그 시절에도 X선 촬영으로 머릿속 두개골을 이루는 뼈를 볼 수 있었고, 솔방울샘pineal gland 속 칼슘을

---

* 영국의 EMI는 아마도 비틀즈의 첫 음반을 낸 회사로 가장 유명하겠지만, CT 스캐너를 최초로 판매한 회사이기도 하다. (CT는 컴퓨터 단층촬영을 의미한다.) 그래서 최초의 CT 스캔은 EMI 스캔이라고 불렸다. 이후 다른 회사들도 이 분야에 진입하면서 명칭이 CT 스캔으로 바뀌었다.

통해 솔방울샘의 모습을 관찰하며 뇌에 심한 비대칭이 있는지 여부도 확인할 수 있었다. 하지만 이전까지 뇌 조직을 실제로 볼 수 있는 통상적인 방법은 전혀 없었다. 사람 뇌를 단면으로 잘라낸 듯한 '조각'을 실제 영상으로 본 순간은 마법처럼 느껴졌다. 당시 영상의 픽셀 크기는 3×3밀리미터로 0.5×0.5밀리미터인 오늘날을 기준으로 보면 어마어마하게 크다. 그래서 당시의 영상은 거의 조각 이불이나 인상주의 회화처럼 보였다. 그럼에도 환상적이었다. 당시의 픽셀 크기만큼이나 원시적인 수준이었음에도 그 영상은 대단했다. 내가 처음 봤던 그 영상은 얼마 전에 뇌졸중이 생긴 환자의 뇌를 스캔한 것이었다. 환자는 아직 스캐너 안에 있었고 나와 동료들은 뇌졸중 때문에 생긴 어두운 뇌 영역 이미지를 실시간으로 확인했다. 1980년대에는 MRI가 등장해 정상적 뇌 구조물과 비정상적 뇌 구조물을 더욱 상세히 볼 수 있게 됐다. 하지만 처음으로 CT 영상을 본 그때의 마법 같은 느낌은 아직까지 잊히지 않는다. 오늘날의 영상 기술은 놀랍도록 발전했다. 활동 중인 실제 뇌를 그렇게 깊이까지 상세하게 드러내는, 그야말로 뇌를 그려내는 능력을 실감할 때마다 감탄하곤 한다.

이날 스캔으로 그려낸 뇌는 바로 나의 뇌였다.

연구 책임자인 라비노비치 박사가 테이블에 모여 앉은

사람들에게 나를 소개했다. 심리학자, 신경학자, 검사를 실제로 진행한 영상기사 및 인지 검사원, 치매를 집중적으로 연구하는 이들과 관련 전공자들이었다. 이어서 박사는 공식 순서에 따라 환자 인터뷰로 넘어가 만약 뇌 스캔 결과가 비정상적이고 알츠하이머병의 뇌 병변이 있다는 소견이 나오면 기분이 어떨 것 같으냐고 물었다. 라비노비치와 나는 이 연구의 맥락 밖에서도 임상적 관심사를 자주 논의하는 사이였기 때문에 나는 어느새 그를 동료처럼 여기고 있었다. 그의 질문은 표준 절차를 따른 것일 뿐이었지만 나로서는 이런 자리에 환자 입장으로 참여한 건 처음이라 어색했다. 한 무리의 동료에게 나의 뇌와 인지, 나의 진단에 관해 이야기해본 적은 한 번도 없었다.

"분명히 그런 소견이 나올 거라고 생각해요." 내가 대답했다. "내가 경도 인지 장애가 있고 APOE-4 유전자 복제본이 두 개 있다는 점을 고려하면 당연한 일입니다. 만약 결과가 정상이라면 그거야말로 정말 놀라운 일일 테고요. 그럼 인지 문제의 원인을 다시 찾아봐야겠죠." 그러나 그럴 필요는 없었다.

이어서 라비노비치가 스캔 영상들을 상세히 보여줬다. 예상했듯이 모두 비정상이었다. 한 가지 놀라운 점은 내가 안도감을 느꼈다는 사실이다. 이제야 모든 게 맞아떨어졌다.

그리고 객관적으로 말해서 뇌 영상 자체는 늘 그랬듯 역시나 아름다웠다.

알츠하이머병의 존재를 의심의 여지 없이 보여주는 신호들이 눈앞에 있었다. 아밀로이드 PET 스캔을 보니 전두엽frontal lobe에 아밀로이드 베타가 제법 있었고, 양은 더 적지만 측두엽과 두정엽parietal lobe, 후두엽occipital lobe에도 있었다. 이상이 가장 심한 부위는 실행 기능을 관장하는 전전두피질과, 공교롭게도 후각 정보 처리에 관여하는 또 다른 뇌 영역 두 군데였다. 알츠하이머병의 전조로 보이는 뇌 변화와 후각 상실의 상관관계를 이렇게 뇌 영상으로 확인하니 경이로웠다(121쪽의 위쪽 사진). 타우 PET 스캔은 주로 측두엽에 비정상적 타우가 생기기 시작한 모습이었다(121쪽의 아래쪽 사진).

해마는 최근 기억을 장기기억으로 전환하는 뇌 영역으로, 알츠하이머병에 가장 먼저 영향받는 영역 가운데 하나다. 따라서 내 해마에서 비정상적 타우가 퍼지고 있는 모습은 놀랍지 않았다. MRI 스캔은 측두엽의 내측, 특히 좌반구 해마에 중등도의 위축이 생겼음을, 다시 말해 쪼그라들었음을 보여줬다. 뇌 내부에서 뇌척수액cerebrospinal fluid이 있는 공간인 뇌실cerebral ventricle도 어느 정도 확장되어 있었는데 이는 신경세포의 사멸로 말미암아 뇌가 전반적으로 쪼그라들었다는 신호였다.

　아밀로이드 PET 스캔의 작은 세부 사항 하나가 눈길을 끌었다. 나는 라비노비치 박사에게 모두가 그 부분을 더 자세히 살펴볼 수 있도록 확대해달라고 부탁했다. 후각 중추가 포함된 영역이었다. 화면을 확대하자 아니나 다를까 조롱박 피질과 내측 안와전두피질orbitofrontal cortex에도 아밀로이드의 증거가 보였다. 두 영역 모두 후각 정보 처리에서 중요한 중추다. 나의 후각 상실과 빵 굽는 냄새를 맡는 환후각증은 이미 8년 전에 시작되었는데 그 연관성의 실질적 증거를 이제야 보게 된 것이다. PET 스캔을 통해 확인된 아밀로이드 농도와 후각 중추 사이의 연관성은 그간 한 번도 보고된 적 없는 것이어서 이 새로운 발견에 회의실이 웅성거렸다. 그 순간 우리는 큰 테이블에 둘러앉아 함께 뇌 영상을 검토하는 몇십 명의 과학자일 뿐이었고 이 순간이 꽤 멋지다고 생각했다. 과학자에게 발견의 짜릿함에 견줄 수 있는 것은 없다. 심지어 화면에 있는 것이 바로 내 뇌라고 해도 말이다.

　반면 대부분의 환자에게 이런 발견은 짜릿한 일이 아니다. 오히려 정신이 확 드는, 때로는 두려운 각성의 순간일 것이다. 검사와 스캔 결과로 알츠하이머병의 징후가 확인되면 환자들은 다양한 반응을 보였다. 어떤 이들은 상황이 명확해졌다고 말했다. 듣기 좋은 소식은 아니지만 그 결과가 앞으로 나와 환자가 함께 세워갈 치료 단계에 대해 생각의 중심을 잡아준다고 했다. 그런가 하면 다른 누군가(가족이나 친구인 경우도 있고 직장 상사인 경우도 있다)의 강한 권유로 나를 찾아온 이들은 대체로 공식적인 치매 진단이 나오지 않기를 원했다. 직장과 생계 수단을 잃을까 걱정하기도 했다. 또 어떤 이들에게 치매 진단이라는 두려운 현실은 자아 감각은 물론 직장, 가족, 공동체에서의 입지를 파괴할 듯한 위협으로 다가온다. 치료의 긍정적 잠재력조차 공포심에 묻혀버린다. 과거의 문제는 환자가 중기나 후기 단계에 접어들고서야 그 병을 알아볼 수 있다는 것이었다. 내가 의사로 일하기 시작한 1990년대 초에는 진단을 내려봤자 전혀 도움이 되지 않았다. 할 수 있는 일이 하나도 없었기 때문이다. 약도 없었고 생활양식 개선이 도움이 된다는 사실도 몰랐다. 나는 할 수 있는 게 아무것도 없는 그 막막함이 너무 싫었다. 그로부터 20년 전의 암과 비슷한 상태였다. 아무도 치매에 관해 말하지 않았고 알고 싶어하지도 않았다.

이후 의사로 일하는 동안 나는 신경학적 질환, 특히 치매의 임상적 증거에 대한 각양각색의 반응을 봐왔다. 그런데 이제 내가 그 소식을 들을 차례가 된 것이다. 조상 추적 보고서에서 APOE-4 유전자 위험 요인이 있음을 처음 발견했을 땐 충격이 컸지만 이제는 그 충격도 무뎌졌다. 나는 다시 기본 설정값으로, 그러니까 과학과 연구에 초점을 맞추고 관련된 증거와 신빙성 있는 가설을 분석하는 일로 돌아가 있었다. 이런 태도가 감정적으로 압도되는 상황을 견디기 위한 대처기제임을 알고 있다. 작은 세부 사항에 초점을 맞추면서 내게는 안식처와 같은 과학 문헌의 세계에 포근히 파묻혔다. 그 덕분에 내 담당의들이 앞으로 검토하게 될 연구와 데이터를 놓치지 않고 따라갈 수 있었다. 누구나 자기 나름의 방식과 속도로 불안을 처리한다. 뭐가 됐든 우리가 그다음으로 해야 하는 일은 상황의 구체적 사항들, 임상적 요인과 실질적 요인을 검토하고 파악하는 것이다. 그래야 다시 중심을 잡을 수 있기 때문이다. 선택지가 생기고 이런저런 결정을 내릴 수 있게 되면 자신감과 힘이 생긴다. 절망에 굴복하는 것보다 훨씬 낫다.

나머지 검사 결과에는 놀랄 만한 것이 없었지만 한 가지 의문점이 생겼다. 영상 속 증거가 모두 초기 알츠하이머병을 가리키고 있는데도 인지 검사 결과는 꽤 멀쩡했기 때문이다. 다시 말해 아직도 경도 인지 장애 수준이었는데 뇌 영상을 보면 결과가 더 나빠야 했다. 이런 명백한 불일치는 나뿐 아니라 다른 이들에게서도 발견되긴 하지만 주로 사후에 부검한 뇌에서 많이 발견된다. 알츠하이머병 증상을 전혀 보이지 않았던 사람들의 뇌에서 명백한 플라크와 뭉치의 존재가 발견되는 경우들 말이다.

이 불일치에 대한 한 가지 설명은 오랜 세월 신경과 의사로 지낸 나에게만 해당한다. 바로 검사를 받을 때 내가, 아니 내 뇌가 부정행위를 했다는 것이다. 나는 수년간 거의 매일 환자들에게 인지 검사를 실시했으므로 내가 받은 인지 검사 대부분이 내게 어느 정도 익숙하다. 답을 대부분 알거나 답을 추론하는 방법을 알았다. 시험에서 좋은 결과를 내려고 애쓴 건 아니지만 이미 알고 있는 문제해결 방법을 내 뇌에서 완전히 지울 수도 없는 노릇이었다.

또 다른 가설은 평생 공부하고 배우려고 애써온 습관과 인지 자극을 위해 하는 활동이 나의 '인지예비능cognitive reserve'을 키웠다는 것이다. 인지예비능이란 경도부터 중등도 알츠하이머병의 특징인 뇌위축 및 플라크와 뭉치들이 있더라도 회복탄력성을 뒷받침하여 인지 기능을 높게 유지하도록 돕는 뇌의 예비적 신경세포군 또는 신경망을 뜻한다.

현재 나의 인지 능력을 무엇이 지탱해주고 있든 이 상황은 꼭 붙잡아야 할 기회였다. 병의 진행 속도를 늦추고 더 늦기 전에 병에 대한 뇌의 방어력을 강화하기 위해 내가, 그리고 의학과 과학계가 무엇을 할 수 있을지 알아낼 기회.

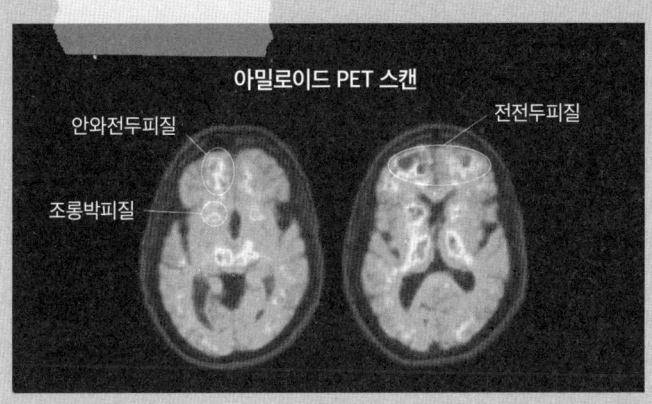

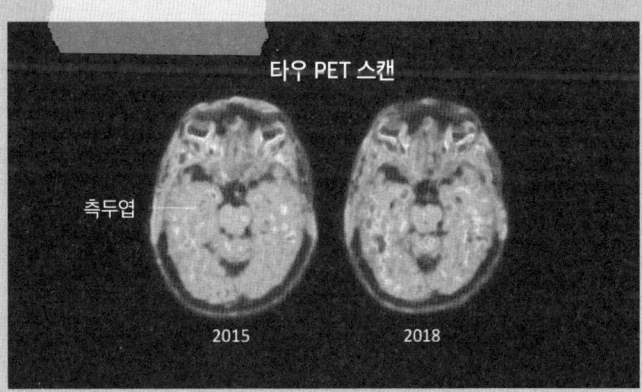

뇌 스캔 사진

인지예비능과 회복력: 저축해둔 뇌세포

나는 과학 문헌을 읽으며 하루의 대부분을 보낸다. 임상 연구 소식과 최신 학술 저널을 찾아 읽고 신경퇴행성 질환, 치매, 알츠하이머병, 특히 초기 알츠하이머병의 여러 양상에 관한 점점 더 확장되고 있는 과학 문헌의 세계에 푹 빠져들어 지내는 것이다. 또한 틈틈이 첩보소설도 읽고 십자말풀이도 한다. 마치 내 삶이 거기 달린 것처럼. 어떻게 보면 정말로 삶이 거기 달려 있다.

알츠하이머병 연구자가 찾으려고 애쓰는 성배는 기저의 질병 과정을 멈출 치료법이다. 약물이나 시술법이 될 수도 있고 정교하고 체계적인 관리법일 수도 있다. 이를 질병 수정 개입disease-modifying intervention*이라고 한다. 지금까지 임상시험에서 일관적으로 효과를 낸다고 증명된 것은 없지만 우리는 알츠하이머병의 질병 과정 중 뇌에서 벌어지는 일에 관해서는 꽤 많이 알게 되었다. 인지예비능과 신경 회복탄력성의 역할은 완전히 파악되지 않아 예측하기 어려운 요소이긴 하지만, 뚜렷한 증상이 나타나기 전까지의 기간을 연장하는 뇌의 능력과 관련해 크게 주목받고 있다. 알츠하이머병 초기 단계에 있는 우리 같은 사람들에게 이는 신경퇴행성 질병 과정이 끊임없이 우리의 능력을 잠식하는 상황을 유예해줄 잠재력인지도 모른다.

인지예비능은 의학적 치료법은 아니지만 다른 방식으로 삶을 구한다. 뇌 자체가 포위 공격을 당하는 와중에도 정신적 삶을 보존해주기 때문이다. 요컨대 인지예비능은 뇌의 주전원이 고장났을 때 다른 신경 경로를 작동시키거나 새로운 신경 경로를 생성함으로써 계속 불을 켜두는 예비 발전기 역할을 한다. 이는 그저 내 희망 사항이 아니다. 뇌는 회복력이 있으며 질병이나 외상 때문에 손상된 뇌 회로를 대체할 새로운 연결과 경로를 만들 수 있다는 것은 신경과학에서 이미

---

* 질병 수정 개입이란 병의 원인이나 병리적 과정을 수정하거나 변경하여 질병의 진행을 늦추거나 멈추게 하는 약물 등의 개입법을 뜻한다. 질병의 근본 메커니즘에 영향을 끼친다는 점에서 증상만 완화하는 방법과 다르다.

증명된 사실이다. 이런 일은 일부 뇌졸중과 다른 여러 유형의 뇌 손상에서도 일어난다.

이 개념의 최초 주창자 중 한 사람인 야코브 스턴Yaakov Stern 박사의 설명에 따르면 인지예비능이란 "뇌가 손상에 적극적으로 대처하고자 기존의 인지 처리 방법을 적용하거나 보완적 방법을 동원하는" 신경 과정이다. 그는 인지예비능이 높은 사람이 낮은 사람보다 뇌 손상에 더 잘 대처한다고 주장했다. 나아가 2012년에는 여러 증거를 바탕으로 인지예비능을 결정하는 것은 뇌의 크기(더 큰 뇌, 더 많은 뉴런)가 아니라는 점도 짚었다. 인지예비능의 정도는 개인마다 다르며 뇌 손상 정도가 같은 사람을 놓고 봤을 때 "심지어 뇌의 크기가 같더라도 사람에 따라 그 손상의 영향이 다르게 나타난다는 사실이 그 증거"라고 말했다. 유의미한 변수는 뇌의 크기가 아니라 기능이라는 것이 스턴 박사가 내린 결론이다.[1]

인지예비능을 훼손하는 것들도 있다. 이와 관련해 가장 많이 연구된 것은 두부외상과 뇌졸중이다. 둘 다 치매에서 흔히 일어나며 인지 손상을 초래하거나 심화한다. 알츠하이머병 진행 속도를 늦추고 싶다면 혈압을 잘 조절하고 건강한 식생활을 유지하며 당뇨병을 잘 관리하고 뇌졸중 위험을 낮추라고 권하는 것도 바로 이 때문이다.

인지예비능 연구는 최근 노화와 뇌, 신경퇴행성 질환에

관한 종단연구 결과들이 속속 나오면서 추진력이 붙고 있다. 알츠하이머병에 걸린 뇌에서 어느 영역이 위축되어 있는지 보여주는 고해상도 뇌 영상이 등장하면서 인지예비능 개념이 더욱 정교해졌다. 최근 《JAMA 신경학》에 발표된 한 연구에서는 교육 수준이나 평소의 지능 수준을 기준으로 측정한 인지예비능이 높은 경우 타우 단백질 때문에 일어나는 뇌위축을 막지는 못하지만 인지 손상 속도를 떨어뜨리고 알츠하이머병의 증상 발현 시기를 늦추는 것으로 나타났다.[2] 다시 말해 인지예비능은 타우 단백질로 말미암은 알츠하이머병의 뇌 손상 자체를 줄여주지는 않지만 이러한 손상에 맞서는 탄력적 저항력을 불어넣는 것으로 보인다. 또한 《JAMA 네트워크》에 보고된 한 연구에서는 고교 시절에 측정한 인지 능력이 높을수록 삶의 후반기에 치매가 발병할 위험이 낮았다.[3] 이 논문에 대한 논평에서 톰 러스Tom Russ 박사는 알츠하이머병 발병 위험을 줄이는 도구로서 일찍부터 인지예비능을 향상시키는 개입법 연구가 필요하다고 역설했다.

신빙성 있는 메커니즘(인지예비능)을 알게 되었으니 이제는 개입법 연구를 고려할 때다. 2017년, 인지예비능에 대한 국제노화연맹 코펜하겐 정상회의에서는 수정 가능한 건강 요인, 교육, 사회적 지원, 긍정적 정동, 자극을 주는 활동이나 새로운 경험, 인지 훈련 등을 포함해 인지예비능에 잠재적으로 영향을 주는 여러 요인을 강조했다(http://www.ifa-copenhagen-summit.com). 모든 요인이 수정 가능한 것은 아니고 수정 가능하더라도 생애 후기에는 바꿀 수 없는 것도 있지만 삶의 여러 단계에서 촘촘히 개입함으로써 이 중 하나라도(이상적으로는 여럿을) 향상시킬 가능성은 존재한다. 만약 그런 개입의 결과로 (비록 뇌에 알츠하이머병이 존재하더라도) 임상적으로 치매가 발병하기 전에 인지예비능을 개선한다면 임상 증상의 시작을 늦출 테고, 나아가 세계적으로 치매에 영향을 받는 사람의 수를 줄일 것이다. 전 세계 공중보건에 치매가 안기는 부담이 점점 커지는 상황을 고려할 때 이는 매우 중요한 문제다.[4]

이 발견들은 스턴의 인지예비능 모델을 강력히 뒷받침하며 인지 손상에 대한 탄력적 저항력이 뇌세포 수가 더 많거나 뇌세포 상실이 덜해서 생긴 것이 아님을 시사한다. 오히려 모두에게 똑같이 존재하는 뉴런들이 서로 더 풍부하게 연결된 결과일 가능성이 더 크다.

구체적으로 알츠하이머병만 놓고 봤을 때 특징적인 플라크와 뭉치들은 인지예비능이 높은 집단과 낮은 집단 양쪽 모두에서 거의 같은 시기에 거의 같은 비율로 나타나는 것으로 드러났다. 스턴의 모델에 따르면 중요한 차이는 인지예비능이 높을수록 인지 손상이 더 늦게 시작된다는 것이다.

그런데 인지예비능이 높은 사람에게 일단 인지 손상이 시작되면 알츠하이머병 후기 단계로 향하는 과정은 훨씬 더 빠르게 진행된다. 그러니까 어차피 알츠하이머병에 걸릴 사람은 엇비슷한 시기에 병이 생기고 엇비슷한 시기에 사망하지만, 인지예비능이 높은 경우 인지 손상이 생기기 전까지

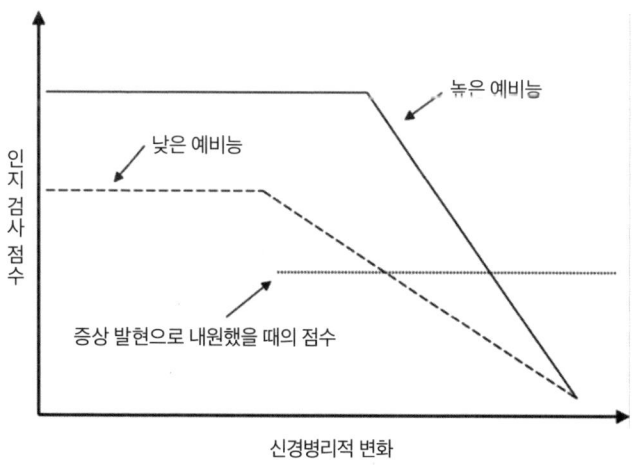

스턴의 모델에 따르면 인지예비능이 낮은 사람은 알츠하이머병의 병리가 시작되기 전에도 예비능이 높은 사람에 비해 인지 검사 점수가 낮다. 두 집단 모두 신경병리적 변화는 인지 손상이 시작되기 수년 전에 시작되며, 인지예비능이 낮은 사람은 높은 사람보다 몇 년 일찍 인지 능력이 감퇴하기 시작한다. 이윽고 인지예비능이 높은 사람이 인지 능력이 떨어지기 시작하면 병리는 더욱 빨리 진행해서 인지예비능이 낮은 사람의 상태를 "따라잡는다".[5]

인지 기능이 더 좋은 상태가 더 오래 유지되며 그만큼 인지 증상이 시작되는 시점도 지연된다. 그러나 일단 증상이 나타나기 시작하면 병의 진행 속도는 오히려 더 빠르다.

내 앞에는 언젠가 급격히 나빠질 전망이 놓여 있지만 당장의 관심사는 모든 방법을 동원해 이 이로운 정체기를 최대한 오래 유지하는 것이다. 내가 할 수 있는 일이 무엇일까? 인지예비능은 어디서 오는 걸까? 타고나는 것일까 아니면 살면서 키울 수 있는 것일까? 정확히 아는 사람은 없지만 아마 둘 다일 것이다. 유전자 구성이 우리의 최종적 지능과 인지예비능에 어느 정도 영향을 미치겠지만 평생에 걸친 학습, 교육, 연습이 더 큰 역할을 할 것이다. 스턴은 인지예비능의 높고 낮음과 관련된 요인들을 비교한 연구 결과를 요약하여 인지예비능을 높이는 활동을 다음과 같이 정리했다.

1. 교육 수준: 학교 교육을 8년 이하로 받은 사람은 그보다 교육을 더 많이 받은 사람에 비해 치매가 발병할 위험이 두 배였다.
2. 직업적 성취: 직업 성취도가 낮은 사람(비숙련 또는 반숙련 노동자, 숙련 기능직 또는 기능직, 사무 및 행정직 종사자)은 직업적 성취도가 높은 사람(경영직, 공공기관 관리자, 전문직, 과학기술직)보다 치매 발병 위험이 두 배였다.

3. 여가 활동: 연구 참가자들에게 13가지 여가 활동 중 전달에 어떤 활동을 했는지 질문했다. 뜨개질이나 음악 같은 취미 활동, 가벼운 산책이나 소풍, 친구나 친척 방문하기, 친척이나 친구 초대하기, 신체 단련, 영화 관람, 외식, 스포츠 관람, 잡지나 신문이나 책 읽기, TV 보기, 라디오 듣기, 지역사회 무급 자원봉사 활동, 카드놀이나 게임이나 빙고, 사교모임이나 지역 센터 방문, 수업받기, 종교 행사 참석 등이 포함된다. 이 가운데 여가 활동을 여섯 가지 이상 한 사람은 향후 치매 발병 위험성이 약 3분의 1이었다.

스턴의 발견보다 훨씬 앞서 거의 30년 전에 시작된 괄목할 만한 종단연구에서도 비슷한 결과가 나왔다. '수녀 연구Nun Study'라 불리는 이 연구에서 연구진은 미네소타주에 있는 미국 로마가톨릭의 노트르담학교수녀회 소속 수녀 300명 이상의 인지 건강과 인지 저하를 추적했다.[6] 수녀들은 주기적으로 건강 평가에 참여했고 해마다 인지 검사를 비롯해 여러 검사를 받았다. 사후에는 그들의 뇌를 검사했다. 수녀 참여자는 어느덧 거의 700명으로 늘어났고 연구 개시 후 30년 동안 과학자들은 계속 데이터를 분석하면서 인지예비능과 치매에 관한 이해를 넓혀왔다. 예를 들어 인지 능력과 언어 능력이 알츠하이머병 및 다른 유형의 치매와 어떤 연관성이 있는지 통찰을 얻었다. 수녀들은 모두 20대 때 수녀회에 들어가면서 자전적 수기를 썼는데 그 덕에 연구진은 과거 성인기 초반의 글쓰기 능력도 평가할 수 있었다. 연구진은 모든 자료를 검토한 끝에, 가장 교육 수준이 높고 명료하게 글을 쓴 수녀들은 APOE-4 유전자를 보유했더라도 인지 손상이 발생할 가능성이 가장 적었다는 사실을 밝혀냈다. 이런 결과는 오늘날 널리 인정되는 인지예비능과의 상관관계를 시사한다.

그렇다면 나는 과거에 인지예비능을 얼마나 많이 저축해두었을까. 정확히는 알 수 없지만 성장기에 부모님이 내게 호기심, 창의력, 비판적 사고를 북돋워준 방식을 생각하면 새삼스레 감사한 마음이 들고 용기가 생긴다. 나의 유년기 인지예비능을 도표로 그려본다면 아버지와 함께 장난감과 작은 기계 장치를 만들며 보낸 시간, 전기와 화학 반응에 관해 (어렸던 내게) 마법 같았던 실험을 하며 보낸 시간, 좀 더 커서는 근처 대학 교수들이 주마다 개최하던 대중 과학강연을 함께 들으러 다닌 시간이 있을 것이다. 귓가에는 어머니와 함께 피아노 앞에 앉아 어머니의 베토벤, 바흐, 라흐마니노프 연주를 처음으로 듣던 시간의 메아리가 맴돌고, 어머니가 지켜보는 가운데 공부를 하던 시간도 떠오른다.

아직은 인지예비능을 측정할 방법이 없으며 나의 인지

예비능을 점검할 방법도 없다. 현재 내가 꾸준히 실천하는 십자말풀이나 독서처럼 인지를 자극하려는 노력이 실제로 인지예비능이나 탄력적 저항력을 조금이라도 올려주는지도 확인할 길이 없다. 그럼에도 운동할 때 내 신체 데이터를 추적하는 스마트폰 기반 임상시험에서 만족스러운 피드백을 받은 일을 떠올려본다. 좋은 책을 읽거나 스크래블 게임을 했을 때 인지예비능이 증가했다는 데이터를 눈으로 볼 수는 없지만 나는 그 효과를 분명히 느낄 수 있다. 그러니 기꺼이 이 실험을 계속할 것이다.

실험하는 삶

언론 기사 제목만 보면 과학적 돌파구가 갑작스레 생겨나는 것 같지만 사실 진정한 과학적 진보는 피라미드를 건설하는 일에 더 가깝다. 이때 피라미드를 이루는 벽돌은 바로 가설이다. 과학자는 자연에서 관찰한 내용을 설명하기 위해 가설을 세우고 이를 실험으로 검증한다. 가설은 실험 결과에 따라 입증되거나 수정을 거쳐 재검증되거나 폐기된다. 벽돌 하나하나는 피라미드에 새로운 층을 더하고 각 층은 아래층을 기반으로 지어진다. 연구 한 건만으로 알츠하이머병의 즉각적인 치료법을 밝혀낼 수는 없지만 각각의 연구가 모여 이 병에 대한 우리의 이해를 높여준다. 이런 지식을 통해 언젠가는 더 효과적인 치료와 예방이 가능해질 거라 확신한다. 비록 나는 그 혜택을 누리지 못하고 떠날지라도.

임상시험은 의학의 벽돌과 시멘트다. 나는 알츠하이머병 때문에 의료계에서 직업적으로는 한 걸음 물러설 수밖에 없었지만 동시에 이 병 덕분에 계속 의학에 참여할 새로운 기회가 열렸다. 이제는 환자로서 임상시험에 직접 참여할 수 있다. 내게 주어진 이 기회가 마음에 든다.

신경퇴행성 질환을 멈추거나 늦추거나 예방하는 약물 또는 다른 방법에 대한 임상시험의 수가 최근 급격히 증가했다. 이 글을 쓰고 있는 현재, 진행 중이거나 최근에 끝난 알츠하이머병 관련 임상시험은 3,075건이며 그중에 알츠하이머병 초기에 집중한 시험도 일부 있다. 임상시험은 아주 다양하다. 뇌심부자극deep brain stimulation 기기나 초음파를 통해 혈뇌장벽blood-brain barrier을 개방하는 기기 등 의료 장비에 대한 임상시험도 있고, 새로운 생체표지자를 테스트하기 위한 임상시험도 있으며, 식이요법이나 생활방식 변화에 대한 임상시험도 있다. 그러나 대부분은 아밀로이드 베타나 타우를 제거하는 항체, 아밀로이드 베타의 합성을 차단하는 효소 억제제, 유전자 조절 약물, 줄기세포 유래 치료제 등 새로운 약물에 대한 임상시험이다. 기존 약물들을 알츠하이머병의 플라크와 뭉치의 성장 원인이 되는 염증, 당뇨병, 기타 질병에도 활용할 수 있을지 재검토하기도 한다.

인지 증상이 나타나기 전에 알츠하이머병 치매 발병을 더 정확하게 예측하는 방법에 대한 연구도 증가했다. 초기 연구 대부분은 뇌의 아밀로이드에 대한 생체표지자에 관한 것이었는데, 뇌 아밀로이드가 알츠하이머병에서 하는 역할은 아직도 완전히 파악되지 않았다. 노인 가운데 PET 스캔에서 아밀로이드가 보이지만 인지는 정상인 사람이 약 20퍼센트에 이른다. 이들의 뇌를 MRI나 플루오로디옥시글루코스 양전자방출단층촬영fluorodeoxyglucose-positron emission tomography, FDG-PET*을 통해 살펴봐도 신경퇴행의 증거는 전혀 보이지 않는다.[1] 다시 말해 뇌에 아밀로이드가 있다고 해서 모두가 사망 전에 알츠하이머병 진단을 받는 것은 아니다. 점점 쌓여가는 증거들을 보면 더 중요하게 연구해야 할 표지자는 타우인 것 같다. 최근 한 보고서에 따르면 PET에서 타우가 나타나는 영역은 향후 뇌위축이 일어날 위치를 예측해주지만, PET에서 아밀로이드가 보이는 영역은 그런 예측력이 없다.[2] 몇 년 안에 일련의 생체표지자(어쩌면 아직 발견되

---

* FDG-PET 스캔은 뇌(및 기타 부위)에서 일어나는 대사 활동을 측정한다. FDG-PET 스캔에서 신호가 감소한 뇌 영역은 대사 활동이 저하된 것으로 간주되며 이는 신경퇴행 가능성을 시사한다. FDG-PET는 알츠하이머병의 증거 탐지에 대해 아밀로이드 PET만큼 특이도나 민감도가 높지는 않다.

지 않은 표지자도 포함해)가 증상 발현 이전 단계의 알츠하이머병에 대한 유용한 예측 요인임이 밝혀질지도 모른다. 그리고 증상이 나타나기 전이야말로 치료가 효과를 내기에 가장 좋은 시기다.

그때까지는 해야 할 일이 있다. 지금 나는 그 일에 기꺼이 참여할 준비가 되어 있다. 지난 5년간 다섯 건의 임상시험 참가 심사를 받았고 그중 네 건의 임상시험에 참여 기회를 얻었다. 내가 통과하지 못한 임상시험은 알츠하이머병 환자의 뇌에서 발견되는 엉킨 신경섬유 뭉치의 주요 성분인 비정상적 타우 단백질을 표적으로 하는 단일클론항체monoclonal antibody(연구실에서 생산한 항체)에 관한 3상 연구(신약이나 치료법 등을 사람에게 적용하기 위한 마지막 단계의 임상시험-옮긴이)였다. 그 임상시험의 자격 기준보다 인지 점수가 약간 더 높게 나왔기 때문이다. 다른 시험은 대부분 순조롭고 흥미로웠다. 내 뇌에서 최초로 알츠하이머병 초기 증거를 발견했던 뇌 영상 종단연구부터 운동이 인지에 미치는 즉각적 영향을 측정하는 연구, 식물 유래 화합물의 인지 증진 효과를 찾는 연구도 있었다.

단 하나 순조롭지 않았던 임상시험은 뇌세포들 사이에서 플라크를 형성하는 아밀로이드 베타를 표적으로 하여 플라크 제거제로 작용할 또 하나의 유망한 단일클론항체에 대한 3상 연구였다. 잠재적 신약 개발은 동물실험을 통해 효과와 안정성을 입증하는 전임상 단계에서 시작해 세 단계를 거치며 사람에 대한 안정성과 효과를 반복적으로 확인한다. 3상은 좋은 효과를 내는 제품 또는 치료가 미국식품의약국의 승인을 받아 임상에서 사용되기 직전의 단계다.

2016년 3월, 나는 아두카누맙aducanumab이라는 항체의 3상 임상시험에 참가했다. 1상에서 이 약은 효과적으로 아밀로이드 플라크를 제거해 인지 손상 속도를 늦추는 매우 유망한 모습을 보였다.[3] 이전에 몇몇 비슷한 항아밀로이드 약물은 3상에서 실패했지만 아두카누맙에는 기대해볼 만한 흥미로운 특징들이 있었다. 첫째, 아두카누맙은 인지 손상이 전혀 없는 노인들의 혈액에서 발견된, 자연적으로 발생한 항체를 기반으로 만들어졌다. 이들은 80대나 90대가 되었음에도 알츠하이머병 증상이 나타나지 않았던 사람들이다. 이 항체는 아밀로이드 베타에 단단히 결합했다. 이에 연구진은 이 항체의 항아밀로이드 제거 활동이 적어도 부분적으로 이 노인들의 인지 건강을 이끈 원인이라는 가설을 세웠다.

둘째, 부작용도 아주 적은 듯 보였다. 유일하게 흔한 부작용은 두통이었고 고용량을 복용하면 뇌 일부에 이상한 부종이 생겼지만 대체로 아무런 증상도 야기하지 않았다. 그런데 부종이 생길 때 뇌의 작은 영역에 출혈이 동반되는 경우가 일부 있었다. 이 출혈은 MRI 스캔으로 감지되어서 '아밀로이드 관련 영상 이상amyloid related imaging abnormalities' 줄여서 아리아ARIA라고 부른다. 항아밀로이드 약물의 임상시험 도중에 뇌 영상에서 아리아가 감지되면 문제가 해결될 때까지 투약을 중단했다. 아리아가 해결된 뒤 투약을 재개하면 이후에는 대체로 그 문제가 재발하지 않았다. 아리아는 임상시험 기간에 효과를 추적 관찰하기 위해 주기적으로 실시한 뇌 스캔에서 발견되었는데 아리아가 생긴 참가자 대부분에게는 아무 증상도 없었다. 그렇지만 아리아가 잠재적으로 심각한 부작용을 일으킬 수 있다는 우려는 계속 있었다. 그래서 초기 임상시험들에서는 아리아가 발생할 가능성을 최소화하는 수준으로 항아밀로이드 항체의 용량을 제한했다.

이제 이런 상황이 달라질 참이었다. 아두카누맙 3상에서는 더욱 공격적으로 용량을 정했다. 나는 좋은 판단이라고 생각했다. 아리아의 위험성이 아주 높지는 않은 듯했기에 더 높은 용량을 시도하는 건 타당해 보였다. 마지막으로, 1상의 결과가 매우 고무적이라는 점이 가장 매력적이었다. 아두카누맙을 투여한 참가자들의 뇌를 PET 영상으로 측정한 결과 아밀로이드가 현저히 감소했으며 인지가 향상되는 추세가 보였다. 결과가 어찌나 확실했던지 해당 제약회사는

2상을 건너뛰고 바로 3상에 돌입해도 좋다는 허가를 받았을 정도였다. 유익성-유해성 비율이 잠재적 유익성 쪽으로 강력히 기울었으므로 나는 잃을 게 없다고 느꼈다.

기준선 인지 검사와 고해상도 MRI, 또 한 번의 아밀로이드 PET 스캔을 마친 뒤, 나는 18개월에 걸쳐 한 달에 한 번씩 투여될 약물의 첫 회분을 주입받았다. 이 연구는 이중맹검 연구였다. 다시 말해 나도, 연구에 참여한 의사도, 주사를 놓는 간호사도 내가 받는 약이 위약인지 진짜 아두카누맙인지 (아두카누맙이라면 저용량인지 고용량인지) 모른다는 뜻이었다. 1시간에 걸쳐 정맥주사로 주입했고 그동안 부작용이 나타나지 않는지 나를 면밀히 관찰했다. 부작용은 전혀 없었고 두통조차 없었다. 그래서 위약을 받은 모양이라고 생각했다.

이중맹검 단계 동안 한두 달에 한 번 아리아를 확인하기 위해 MRI 스캔을 받았다. 한 달에 한두 번은 새벽 4시에 일어나 포틀랜드에서 오전 6시 30분 비행기를 타고 샌프란시스코로 날아가, 베이에어리어 도시철도와 뮤니 전차를 타고 미션 베이에 있는 UCSF로 갔다. 주사 시간은 오전 11시였는데, 보통은 그 전에 캠퍼스에서 두 블록 떨어진 곳에 있는 제일 좋아하는 커피숍에서 카푸치노와 아침을 즐길 여유가 있었다. 검사가 끝나면 늦은 오후나 이른 저녁에 집으로 돌아가는 비행기에 올랐다. 18개월의 임상시험이 끝났을 때는 또 한 번의 인지 검사와 아밀로이드 PET 스캔을 받았다. 이어서 연구가 2년 연장됐고 나는 계속 참여하기로 했다. 이번에는 모든 자원자가 진짜 아두카누맙을 받았고 위약은 아무도 받지 않았다. 나는 이전에 이중맹검 단계에서는 위약을 받았다고 거의 확신하고 있었기 때문에 이제야말로 진짜 약을 받게 된다는 사실에 무척 들떴다.

어떤 면에서는 설레는 일이었지만 한편으로는 힘든 시간이기도 했다. 이 임상시험에서 약물 주입과 평가는 모두 샌프란시스코에서 엄격한 일정에 따라 진행됐는데, 이 일정은 우리 가족의 다른 모든 일과 사람보다 우선시됐다. 나와 내 건강에 대한 염려, 약물 임상시험에 내재한 위험성, 나 혼자 검사 장소까지 가는 일은 아내와 아이들에게 작지 않은 걱정거리였다. 날이 밝기 전 출발해 늦은 밤에 돌아오는 일정 때문에 집안의 다른 일상이 흐트러지거나 로이스 혼자 집안일을 감당하는 상황이 벌어졌다.

또한 로이스는 정기적으로 나와 연구 시설에 동행하여 일상에서 관찰한 내 모습에 관해 답변해야 했다. 게다가 일찍 시작되는 검사 일정에 맞추려면 전날 미리 가서 1박을 해야 했다. 이는 돌아오는 비행편에 따라 잭을 하루 이틀 애견호텔에 맡겨야 한다는 뜻이었다. 이 일로 로이스는 꼭 해야 하는 일들을 조정하거나 건너뛸 수밖에 없었다. 그래도 샌프란시스코까지 동행하는 일이 조금이라도 필요하다고 느꼈다면 로이스는 전혀 개의치 않았을 것이다. 그러나 로이스가 보기에 연구진이 매번 묻는 똑같은 질문("남편이 자기 신발끈을 묶을 수 있나요?" "남편이 전자레인지를 작동할 수 있나요?")은 전화나 온라인으로 충분히 답할 수 있는 문제였다. 무엇보다도 로이스는 연구진이 이 병의 매우 초기 상태를 연구하며 포착할 수 있었을 더 미묘한 증상들을 간과했다고 생각했다. 그들은 훨씬 더 진행된 단계의 인지 손상과 관련된 증상에만 집중했다. 이 연구에서 내게 맡겨진 부분은 흥미로웠지만 로이스에게 맡겨진 부분은 답답하기 그지없었고 나는 아내 마음이 이해가 됐다. 로이스가 날 돕고 싶지 않았던 게 아니다. 그러나 로이스가 느끼기에 질문 문항이 경도 인지 장애만 있는 알츠하이머병 '초기' 환자의 현실을 파악하기에는 부적합했고, 훨씬 흔하게 진단되는 중기와 후기의 알츠하이머병 환자에게만 맞춰져 있었다. 로이스는 많은 것에 무한한 참을성을 발휘하는 사람이지만, 중요한 정보를 캐내려는 노력을 게을리한다고 생각하면 참지 못한다. 연구자들이 알츠하이머병 초기 단계에도 더 관심을 기울인다면 언젠가는 병의 발현 및 진행 양상을 더 깊이 이해하고 효과적인 조기 개입법을 찾아내는 쪽으로 연구 도구도 맞춰

질 것이다.

 3상 임상시험에서 효과가 저조하거나 환자의 안전이 심각하게 우려될 경우 프로젝트는 연장 단계로 이어지지 않고 중단된다. 약이 기대한 만큼의 효과를 보이지 않거나 새로운 위험성이 드러났기 때문이다. 반면 연장 단계가 진행된다면 이는 실질적으로 연구가 유망해 보인다는 뜻이다. 물론 임상시험이 연장 단계까지 갔다고 해서 돌파구를 만들어내리라는 보장은 없다. 연장 연구에서 무엇을 보게 될지는 아무도 모른다. 그럼에도 더 큰 관점에서 광대한 의학의 역사를 보면 모든 돌파구는 성공적인 임상시험에 뒤이어 나왔다. 나중에 가서야 그때가 전환점이었음을 알게 되긴 하지만 연구과학자이자 신경과학자로서, 이제는 한 명의 알츠하이머병 환자로서 나는 그 전환점에 서 있고 싶었다.

이 샌프란시스코 베이 브리지 사진은

우리가 며칠 일정으로 UCSF 기억 및

노화 센터에 갔을 때 내가 찍은 것이다.

아리아가 오페라 독창곡이라면 좋겠지만

나는 흥미진진한 소설을 읽을 때면 저녁 식사 시간에 로이스에게 그 소설에 관해 시시콜콜 이야기했다. 그래놓고 일주일만 지나도 그 내용을 기억하지 못할 때 우리는 내 허술한 기억력에 관한 농담을 주고받곤 했다. 그러던 어느 날, 자고 일어났더니 철자를 하나하나 짚어보지 않고서는 단순한 단어조차 읽을 수 없는 상태가 되어 있었다. 이 일은 도저히 농담으로 넘길 수 없었다. 우리는 충격에 빠졌다. 그동안은 모든 게 아주 순조롭게 흘러왔는데 말이다.

두 달 전인 2017년 9월 말, 나는 임상시험의 연장 단계에서 월 1회 투여하기로 한 약물을 처음으로 주입받았다.

이제는 위약이 아닌 아두카누맙을 받는다는 것을 알고 있었다. 첫 한 달 동안은 아무 부작용이 없었고 매우 기뻤다. 한 달 뒤 두 번째로 약물을 주입했을 때는 딱 한 가지 부작용이 있었다. 지난 10년 동안 간간이 경험했던 환후각증이 새로운 양상으로 나타난 것이었다. 이번 환후각증에서는 오렌지향 비누 같은 냄새가 났고 30분 정도 유지됐다. 그냥 우연의 일치였겠지만 나는 그것도 고무적이라고 느꼈다. 이 약물이 무언가 일을 하고 있다는 뜻일 수 있으니 말이다. 그러다가 이 약이 진짜로 일을 냈다.

세 번째 주입 후 일주일쯤 지나 두통이 시작됐다. 한번 시작하면 몇 시간에서 며칠까지 계속됐다. 빈도가 더 잦고 강도가 더 심하기는 했지만 내가 이따금 시달리는 전형적인 편두통과 아주 흡사했다. 그러다가 약물치료가 6주 정도 이어진 12월 13일에는 단순한 단어를 읽는 것조차 어려워졌다. 나는 읽기를 멈추고 철자를 하나하나 짚어야 했다. 모든 글자가 한순간에 뒤죽박죽된 것은 아니었다. 변화는 좀 더 은밀했다. 읽기 문제는 간헐적이었고 내가 방심하고 있을 때 슬며시 다가왔다. 그런데 며칠 지나면서 문제가 점점 잦아지고 심해졌다. 유독 걱정이 됐던 이유는 읽기가 나의 주요 활동이기 때문이었다. 보통 1년에 100권 정도 책을 읽고 의학 저널과 신문도 손에서 놓지 않았다. 그런데 일주일이 지나자 십자말풀이조차 할 수 없게 된 것이다. 마치 루빅큐브를 맞추는 것 같았다. 처음에는 문제가 나타났다가 사라졌다가 했고 나는 적응해보려고 애썼다. 로이스의 제안에 따라 오디오북으로 바꿔봤더니 들리는 말을 이해하는 데는 아무 문제가 없었다. 적힌 단어가 문제였다. 당시에는 읽기 문제가 알츠하이머병이 진행되면서 나타난 증상이라고 생각했다. 앞으로 이런 새로운 삶을 살아가야 한다는 생각에 착잡해졌다. 읽기와 운전은 물론 간단한 계산조차 하지 못하는 삶이라니.

나는 이 병을 '나의' 알츠하이머병이라고 부른다. 이 병리는 내 뇌에만 존재한다. 또한 이것들은 '나의' 문제, '나의' 좌절감이자 '나의' 두려움이었기에 앞으로 이것이 '나의' 새로운 삶일지도 모른다는 심란한 기분은 오롯이 내 몫이라고 하고 싶다. 그러나 진실을 말하자면 나와 내 인생에 일어나는 일은 동시에 로이스의 일이기도 하고, 아이들이 다 컸다 해도 우리 가족 모두의 일이기도 하다. 그때 로이스와 아이들은 분명히 날 걱정했을 것이다. 그러나 안타깝게도 알츠하이머병은 공감 능력, 곧 다른 사람이 느끼는 감정을 이해하는 능력을 훼손하는 것 같다. 공감 능력의 저하와 신경퇴행의 관계를 다룬 논문이 몇몇 있기는 하지만 이 문제를 포괄적으로 다룬 것은 없다. 어쨌든 난 그 관계가 사실이라고 생각한다. 다행히 내가 공감 능력을 완전히 상실한 것은 아니다. 이런 일들이 일어날 때 별일 아닌 척하려고 노력하는 걸 보면 말이다. 로이스를 걱정시키고 싶지 않아서다. 그럼에도 로이스는 내 상태를 눈치채고 걱정한다는 것도 알고 있다. 나는 이런 일들을 놓치지 않는다. 진단이 나왔을 때 우리는 책임지고 해야 할 일들을 했고, 상황이 더 악화될 경우에 대비해 법적인 일들도 처리해뒀다. 그런 일 외에는 매일의 내 인지 상태에 관해, 각자의 걱정에 관해 이야기하기를 피한다. 그렇지만 이번처럼 뚜렷하고 갑작스러운 인지 저하는 나의 미래, 우리의 미래에 무엇이 기다리고 있을지 냉엄하게 보여줬다. 그 오싹한 미래에 대한 확실성을 두고 우리는 불안에 떨었다. 단 하나 불확실한 것이 있다면 그때까지 얼마나 걸릴지뿐이었다.

일주일쯤 지난 어느 늦은 저녁, 두통이 갑자기 견딜 수 없을 정도로 고통스럽게 폭발했다. 이렇게 심한 두통은 한 번도 겪어본 적이 없었다. 혈압을 재보니 충격적으로 높았다. 210/110을 넘어갔다. 착오가 있다고 생각하고 몇 번 더 재봤지만 혈압은 떨어지지 않았다. 확실히 걱정스러운 일이었다. 이성을 잃을 정도는 아니었지만 우려되는 건 사실이었다. 뭔가 나쁜 일이 벌어지고 있다는 확신이 들었다.

뇌졸중이 오는 건지도 모른다는 두려움에 아직 자지 않

고 책을 읽고 있던 로이스에게 병원에 데려다달라고 부탁했다. 응급 상황이 닥치면 나는 당황하여 순식간에 무너지는 반면 로이스는 꽤 침착한 편이다. 정말 다행스러운 점이다. 우리가 병원에 도착했을 즈음 나는 혼란한 상태였고 병력을 일관성 있게 이야기할 수 없었다. 의료진은 나를 중환자실에 입원시키고 심각한 고혈압을 낮추기 위해 정맥주사를 놨다. 뇌졸중이 의심됐지만 MRI 스캔을 보니 뇌졸중은 아니었다. 하지만 뇌의 여러 영역, 특히 좌반구 전두엽과 양쪽 측두엽에 부종과 미세출혈이 있었다. 이런 출혈과 부종 부위는 아리아의 전형적인 영상 소견이었지만 이전까지 신경학 문헌에 보고된 것보다 훨씬 증상이 광범위하고 심각했다.

밤이 서서히 깊어졌다. 몇 시간에 한 번씩 간호사들이 던지는 아주 단순한 인지 검사 질문에도 나는 여전히 혼란스러워하고 당황해했다. 깃털이나 선인장 같은 단순한 대상의 이름조차 대지 못했다. 상황이 심각해 보였다. 나는 샌프란시스코에 있는 신경과 주치의에게 전화를 걸어 연락을 부탁한다고 음성 메시지를 남겼지만 내 휴대폰 번호나 그 번호를 찾는 방법이 기억나지 않았다. 다행히 주치의가 전화를 걸어줘서 임상 연구 의사들과 연락할 수 있었고 포틀랜드에 있는 중환자실 직원들과도 내 치료를 조정할 수 있었다.

어느 시점이 되자 내 상태는 로이스가 몇 시간을 혼자

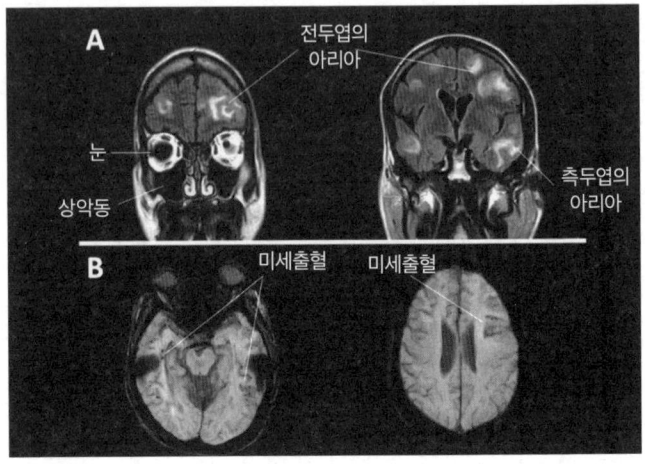

그림 A: 이는 내 뇌를 수직으로 자른 (영상) 조각들로 흰 부분은 전두엽과 측두엽에 생긴 뇌부종이다. 그림 B: 뇌의 이 수평 단면들은 혈액 속 철분을 검은색으로 표시한 것으로, 양쪽 측두엽과 왼쪽 전두엽에 출혈(미세출혈)이 일어난 작고 검은 지점들을 보여준다. 내가 가장 최근에 촬영한 MRI 영상에서도 헤모시데린hemosiderin이라는 철분 색소가 남아 있어 작은 점들이 보였다. 아마 이는 평생 그대로 남아 있을 것 같다. 내 뇌에 새겨진 문신인 셈이다.

뒤도 괜찮다고 느낄 만큼 안정되었다. 이후 며칠 동안 로이스는 중환자실과 집을 오가며 지냈다. 집에 가서는 오래전부터 계획한 우리 대가족의 연휴 만찬을 위해 미리 요리를 해 뒀다. 병원에 있는 동안에는 둘이 함께 혈압계만 지켜보며 호전되기를 바랐다. 다음 이틀에 걸쳐 혈압이 통제 범위로 내려갔고 내 혼돈 상태도 개선되었으며 두통도 사라졌다. 하지만 글을 읽는 것은 여전히 어려웠다. 글을 쓸 수는 있었지

> **Dec 22, 2017, 7:52 PM**
>
> 멋진 가발 쓴 멋진 마녀 고맙다!

이는 내가 아리아 삽화 당시 중환자실에서 아들에게 보낸 문자메시지다. 내가 입력한 글을 나조차 읽을 수 없었고 자동교정 기능이 최선을 다한 결과가 이것이다. 지금까지 가족 중 누구도 내가 무슨 말을 하려고 했는지 모른다.

만 단순한 단어조차 읽기 힘들었다. 내 손으로 방금 전에 쓴 단어조차 말이다. 알파벳 p와 b와 d를 구별하지 못했다. 이 때문에 아들에게 몇 가지 재밌는 문자메시지를 보내기도 했다. 나는 내가 입력한 글을 읽을 수 없었고 그 틈에 자동교정 기능이 멋대로 돌아간 결과였다.

로이스는 전혀 재밌어하지 않았다. 침착함을 유지하긴 했지만 깊은 근심에 빠졌다. 읽기 문제가 영구적일지 아닐지 알 방도가 없었고, 계속될 수 있다는 가능성이 무거운 그림자를 드리웠다. 종이책에서 오디오북으로 독서 습관을 바꿀 수는 있다. 하지만 하루 동안 수없이 접하는 읽을거리에 대해서는 손쉬운 대안이 없었다. 운전하거나 대중교통을 이용할 때는 거리 표지판이나 간단한 길 안내나 지시 사항을 읽어야 한다. 이메일과 문자메시지는 어쩐단 말인가. 이 약병과

저 약병도 구별할 수 있어야 한다. 글을 읽지 못하면 이런 평범한 일상 활동을 나 혼자서는 안전하게 헤쳐나갈 수 없다.

그 외에는 상태도 많이 호전되고 기분도 나아져 크리스마스이브에는 마침내 퇴원했다. 도시에는 예상치 못한 눈보라가 몰아치고 있었고 집안은 분주하고 정신이 없었지만 상태가 나아졌다는 것만으로 나는 크게 안도했고 행복감까지 느껴졌다. 로이스가 안정을 취하라고 했지만 괜찮다며 고집을 부렸다. 나는 기분이 좋았다! 두통은 사라졌고 읽기도 조금은 나아졌다. 이를 증명하여 쓸모 있는 사람이 되고 싶은 의욕이 끓어올랐다. 돌이켜보면 그 행복감의 일부는 아마 완전히 사라지지 않은 뇌의 문제 때문이었을 것이다. 내 뇌는 여전히 제대로 작동하고 있지 않았다. 식탁에서 펼쳐지는 가족의 활기찬 대화를 제대로 알아듣지 못했고, 단어를 놓쳤을 때 맥락을 바탕으로 전체 내용을 짜맞추지도 못했다. 보통 사람이라면 따로 생각하지 않아도 항상 하는 일인데 말이다.

이후 며칠 동안은 혈압을 낮게 유지하기 위해 세 가지 항고혈압약을 복용해야 했다. 외식하러 갔을 때는 팁을 계산하지 못했고 수표장 정산도 어려워졌음을 깨달았다. 전에는 한 번도 이런 적이 없었다. 마치 빨리 감기로 미래로 가서 인지 기능이 훨씬 심각하게 손상된 알츠하이머병 후기 단계를 띄엄띄엄 미리 경험해보는 느낌이었다. 이후 몇 주 동안 읽기 문제는 더 나빠졌다. 한 달 뒤 다시 받은 MRI 스캔을 보니 시험 약물을 더 이상 주입하지 않고 있음에도 뇌부종이 실제로 약간 더 악화돼 있었다. 놀라운 일은 아니었다. 아두카누맙의 반감기는 3주 정도이므로 약이 혈류에서 완전히 제거되려면 15주, 그러니까 거의 넉 달이 걸릴 터였고 뇌에서 사라지려면 더 오래 걸릴 수도 있었다.

당시에는 나처럼 심각한 아리아에 대한 치료 지침이 나와 있지 않았다. 이전의 거의 모든 사례에서 아리아는 치료 없이도 저절로 해결됐고 뇌에 손상을 남기지 않았다. 내 경우는 이례적이고 우려스러운 사례였다. 환자 입장에서 자신과 자신의 뇌에 관해 '이례적임'과 '우려스러움'이란 단어가 한꺼번에 언급되는 상황이 결코 달갑지 않다는 건 신경과 의사가 아니라도 알 수 있다. 뇌부종과 뇌염증 전문가들에게 조언을 구한 내 담당의들은 이 문제를 다발성경화증의 심각한 악화 사례처럼 다루기로 했다. 내게는 다발성경화증이 없었지만 뇌에 대한 다발성경화증의 염증 공격은 아리아와 몇 가지 특징을 공유한다. 나는 닷새 동안 매일 고용량의 스테로이드를 주입받았다. 사흘이 지나자 두통이 사라졌고 다시 글을 읽을 수 있게 됐다. 이후 여섯 달 동안 매달 MRI 스캔을 받았고 뇌부종 문제는 느리지만 완전히 해결됐다. 영상에서 유일하게 남아 있는 이상 소견, 곧 아리아의 흔적은 미세출혈이 일어났던 부분에 작은 점처럼 남은 철분 자국들이다. 피는 사라졌지만 헤모시데린이라는 철분 색소는 내 뇌에 새긴 문신마냥 영원히 거기 남아 있을 것이다.

상황은 호전됐다. 담당의들이 아리아 삽화와 다른 약물 부작용, 알츠하이머병 자체의 신경학적 변화를 해결하는 동안 몇 가지 복잡한 상황이 있긴 했지만 이후 몇 달에 걸쳐 내 상태는 꾸준히 나아졌다. 2018년 여름이 되자 내 상태는 정말 좋아졌다. 두통도 없었고 혈압은 아리아 삽화 이전에 복용했던 것과 같은 용량의 약물로도 잘 조절되었다. 나는 다시 평소처럼 한 달에 여섯 권에서 여덟 권의 책을 읽었다. 아리아 삽화 도중에는 하지 못했던 수표장 정산도 한 번 만에 바로 해냈고 기억력이 1년 전, 아니 심지어 2년 전보다 더 좋아졌다는 느낌마저 들었다. 여기에는 아마 몇 가지 요인이 작용했을 텐데 그중에는 알츠하이머병 증상 치료에 일반적으로 처방되는 약물을 추가한 일도 포함될 것이다. 나는 몇 달 전부터 도네페질donepezil(아리셉트Aricept)을 복용하고 있었다. 도네페질은 경도부터 중등도까지 알츠하이머병 환자의 인지를 어느 정도 개선하는데, 나는 기억력이 좋아졌다는 느낌이 부분적으로는 이 새 약물 때문일 가능성이 가장 크다고 판단했다. 하지만 이런 생각도 들었다. 혹시 극심한 아리아에도 뭔가 이점이 있었던 건 아닐까? 어쩌면 예상치 못한 이점, 연구자들이 탐구해야 할 새로운 무언가가 있을지도 몰랐다.

누가 봐도 부정적인 뭔가에 실제로 이점이 있을 거라고 상상하기는 어렵지만 이 가설이 아주 터무니없는 건 아니다. 알츠하이머병의 플라크에서 발견되는 비정상적 아밀로이드 외에도 대부분의 알츠하이머병 환자는 뇌의 작은 동맥들(혈관계)의 벽에서도 아밀로이드가 발견된다. 이 혈관 아밀로이드는 동맥을 약화시키고 뇌에 심각한 출혈을 일으킬 수 있다. 이는 고령자의 뇌 주변부 영역에서 뇌출혈을 일으키는 가장 흔한 원인이다.[1] 반대로 고혈압은 뇌 심부에서 일어나는 출혈의 주요 원인이다.

아리아가 발생하는 이유 중 하나는 이렇게 설명할 수 있다. 내가 사용한 것과 같은 약물들(아두카누맙 같은 항아밀로이드 단일클론항체)이 플라크 속 아밀로이드 베타뿐 아니라 작은 동맥과 모세혈관의 벽에 있는 아밀로이드 베타까지 공격함으로써 혈관에서 혈액이 누출된다. 혈액에 있는 체액(혈장)이 뇌로 새어 나오면 그 자리가 부으면서 부종이 일어난다. 그리고 적혈구가 새어 나오면 미세출혈이 일어난다. 두 현상 모두 MRI 스캔에서 보이는 아리아의 특징이다.

이런 누출로부터 뇌를 보호하고 우리 혈액 속의 위험한

병원균이 곧바로 뇌로 흘러드는 걸 막아주는 듬직한 존재가 바로 혈뇌장벽이다. 몸속 다른 혈관과 달리 뇌에 있는 작은 동맥과 모세혈관의 혈관벽에는 이 조밀한 구조적 장벽이 있어서, 혈액에서 뇌를 감싸고 있는 체액으로 흘러 들어갈 수 있는 분자의 크기를 제한한다. 산소, 이산화탄소, 나트륨, 칼륨 이온 같은 매우 작은 분자는 혈뇌장벽을 자유롭게 통과하고 포도당 같은 일부 영양소도 혈뇌장벽 틈새로 활발하게 운반되지만 박테리아, 바이러스, 독소뿐 아니라 항체처럼 큰 분자는 대부분 뇌로 들어가지 못하고 차단된다.

그렇다면 일부러 혈액에 주입한 단일클론항체처럼 아주 커다란 단백질은 어떻게 뇌로 들어가 의도된 작업을 해낼까? 그 답은 이렇다. 혈뇌장벽이 무너지지 않았다면 항체 가운데 극히 일부 용량이 혈뇌장벽을 통과한다. 혈뇌장벽이 무너지는 것은 일반적으로 매우 나쁜 일이다. 애초에 혈뇌장벽은 전형적으로 크기가 큰 병원균 분자를 들여보내지 않기 위해 만들어졌기 때문이다. 그런데 아리아의 경우에는 혈뇌장벽이 무너지는 것으로 보인다. 그래서 혈액에서 혈장이나 심지어 혈액세포까지 흘러 나와 뇌로 들어갈 뿐 아니라 혈뇌장벽을 통해 차단되는 큰 분자, 예를 들어 항아밀로이드 단일클론항체 같은 큰 분자도 뇌로 들어가는 것이다. 이 가설을 뒷받침하는 흥미로운 연구가 있다. 연구진이 아두카누맙과 비슷한 단일클론항체인 바피뉴주맙bapineuzumab의 3상 임상시험에서 뇌 아밀로이드에 대한 생체표지자를 분석한 결과, 그 약을 주입했다가 아리아가 생긴 실험 참가자들이 아리아가 생기지 않은 참가자보다 뇌 속 아밀로이드 베타가 더 많이 감소해 있었다.[2] 심지어 일부 전문가는 아리아가 항아밀로이드 단일클론항체가 뇌 속 아밀로이드 베타에 성공적으로 작용한다는 신호일 수 있으며, 따라서 임상시험에서 아리아를 피하려고 애쓸 게 아니라 약물의 효능을 개선하는 데 아리아를 이용할 방법을 찾아야 한다고 주장한다.[3]

혈뇌장벽은 여러모로 우리 인간 종을 구원하는 생물학적 축복이며 자연의 필수 보호막이다. 그런데 알츠하이머병 같은 신경퇴행성 질환을 포함해 뇌에 생긴 질병과 싸우는 약물과 작용제를 뇌에 직접 전달할 열쇠 또한 혈뇌장벽이 쥐고 있을지도 모른다. 어쩌면 언젠가는 과학 기술을 통해 단일클론항체가 혈뇌장벽을 통과할 날이 올 수도 있다. 독성 같은 의도치 않은 결과가 일어날 수도 있지만 말이다.

임상시험에서 나에게 나타난 나쁜 부작용은 알츠하이머병 연구에서 그리 엄청난 깨달음의 순간은 아니었다. 앞에서도 말했듯 과학연구에서 일어난 한 가지 일화일 뿐이다. 그러나 이런 임상시험에 참가할 때 내 관심사는 내가 할 수 있는 기여를 하는 것이다. 내가 이런저런 연구에 참여한다고 해서 내 알츠하이머병의 진행 경로가 바뀌리라고는 전혀 기대하지 않는다. 고작 한 사람의 임상 사례가 연구의 향방을 결정할 수도 없을 것이다. 그러나 임상의와 연구과학자는 분명 이런저런 측면에 주목하며 논의를 이어갈 것이다. 그러다 보면 일화적 사례와 사실들이 축적되면서 참신한 아이디어를 촉발해 생산적인 과학탐구의 새로운 줄기가 뻗어나갈지도 모른다. 이런 목적으로 최근 《알츠하이머병과 치매: 진단, 평가, 질병 모니터링Alzheimer's & Dementia: Diagnosis, Assessment & Disease Monitoring》이라는 저널에 나의 아리아 사례 연구가 발표됐다.[4] 나의 바람은 어떤 신경과학자가 그 논문을 읽고 중요한 통찰을 얻어 새로운 가설을 세우고 탐구하게 되는 것이다. 나는 알츠하이머병이 어떻게 작동하는지, 뇌세포의 사멸 및 기억과 사고력 상실을 초래하는 메커니즘이 무엇인지, 효과적으로 질병을 수정할 가능성을 높이려면 미래의 치료법은 어떠해야 하는지에 관해 지식을 키워나가는 일에 일조하고자 노력한다.

이 임상시험들에서 내가 직접적으로 혜택을 얻으리라는 착각은 전혀 하지 않는다. 놀라운 일이 아니다. 나는 과학자고 늘 이런 방식으로 생각해왔다. 임상의로서, 훨씬 전에는 연구과학자로서 기여해온 것과 달리 이번에는 자원 참가자로서 연구에 이바지할 기회를 얻었다는 게 흥미로울 뿐이다. 그런 기회가 목적의식을 안겨줬고 지금도 마찬가지다. 어떤 연구를 통해 내 수명을 연장하거나 알츠하이머병의 진행을 늦출 가능성이 매우 작다는 걸 잘 알고 있다. 내 바람은 이렇게 연구에 참여함으로써 다음 세대에게, 내 자식들의 세대에게 보탬이 되는 것, 그리하여 나는 아니더라도 그들의 생애에는 알츠하이머병을 통제할 수 있게 되는 것이다. 그리고 아버지로서는 내 자식들을 위한 일이기도 하며, 이것이 내 노력에 깃든 개인적인 의미다. 내 자식들도 나처럼 알츠하이머병 발병 위험이 높다. 그들이 나이가 들었을 땐 이 위험 요인이 더는 문제가 되지 않도록 내가 할 수 있는 모든 일을 할 것이다. 돌파구를 찾겠다는 게 아니다. 마법의 총알을 찾겠다는 것도 아니다. 그러나 어쩌면 피라미드를 이루는 벽돌 하나는 찾아낼지도 모른다.

'내 뇌에 새겨진 문신'이란 뭘까? 글자 그대로 문신이기도 하고 비유적 표현이기도 하다. 내 뇌에 있는 헤모시데린은 문신에 쓰는 잉크 염료와 매우 유사하다. 내 뇌에는 정말로 문신이 새겨져 있는 셈이다. 눈으로 볼 수 있거나 예술적 솜씨를 감상할 수 있는 문신은 아니다. 감춰져 있지만 그래도 나는 그것이 거기 있다는 걸 안다. 이는 내가 알츠하이머병과 벌인 전투의 흔적이며 이후 내게 하나의 전환점이 됐다. 문신은 인류 초창기부터 언제나 하나의 기표였고, 정체성이나 목적에 대한 당당한 주장이었으며, 누구 또는 무엇 또는 어딘가에 대한 소속의 표시였다. 나의 문신도 마찬가지다. 이것은 환자와 의사, 가족, 공동체에서 알츠하이머병에 관한 대화를 억눌러온 침묵에 대한 저항의 상징이다. 또한 이것은 알츠하이머병에 대한 낙인을 없애고 환자가 받는 치료를 개선하고 치료법 연구를 진전시키는 데 필요한 중요한 논의를 촉진하도록, 사람들의 관심을 끌어모아야 한다는 사실을 잊지 않게 해준다.

우리의 모든 선택이
삶을 변화시킨다

로이스의 접시 위에는 올리브유, 허브, 향신료로 반들반들 빛나는 닭고기 꼬치구이가 놓여 있다. 그을린 닭고기 조각 사이사이에 촉촉한 빨간 고추와 초록 고추, 양파도 꽂혀 있다. 현미밥 위에 꼬치가 놓인 아내의 접시는 《본아페티Bon Appétit》 잡지 화보에서 막 튀어나온 것 같다. 내 접시는 이와 거리가 멀다. 우리는 알츠하이머병 관련 임상시험을 앞두고 이틀째 식이제한을 하고 있다. 정확히는 내가 말이다. 연구진은 옛날부터 사용된 어떤 약초를 테스트하는 중으로, 그 추출액의 특정 용량이 내 체내에 얼마나 오래 남아 있는지 알아보고자 한다. 동물 연구 단계에서는 이 식물로 만든 고

농축 차가 알츠하이머병의 생쥐 모델을 대상으로 인지 개선 효과를 냈다. 연구진은 이제 사람 모델에게도 차가 효과를 내기를 기대한다. 내가 바로 그 실험의 사람 모델, 그러니까 여덟 명 정도 되는 실험 참가자 중 한 명이다.

깨끗한 판독값을 얻으려면 반드시 깨끗한 판 위에서 시작해야 한다. 내 혈액과 소변에서 개선의 흔적이나 건강한 성분이 조금이라도 발견된다면 그것은 다른 무엇도 아닌 바로 그 약초가 초래한 결과여야 한다는 말이다. 그 다른 무엇에는 우리 부부가 평소에 늘 먹는 신선하고 건강에 좋은 음식, 올리브유와 허브와 향신료도 포함된다. 언제나 긍정적인 로이스는 이 연구의 구상을 재미있어 하면서 내가 식이요법을 하는 동안 곁에서 함께해주기로 했다. 단, 자기는 맛있는 음식을 마음껏 먹는 평행 우주에 머물면서 말이다. 우리는 내 식단을 '건강에 나쁜 식단'이라고 불렀다. 과일, 채소, 허브, 향신료, 어떤 종류의 조미료도 없다. 초콜릿, 커피, 차 등 아무튼 건강에 좋은 무언가가 함유됐다고 알려진, 우리가 즐겨 먹는 모든 식품이 제한된다. 아이스크림도 안 되고 바닐라가 포함된 건 다 안 된다. 바닐라빈의 뭔가가 상황을 뒤집을 수 있기 때문이다. 그렇다고 허용된 메뉴가 완전히 매력 없는 건 아니다. 닭고기도 허용된다. 양념은 없어야 하고 양파와 후추도 빼야 하지만 마카로니와 가공 치즈는 곁들일 수 있다. 흰 빵, 라이스 크리스피, 백미처럼 고도로 가공된 식품들은 강력히 추천된다. 버터도 허용된다. 정말 맛있지만 먹고 나면 마음이 불편해져서 평소에는 잘 먹지 않는 크루아상도 허용된다.

이 임상시험은 이틀간의 사전 준비를 마친 뒤 병원에서 하루 동안 금식 상태로 혈액 검사와 소변 검사를 진행하는 방식이다. 금식이 끝나면 아주 걸쭉하고 그럭저럭 먹을 만한 혼합물을 1파인트(약 473밀리리터) 들이켜고, 일정한 간격으로 혈액 검사와 소변 검사를 여러 차례 반복한다. 2주 뒤에는 다시 사전 준비를 하고 그 혼합물을 다른 용량으로 섭취하며 검사를 반복할 것이다.

과학을 위해서라면 두 차례 짧은 기간 동안 밍밍하고 영양가 없는 음식을 먹는 것쯤이야 아무렇지 않다. 과학의 모든 진보에는 이렇게 점진적인 걸음걸음이 꼭 필요하다. 이때 '점진적'이라는 말로써 표현하려는 바는 이 연구가 오직 용량에 관한 것이라는 뜻이다. 다시 말해 어떤 물질이 체내에 들어간 뒤 일정하게 측정 가능한 수준으로 유지되려면 어느 정도의 투여량이 필요한지 알아내는 것이 목적이다. 이 단계의 연구는 그 물질이 뇌에 발휘하는 실질적 효과나 알츠하이머병의 발병과 연관이 있을 수 있는 요인들을 탐구하기 위한 것이 아니다. 그것은 이 연구의 다른 단계에서 할 일이며 모든 건 과학자가 이 용량 문제를 얼마나 정확하게 판단할지에 달려 있다. 한 가지는 분명하다. 이 연구의 2회차 때는 크루아상을 더 많이 먹게 될 거라는 사실.

알츠하이머병과 관련한 대화는 대부분 두려움, 상실, 할 수 없는 일(또는 언젠가는 할 수 없게 될 일)이나 어찌해볼 방도가 없는 일들에 관한 것이다. 이 병이 처음으로 식별된 이래 한 세기가 넘도록 그 대화의 주된 주제는 무력감과 절망감이었다. 내가 의사로 일할 동안에도 줄곧 그런 식이었다. 환자가 난처한 증상들 때문에 내원했다가 신경학적 검사를 제대로 받아보라며 나에게 보내질 즈음이면 이미 병은 중등도나 후기 단계로 접어들어 있었기 때문이다.

치매 초기 단계의 경도 인지 장애가 있는 환자를 소수나마 만난 것은 2013년에 내가 은퇴하기 전 고작 마지막 5~10년 사이였다. 그때조차 알츠하이머병의 진행 속도를 늦출 수 있는 생활방식 변화에 관한 과학적 증거는 그리 많지 않았다. 또한 후기 단계에 진단을 받은 환자의 경우, 뇌의 쇠퇴가 너무 많이 진행돼서 더 일찍 실천했다면 효과가 있었을 생활방식 변화가 아무런 소용이 없었다. 신경과 의사로서 나는 이 병의 가차 없는 진행을 늦출 수 없다는 점에 지독한 무력감을 느꼈다.

내가 알츠하이머병 초기 단계가 된 지금도 효과를 신뢰

할 만한 의학적 치료법이 아직 없다는 사실이 답답하기만 하다. 하지만 병의 속도를 늦출 수 없다는 무력감은 느끼지 않는다. 몇몇 약물은 언젠가 효능이 증명될 것이다. 무엇보다 오늘날 광범위한 연구에서 매일 먹는 음식, 매일 하는 행동 등 특정한 생활방식의 변화가 경우에 따라 알츠하이머병의 진행 속도를 늦출 수 있다는 강력한 증거를 제시했다. 이런 생활방식 변화는 사실 훨씬 더 많은 일을 해낸다. 알츠하이머병은 당신을 불확실성 속에 빠뜨리고, 자기 자신과 자신의 정신, 능력, 미래에 관해 당신이 갖고 있던 가정을 모두 무너뜨린다. 이럴 때 생활방식에 관해 내리는 아주 단순한 선택들이 알츠하이머병에 맞서는 체계적인 대응이 된다. 신중한 선택과 행동은 사고와 행동에 구조를 부여하고 미래에 대한 희망을, 그러니까 허무맹랑한 낙관이 아닌 현실적인 행복감과 안녕감을 준다. 스스로 주도적으로 책임을 진다는 것, 조금은 통제력을 쥐고 있다는 감각은 절망감과 우울감에 대한 해독제가 된다.

의사 처방처럼 말해보자면 알츠하이머병의 주요 다섯 가지 대항전략은 다음과 같다. (1) 유산소 운동 (2) 지중해식 또는 마인드 식단 (3) 정신을 자극하는 활동 (4) 사회적 참여 (5) 양질의 수면. 만약 당뇨병이나 고혈압이 있다면 이를 잘 관리하는 것도 추가된다. 솔직히 이 전략들은 건강한 생활방식으로 매번 권장되어서 이제는 뻔하게 느껴질 것이다. 그래서 대수롭지 않게 넘기거나 나중으로 미루기 쉽다. 하지만 알츠하이머병에 걸렸거나 그에 대한 유전적 위험성이 높은 사람에게 '나중'이라는 말은 도박이다. 빨리 행동할수록 더 유리하다. 이 전략들은 세포 수준의 변화가 일어나는 초기 단계, 곧 유의미한 인지 손상이 발생하기 10~20년 전에 알츠하이머병의 진행 속도를 낮추는 데 가장 효과가 있다고 증명되었다. 특히 알츠하이머병 초기이거나 알츠하이머병 발병 위험이 상당히 높은 사람에게 이 시기는 삶을 바꿀 수 있는 아주 중요한 시간이다. 나는 분명히 그랬다.

알츠하이머병이 있을지도 모른다는 의심이 들자마자 나는 이 다섯 가지 권고를 실천하기 시작했다. 임상시험 참여가 나의 실험적 삶이었다면, 이 자가 관리 방법은 나의 경험적 삶이 되었다. 나는 여러 가지 유의미한 효과를 경험했다. 어떤 효과는 임상시험에서 모니터링 기기나 실시간 인지평가를 통해 수집된 혈압, 인지 척도 등의 데이터로 확인됐다. 또 다른 효과는 나만의 사례 노트에 간단하게 기록해뒀다. 나는 각각의 효과를 추적하고 싶었고 특히 긍정적인 효과를 계속 이어가고 싶었다. 나의 경험은 그저 나의 경험일 뿐이다. 개인적이고 일화적이며 과학적 증명도 아니다. 하지만 과학적 증명일 필요도 없다. 엄정한 과학에서 이미 그 증거를 제시했기 때문이다.

운동부터 살펴보자. 알츠하이머병의 진행 속도를 50퍼센트 낮추는 약이 있다면 우리는 기적이라며 환호할 것이고, 제약업계에는 수십억 달러의 가치를 안겨줄 것이다. 그런데 우리에게는 이미 그런 약이 있다. 심지어 공짜다. 그렇다. 이 약은 바로 운동이다. 유산소 운동은 명백하게 긍정적인 보호 효과가 있음이 증명되었다. 적어도 알츠하이머병의 초기 단계에서는 그렇다. 여러 연구에 따르면 치매의 임상적 징후가 없는 상태에서 연구에 참여하기 시작한 사람들에게 운동은 알츠하이머병 발병률을 50퍼센트까지 떨어뜨리는 것으로 나타났다.[1] 또 경도 인지 장애를 포함해 초기 치매가 있는 사람들을 대상으로 한 거의 모든 연구에서 운동은 인지 저하 속도를 떨어뜨릴 뿐 아니라 아밀로이드와 관련된 뇌 위축 비율을 감소시켰다.[2] 또한 운동에는 인지 저하를 늦추는 장기적 이점뿐 아니라 그리 크지는 않지만 일시적이고 단기적인 효과도 있다. 다시 말해 당신의 뇌는 운동하지 않을 때보다 운동하는 도중에 더 예리해진다.[3] 나의 뇌는 한결같이 그렇다. 내가 가장 명료하고 창의적으로 생각할 때는 운동할 때와 운동 후 몇 시간 동안이다. 개와 산책하는 정도의 운동조차 마찬가지다. 주의를 산만하게 하는 요소가 줄어들기 때문일 수도 있겠지만 내가 느끼기에는 인지 기능이 실질적으로 눈에 띄게 향상되는 것 같다. 그럴 때 글을 읽거나 쓰거나 소리를 듣거나 생각하거나 대화를 하면 인지 가동력이 한층 높아진 것을 느낀다.

가벼운 강도의 운동도 도움이 되지만 용량-반응 효과는 분명히 있는 것으로 보인다. 다시 말해 활동량이 많을수록 더 효과적이다. 또한 운동 습관은 빨리 시작할수록 더 좋고 더 긍정적인 효과를 발휘한다. 치매 후기 단계에서는 운동이 가동성을 향상할 수는 있지만 인지를 향상하지는 않는 것으로 보인다.[4] 알츠하이머병 초기 단계인 사람, 가족력이 있거나 APOE-4 유전자 양성 보유자인 사람의 경우에는 규칙적인 운동 프로그램을 시작하는 것이 특히 더 중요하다. 이른 나이에 시작할수록 좋으니 60대나 70대까지 기다리기보다 가능하면 40대에 시작하라. 최근 한 연구에서 APOE-4 유전자 보유자에게는 운동의 효과가 다른 사람만큼 강력하지 않다는 의견이 나오기도 한 만큼[5] 이들은 운동 관리를 최대한 일찍 시작하는 것이 더욱더 중요할 것이다. 최적의 운동량이 어느 정도인지는 아직 분명하지 않다. 나는 최소한 하루에 1만 보 걷기를 목표로 하고 있지만 최근 연구에 따르면 8,000보 이하도 효과가 있다고 한다.

그 밖에도 여러 고무적인 연구 결과가 식생활, 정신에 자극을 주는 활동, 사회적 상호작용, 수면 등 뇌 건강에 유익하다고 알려진 생활방식이 알츠하이머병에서도 아주 중요하다는 것을 보여준다. 식이요법의 효과에 대한 데이터도 운동에 관한 데이터만큼은 아니지만 꽤 탄탄하다. 대부분의 연구에 따르면 지중해식 식단은 뇌 건강뿐 아니라 심혈관 건강도 증진한다. 지중해식 식단을 약간 변형한 대시(고혈압을 멈추기 위한 식이요법dietary approaches to stop hypertension, DASH) 식단은 원래 고혈압을 낮추기 위해 고안되었지만 노화에 따른 인지 저하 속도를 떨어뜨리는 데도 어느 정도 효과가 있다. 2015년에는 노화와 알츠하이머병의 인지 저하 속도를 늦추겠다는 구체적인 목표로 마인드 식단이 도입됐다. 마인드 식단은 지중해식 식단과 대시 식단의 요소 대부분을 조합한 것으로 특히 통곡물, 녹색 잎채소, 콩, 견과류와 베리류 등 뇌 건강에 좋다는 증거가 가장 많은 식품에 중점을 둔다. 한 연구에서는 연구 시작 시점에 알츠하이머병이 없었던 58~98세 지역 주민 923명이 평균 4년 반 동안 마인드 식단을 실천하는 과정을 추적했다. 이 식이요법을 조금이라도 계속 유지한 사람은 잘 지키지 않은 사람에 비해 알츠하이머병 발병 비율이 35퍼센트 낮았다. 식단을 매우 잘 지킨 사람은 결과가 더욱 좋았는데 잘 지키지 않은 사람보다 발병 비율이 53퍼센트 낮았다.[6] 이렇듯 마인드 식단을 따르려는 노력만으로도 알츠하이머병 발병 위험을 낮출 수 있는 것으로 보인다. (마인드 식단과 권장 식품 및 권장량은 부록에 실었다.)

식습관의 알츠하이머병 위험성 완화 효과 연구는 운동의 효과에 대한 연구보다 그 수가 적지만 이런 결과는 앞으로 계속 나올 것이다. 최근 《뉴롤로지Neurology》 저널에 실린 한 연구에 따르면 플라보놀flavonol(감귤류, 베리류, 사과, 콩류, 적포도주에 함유되어 있다)을 식품으로 많이 섭취하는 것도 알츠하이머병 치매의 발병 위험 감소와 관련이 있을 수 있다.[7] 지중해식 식단과 대시 식단에 관한 연구 대부분이 뇌 건강에 대한 유익성을 보여주지만, 그중에서도 마인드 식단이 가장 효과가 좋은 것으로 보인다.[8] 앞으로 더 많은 연구가 진행되어 이 결과들을 더 탄탄히 입증해주면 좋겠다. 그러면 유익성 면에서 식생활이 운동과 견줄 만하다는 게 확실해질 것이다.

나는 그렇다는 가정하에 생활하고 있으며 운동 요법과 함께 마인드 식단도 실천해왔다. 순전히 개인적인 관점에서 둘을 비교해보자면 나는 운동하는 도중과 운동하고 난 후에 인지 기능이 좋아진다고 느끼며, 추적 장비로 수집한 실시간 데이터도 인지 향상을 가리킨다. 아보카도, 견과류, 베리류를 먹었다고 해서 인지가 확연히 향상된다고 느끼는 건 아니다. 그래도 이런 식품들을 골라 꾸준히 섭취하는 것이 알츠하이머병의 발병이나 예방에 전반적으로 좋은 영향을 준다는 것이 증명되었음을 알고 있다. 내게는 이 사실을 아는 것으로 충분하다.

솔직히 이 식이요법은 내 이전 식습관과 크게 다르지도 않고, 다양하고 유연하게 적용할 수 있으며, 좋아하는 음식을 많이 포기해야 하는 것도 아니다. 저녁 식사를 준비할 때 나는 보통 샐러드를 담당하고 로이스가 주요리를 맡는데 로이스는 요리 솜씨가 아주 좋다. 음식 종류와 무관하게 단 하나 아쉬운 점은 알츠하이머병이 후각과 미각을 앗아갔다는 사실이다. 예전에는 로이스가 요리를 접시에 담기도 전에 향만으로 입맛이 돋았지만 이제는 그 냄새도 맛도 느낄 수 없다. 요즘은 음식 냄새가 날 때 잭이 제일 먼저 반응한다.

이제 정신적 영역으로 넘어가보자. 정신을 자극하는 활동은 오래전부터 알츠하이머병에 따른 인지 손상이 시작되는 시기를 늦춰준다고 알려져 있었다. 일찍이 2001년에 러시 의학대학원 연구팀은 다양한 유형의 여가 활동이 치매 발병 확률과 어떤 관계가 있는지 살펴보기 시작했다. 지적 활동(책 읽기, 게임하기, 수업 듣기)과 사회적 활동(친구나 친척 만나기, 영화관이나 레스토랑이나 클럽이나 각종 센터에 가기, 지역사회 자원봉사, 종교 행사 참석)은 모두 치매의 시작 시점을 유의미하게 지연시켰다. 연구진은 "일상적 활동을 통해 지적·사회적 참여를 유지하는 것이 건강한 개인에게 노년의 인지 저하를 막는 완충제 역할을 하는 것으로 보인다"라고 썼다.[9] 좀 더 최근 연구들도 전반적으로 비슷한 의견을 내놓았다. 노년에 하는 활동(일주일에 5~7일 독서하기, 일주일에 4~7일 컴퓨터 하기, 일주일에 2~4일 사회적 활동에 참여하기, 손으로 뭔가 만들기)은 모두 인지 손상 발생률을 약 30퍼센트 감소시켰다. 중년부터 노년까지 꾸준히 이런 활동을 한 사람은 훨씬 더 큰 효과를 얻었으며 활동의 가짓수가 많을수록 이점이 더욱 커져서 인지 손상 발생률이 약 50퍼센트 감소했다.[10]

나는 인지 손상 속도를 떨어뜨리는 데 정신적 자극이 중요하다고 확신한다. 내 경험은 비록 개인의 일화에 불과할지 몰라도 나는 그 경험의 바탕에 있는 과학적 근거를 어렴풋이 깨달았다. 이를 뒷받침할 증거는 없지만 내가 세운 가설은 다음과 같다. 정신적 자극은 뇌에서 대안적 신경 회로의 생성을 유도하고, 알츠하이머병이 진행되어 일부 신경 경로가 제대로 작동하지 못할 때 그 신생 회로들이 예비 경로로 작동한다는 것이다. 어쩌면 이는 인지예비능을 축적하는 또 하나의 방법인지도 모른다.

나는 가능한 한 많은 시간 동안 뇌를 활동적인 상태로 유지하려고, 그러니까 열심히 움직이고 종종 어려운 일에 도전하려고 부단히 노력한다. 픽션과 논픽션을 고루 섞어 매일 독서하고 일주일에 평균 두세 권을 읽는다. 며칠만 지나면 읽었던 걸 기억하기가 점점 더 어려워지기 때문에 기억을 다지는 데 도움이 될까 해서 내가 읽고 있는 것에 관해 로이스에게 자주 이야기한다. 로이스는 이런 대화에 더할 나위 없이 좋은 상대다. 서평사이트인 굿리즈에 독서 이력을 기록하는 일도 도움이 됐다.* 비록 한두 주만 지나도 기억나는 게 많지 않지만 독서를 하는 그 순간은 충분히 즐기고 있다.

나는 14년 전에 처음 후각이 사라지기 시작했을 때부터 일기를 써왔다. 일기장은 잊어버릴 수도 있었을 나의 병력에 관한 사실적 기록물이기도 하지만, 일기를 쓰는 행위 자체가 생활을 조직적으로 관리하고 사건들의 기억을 다지는 데 도움이 된다. 아리아 문제가 생겼을 때를 제외하면 계산 능력도 늘 양호한 편이다. 아직까지는 수표장 정산을 직접 하고 있고 대체로 한 번 만에 계산이 맞아떨어진다. 정신을 운동시키려고 곱셈과 나눗셈 암산도 해보지만 갈수록 더 어렵게

---

* 나는 2008년부터 굿리즈를 사용했다. 읽을 책에 대한 아이디어를 얻는 데 도움이 되고 읽은 책뿐 아니라 앞으로 읽을 책 리스트도 만들 수 있다. 아주 유용해서 하루에도 몇 번씩 굿리즈에 들어가 참고한다. 그런데 한 가지만 미리 경고하자면 몇 년 전 아마존이 굿리즈를 사들이면서 당신이 관심을 가질 만한 책들에 대한 추천이 함께 뜬다. 나는 이를 두고 딱히 간섭받는다고 느끼지 않지만 그렇게 느끼는 사람이 있을지도 모르니까 일러둔다. www.goodreads.com.

느껴진다. 또한 계산이 끝날 때까지 올림수와 다른 중간 단계를 다 기억할 수도 없게 됐다. 피아노는 재미로 연주한다. 예전부터 즐겨 치던 곡을 연주하는 것보다는 새로운 곡을 배우는 것이 뇌를 더 자극한다는 말을 들어왔기 때문에 새로운 곡과 늘 치던 곡을 섞어가며 연주한다. 새로운 곡을 힘겹게 연주하고 나면 아직 손가락이 기억하고 있는 익숙한 곡을 치는 것으로 내게 보상을 준다. 이는 자전거 타기나 악기 연주 같은 일에 대한 자동적 기억인 절차기억의 신경학적 구성과도 잘 맞아떨어진다. 절차기억은 뇌 심층부에 있는 기저핵과 소뇌에 자리하며, 알츠하이머병의 경우 측두엽에 있는 단어와 숫자에 대한 서술기억보다 절차기억이 훨씬 더 오래 보존된다. TV 시청 같은 수동적 활동은 하루에 30~60분 정도의 뉴스 시청과 가끔 스포츠 방송을 보는 것으로 제한한다.

사회적 참여 역시 중요한데 알츠하이머병의 경우에는 어려울 수 있다. 이 병의 후기 단계에서는 감정이 매우 둔해지기 때문이다. 나는 원래도 그렇게까지 사교적이진 않았다. 파티에 가는 것도 좋아하지 않았고 지금은 특히 더 그렇다. 여럿이 동시에 대화를 나눌 때 언어를 이해하기가 어려워졌기 때문이기도 하다. 무리 지어 대화를 나눌 때는 대화를 따라가기가 정말로 어려워져서 이제는 아예 이해하려는 노력을 포기해버리는 편이다. 게다가 얼굴을 잘 알아보지 못하는 문제도 계속되고 있으며, 아주 잘 아는 사람도 몰라볼 때가 있다. 안면인식장애prosopagnosia 또는 얼굴맹이라 불리는 이 증상은 대체로 측두엽의 방추이랑fusiform gyrus이나 후두엽 일부가 손상된 결과다. 이는 알츠하이머병에서 흔한 편이며 사회적 상호작용을 방해하는 또 다른 요인이다. 그렇지만 무감정apathy을 걷어내려면 동굴 속으로 숨지 않고 계속해서 사회적 상황에 참여해야 한다는 걸 알고 있기에 그러려고 노력한다. 세 자녀와 손주 넷과 많은 시간을 함께하며, 앞마당에서 정원 일을 하거나 잭과 산책할 때면 이웃들과도 담소를 나눈다. 오랜 친구들과도 주기적으로 만나고 전 세계에 흩어져 있는 오리건보건과학대학교 신경과 동료들과도 계속 연락을 주고받는다.

수면 연구에서 얻은 통찰은 글자 그대로 실험대에서 침대로 옮겨졌다. 수면무호흡증sleep apnea은 알츠하이머병으로 말미암은 인지 손상과 유사한 증상을 초래할 수 있고 알츠하이머병의 인지 증상을 악화할 수도 있다. 만약 수면무호흡증이 있다면 인지 증상이 알츠하이머병 때문에 나타난 것이 맞는지 확인하고 치료해야 한다. 알츠하이머병의 중등도나 후기 단계에서는 다른 수면 장애들도 흔하다. 알츠하이머병 환자는 잠을 충분히 자기 어려운 경우가 많다. 그러나 충분한 수면이 적어도 알츠하이머병 초기 단계에서는 아밀로이드 축적을 막는 데 아주 중요하다는 사실이 점점 더 분명해지고 있다. 생쥐 연구와 사람 연구 모두에서 수면 중에 뇌의 아밀로이드가 청소된다는 증거가 나왔다. 이 현상은 뇌의 '글림프 순환glymphatic circulation'을 통해 일어나는 것으로 보인다. 글림프 순환 시스템이란 뇌혈관 주위를 둘러싼 통로들의 네트워크로, 뇌를 뇌척수액에 담그는 역할을 한다. '글림프 시스템'은 몸속 나머지 부분에 뻗어 있는 림프관과 비슷해서 붙은 이름이다.[11] 사람의 비렘수면non-REM 중 서파수면slow-wave sleep 단계에서는 뇌척수액이 뇌의 글림프 통로를 통해 맥동하며 흐르는데, 이는 동맥의 맥박과 뇌의 전기 활동 변화에 의해 일어난다.[12] 서파수면 중에 뇌가 이렇게 세척되는 것은 아밀로이드 베타를 포함한 독소가 제거되는 과정이다. 언론에서는 이 연구를 보도하며 "뇌세척brainwashing(세뇌)"이라는 자극적인 머리기사를 썼는데 언론의 속성상 피할 수 없는 일이었다. 뇌의 글림프 시스템은 아직 매우 새롭고 흥미진진한 연구 분야다. 이 시스템을 활용해 아밀로이드 제거를 촉진할 방법을 찾으리라는 희망도 있다. 아마 꽤 시간이 지나야 실현되겠지만 말이다. 아무튼 나는 반드시 최소한 7시간 반은 자려고 한다.

당뇨병이나 고혈압이 있다면 병을 가능한 한 빨리 통제하는 것이 특히 중요하다. 이 질환들에는 치매 위험을 높이는 몇 가지 기제가 있다. 직접적으로 알츠하이머병의 병변을 촉진하기도 하고 뇌 미세혈관을 손상해 여러 차례 작은 뇌졸중을 초래하기도 한다. 임상적으로 알츠하이머병 증상이 없었으나 사후 뇌 부검에서 병변이 발견된 사례들을 보면 대부분 알츠하이머병의 병리적 특징인 아밀로이드 플라크와 신경섬유 뭉치뿐 아니라 혈관성 치매를 일으키는 일과성 허혈발작transient ischemic attack, 곧 미니 뇌졸중의 흔적도 함께 나타났다. 2형 당뇨병은 뇌를 포함한 신체 조직 전체에서 혈당 수치와 인슐린 저항성을 높이며, 이 역시 뇌에 아밀로이드와 타우 병변의 확산을 촉진하는 것으로 보인다.[13]

아밀로이드 축적 속도를 낮추고 인지 손상의 시작을 늦추는 데 효과적으로 보이는 이 모든 생활방식 변화에서 유념할 중요한 사실이 하나 있다. 이는 병의 가장 초기 단계, 곧 아밀로이드 축적은 시작됐지만 현저한 인지 손상은 아직 시작되지 않은 시기에 가장 효과적이라는 점이다. 따라서 10년에서 길게는 20년까지 지속될 수도 있는 알츠하이머병의 증상 발현 이전 단계는 유의미한 개입을 할 수 있는 결정적인 시간이다. 알츠하이머병의 중등도나 후기에 접어들면 이미 많은 신경세포가 파괴된 상태이고, 신경세포를 재생하는 방법은 아직 전혀 밝혀지지 않았다. 이 단계에서는 생활방식 변화가 편안함과 안녕감을 높이는 데에는 도움이 되겠지만 그 외에는 딱히 효과가 없을 것이다. 영국에서 중등도 치매 환자에게 운동이 미치는 영향을 조사한 대규모 연구에 따르면 이로운 영향이 전혀 없었다.[14] 너무 늦은 것이다. 20년이나 30년 전만 해도 우리는 정확히 이 단계에서 알츠하이머병 진단을 내렸다. 그때도 지금도 이는 너무 늦은 시점이다.

또한 최초의 효과적인 질병 수정 약물, 그러니까 알츠하이머병의 진행을 늦추거나 심지어 치료할 수 있을 약물이 나오더라도 그런 약 역시 병의 가장 초기 단계, 곧 인지 증상이 나타나기 전에 가장 효과적일 가능성이 매우 크다.

아우구스테 D가 진단을 받은 지 5년 만에 사망한 뒤 100년이 넘게 흘렀다. 그런데도 꽤 최근까지 조기 발병 알츠하이머병과 후기 발병 알츠하이머병 모두 진단부터 사망까지 걸리는 일반적인 시간은 약 8년으로 거의 동일하게 유지됐다. 무엇이 잘못된 걸까? 오늘날 우리는 훗날 발병할 알츠하이머병과 관련된 최초의 뇌 변화가 인지 증상이 겉으로 드러날 때보다 최소한 10년 전, 길게는 20년 전부터 시작된다는 사실을 안다. 그걸 알면서도 병에 개입할 수 있는 소중한 틈새를 왜 놓치고 있는 걸까?

어떤 사람들은 선제적인 진단까진 필요 없고 노년에 알츠하이머병에 걸릴 확률을 줄이도록 일찍 생활방식을 바꾸라고 권고하기만 하면 된다고 주장한다. 합리적인 얘기처럼 들린다. 권고를 잘 실천할 사람들도 분명히 있을 것이다. 하지만 우리 대다수는 30대나 40대, 50대에 가족과 경력과 꿈과 희망에 둘러싸여 바쁘게 생활한다. 먼 미래의 불확실한 재앙을 예방하는 데 집중할 여유는(시간도 에너지도) 별로 없다. 내가 APOE-4 양성이고 뇌에 아밀로이드가 있다는 사실을 알았을 때 느낀 충격이 아니었다면, 나 역시 그 문제에 주의를 기울여서 거의 확실시된 알츠하이머병 발병 확률을 줄이기 위해 뭐든 시작하겠다고 결심하지 못했을 것이다.

그 뒤로 생활방식 변화와 유전적 소인 사이의 관계는 설득력이 더욱 높아졌다. 루돌프 탠지Rudoph Tanzi는 알츠하이머병 유전학 분야의 선구자로, 상염색체 우성 유전성 알츠하이머병autosomal-dominant Alzheimer's disease, ADAD을 일으키는 세 가지 희귀한 유전자뿐 아니라 항상 발병을 초래하지는 않지만 발병의 위험을 높이는 것으로 보이는 다른 많은 유전자를 발견한 공로로 유명하다. 탠지 박사는 그 위험한 유전자들의 발현이 우리의 생활방식에 따라 어떻게 달라지는지 후성유전학적으로 설명했다.

"우리의 모든 선택은 특정한 경험으로 이어지며 이 경험은 우리 유전자의 발현을 변화시킵니다." 탠지가 2019년에 상원 노화특별위원회에서 한 말이다.[15]

유전자 발현은 실제로 우리의 습관에 의해 조절됩니다. 좋은 습관으로 건강한 생활을 영위하면 유익한 유전자 발현을 유도하고 건강으로 이어집니다. 그 역도 참이고요. 현재 정크푸드를 너무 많이 먹는다든지 하는 나쁜 습관이 있다면 이는 노화 관련 질환의 발병 위험을 높이는 유전자 발현 과정을 유도합니다. 그러나 반복을 통해 채소 위주의 식사처럼 새로운 '좋은 습관'을 들이면 건강을 촉진하는 쪽으로 유전자 발현 패턴이 달라지죠. (…) 결국 일상의 의식적 선택을 통해 유전자 발현 과정을 변화시킬 수 있으니 우리에게는 노화 과정을 늦추고, 기분을 개선하며, 불안과 우울을 막아내고, 지속적인 통증을 줄이고, 수면의 질을 높이며, 암과 신경퇴행성 질환을 포함한 노화 관련 만성 질환의 발병 위험을 줄일 힘이 있는 셈입니다.

탠지는 간단한 생활방식의 변화로 얻는 유익함이 현재 알츠하이머병에 걸렸거나 발병 위험이 높은 약 600만 명의 미국인에게 국한되지 않는다고 강조했다. "그 외에도 아밀로이드 플라크와 타우 뭉치 같은 뇌 병변이 있는 미국인이 3,000만 명으로 추정되는데, 이런 병변은 향후 5~15년에 걸쳐 치매 증상이 나타날 위험을 상당히 증가시킵니다. 효과 있는 약이 나올 때까지 기다리는 동안 우리는 생활방식과 행동적 개입을 통해 알츠하이머병을 막아낼 방법을 깊이 고민해야 합니다."[16]

권장하는 생활방식 지침은 복잡한 과학을 기반으로 한 것이지만 이를 실천하는 데에는 복잡할 게 전혀 없다는 점은 정말 매력적이다. 게다가 각각의 생활방식은 서로 중첩된다. 나는 이것이 시너지 효과를 내면서 전반적인 유익성을 더욱 높인다고 생각한다. 어떤 식으로 실천하든 결국 그 모두가 자기 삶과 경험의 일부가 된다. 피할 수 없는 알츠하이머병의 침범에 맞서 나는 이 순간, 이날, 이 경험을 위해 버틴다. '알츠하이머병에도 불구하고'가 아니라 이 병과 실제로 함께 살아가면서, 이 병 초기 단계에 느리게 펼쳐지는 양상들을 활용해 삶의 질을 누릴 시간을 확장하고 있다.

어느 이른 아침, 평소처럼 커피와 함께 아침 식사를 하면서 식탁에 노트북을 올려두고 몇 가지를 확인하고 있다. 그때 잭이 가벼운 발걸음으로 경쾌한 분위기를 풍기며 주방으로 들어와 내 의자 옆에 가만히 앉는다. 그러고는 작고 반짝이는 눈으로 날 빤히 응시하며 자기 존재를 알린다. 잭이 완벽하게 연마한 그 눈빛은 이제 내가 트레일화를 신고 함께 포리스트파크로 산책하러 갈 시간이 됐다는 신호다. 매일 유산소 운동으로 최소한 1만 보는 걷겠다는 계획에 잭은 열성적인 길동무가 되어준다. 불규칙하게 뻗은 삼림 보호구역의 트레일을 걸을 때 주로 우리와 함께하는 존재는 토종 식물과 야생 동물들이다. 다른 산책객과 개를 만나면 숲길에서 본 주의할 것들이나 개에 관한 이야기를 주고받는다. 개들도 자기들끼리 나름의 정보를 교환한다.

아침 나절 우리는 1시간 20분에 걸쳐 5킬로미터쯤 걷는다. 숲길에서 누군가를 만나 가끔 멈추는 걸 제외하면 시간은 빠르게 흐른다. 한 남자와 그의 개도 마주치곤 한다. 그들이 위협적이지 않단 걸 증명해 보인 뒤로 잭도 그들에게 마음을 열었다. 집에 돌아오면 잭이 낮잠을 잘 시간이다. 나는 운동으로 뇌가 재충전되어, 책을 읽고 글을 쓰거나 밀린 통화를 하거나 피아노 앞에 앉아 바흐나 쇼팽을 연주하기에 최적인 상태다. 로이스는 외출하고 없다. 방 저쪽에는 로이스가 맞추고 있는 퍼즐이 반쯤 완성된 채 놓여 있다. 내가 그 퍼즐을 건드릴 일은 없다. 난 직소퍼즐보다 십자말풀이를 더 좋아한다. 내일 이즈음이면 우리 아이들이 손주들을 데리고 찾아와 일요일마다 먹는 와플과 독서와 놀이 시간을 즐길 것이다. 가장 어린 손주는 생후 10개월이고 다른 손주들은 두 살, 세 살, 다섯 살이다. 분명 활동적인 하루가 될 것이다. 아이들은 집안과 마당을 누비면서 나를 녹초로 만들 테고, 책을 읽고 싶어했다가 게임을 하고 싶어했다가 할 것이며, 이따금 티격태격하거나 감정을 터뜨리는 바람에 내가 중재해

줘야 할 것이고, 그러면서 이런저런 한계를 시험해볼 것이다. 불평하는 게 아니다. 그 모든 순간에 사랑과 웃음이라는 최고의 약이 담뿍 담겨 있을 테니까.

나의 산책 친구, 잭.

마들렌, 음악,
아프리카비둘기

마르셀 프루스트Marcel Proust는 1913년에 발표한 자전적 소설 《잃어버린 시간을 찾아서À la recherche du temps perdu》의 아주 유명한 장면에서, 차에 적신 마들렌 케이크의 냄새와 맛이 오래전 기억을 생생하게 일깨우는 상황을 묘사했다. 시골에서 보낸 유년기의 소중한 일요일 아침과 레오니 이모의 기억이, 그리고 지금은 몰려오는 기억들 자체가 섬세한 기쁨을 안겨준다고 그는 썼다. "이 모든 게 차 한 잔에서 나왔다." 훗날 '프루스트 효과'라고 불리게 된 이 현상은 감각 신호가 순간적으로 오래전 기억을 불러오는 것으로 대부분의 사람이 경험한다.*

이후 현대 과학은 맛과 냄새 신호가 오래된 기억을 불러내는 가장 강력한 자극임을 입증했다. 냄새는 다른 감각 자극 유형보다 인생 초기의 기억을 유독 더 잘 불러낸다. 오늘날 과학 문헌에서는 냄새(뇌의 후각 처리)와 기억의 신경학적 상호관계에 대한 더욱 깊이 있는 이야기를 볼 수 있다. 이는 프루스트의 마들렌 몽상에서 표현된 감정적 연결성을 훨씬 넘어선다. 신경과학에 따르면 후각은 기억의 촉매 역할에 그치지 않는다. 후각 및 뇌의 후각 처리 영역, 후각 신호를 전달하는 뉴런, 그 신호가 지나가는 신경 경로 전체가 뇌에서 서로 다른 유형의 기억이 응고되는 과정에 독특하고 중대한 방식으로 영향을 끼치며, 이런 기억은 우리가 주의를 기울이고 듣고 구별하고 성찰하고 배우고 주변 세계에 반응하는 데 도움을 준다.[1] 이런 이유로 뇌의 후각 처리 영역(후각망울, 조롱박피질, 안와전두피질)은 구조와 기능이 독특한데, 여기에 알츠하이머병의 발병과 확산 방식에 관한 귀중한 정보가 담겨 있을지도 모른다.

요컨대 과학이 이야기하는 바는 후각이 사라지면 기억을 저장하고 저장된 기억을 꺼내오는 메커니즘이 혼란에 빠

---

* 심리학, 문학, 예술, 음악, 요리, 아로마테라피와 관련된 감각기억 신호에 대한 광범위한 논의는 크레티엔 판 캄펀Cretien van Campen의 책에서 찾아볼 수 있다.[2]

질 수 있다는 것이며, 후각 기능이 사라지거나 장애가 생기는 것은 뇌의 처리 시스템의 구조에서 뭔가가 잘못됐다는 경고 신호라는 것이다. 탄광의 카나리아처럼 후각 문제는 뇌에서 질병과 관련된 변화가 진행 중일 수 있다는 (불특정적이지만 그럼에도 중요한) 신호인 셈이다.

후각 기능 이상과 알츠하이머병의 관계는 1990년대에 이르러 과학 문헌에 등장했지만, 당시에는 나 같은 신경과 의사를 포함해 의료계에 잘 알려지지 않았었다. 반면 후각 상실과 파킨슨병의 관계는 그보다 더 널리 알려져 있었다. 그 이유는 파킨슨병 환자 대부분은 병을 진단받을 때 인지 능력이 훼손되지 않은 상태인 데 반해 알츠하이머병 환자가 신경과 의사를 처음 만날 즈음엔 이미 인지가 많이 손상되어 있어 냄새 문제를 의사에게 제대로 전달할 수 없는 상태이거나 그 문제 자체를 인지하지 못하기 때문일 것이다. 나에게 후각 상실이 일어났을 때(2006년 여름에 장미 향기를 맡지 못한다는 걸 처음 알아차렸을 때)도 그것이 알츠하이머병의 전조일 수 있다고는 전혀 생각하지 못했다. 당시는 내가 유전적으로 알츠하이머병 발병 위험성이 높다는 사실도 몰랐을 때여서 알츠하이머병은 관심 범위에 들어와 있지 않았다.

이후 후각 장애와 알츠하이머병이 서로 관련이 있다는

사실은 더욱 널리 인정받았다.[3] 새로운 발견들이 계속 그 관련성을 확인했고 지금은 후각 상실이 알츠하이머병의 생체표지자 중 하나로 여겨진다. 순수하게 과학적 측면에서만 보자면 그 발견들이 현상에 대한 새로운 정보를 많이 더해줬다고 할 수는 없다. 그래도 과학적 진보의 피라미드에서 의미 있는 벽돌인 것은 분명하다.

나의 일화적 사례 하나를 가지고 침소봉대하고 싶지는 않다. 내 후각 상실은 언젠가 알츠하이머병의 예측 신호가 되는 변화를 포착함으로써 이 병에 더 빨리 개입하고 나아가 병을 예방하는 실질적 방법을 찾아내는 탐구로 들어가는 또 하나의 문일 뿐이다.

나는 알츠하이머병을 안고 살아가면서 이 병의 감각적 측면에 대해 광범위하게 고찰할 시간과 자유를 넉넉히 누리고 있다. 그런 만큼 최근에는 알츠하이머병이 무엇을 앗아가는지뿐 아니라 (적어도 당분간은) 무엇은 그대로 남겨두는지도 더욱 잘 인지하게 되었다.

지금까지 감각 상실은 속도가 느리고 점진적으로 진행됐고 그 영향은 고통스럽기보다는 가슴 아프고 실질적이다. 나는 여전히 장미 향기를 맡지 못한다. 포도주 향도 느껴지지 않는다. 로이스가 만든 애플파이나 통닭구이의 환상적인 냄새가 집안에 진동해도 전혀 눈치채지 못한다. 주방으로 달려가는 잭이 늘 믿음직한 시각 신호가 되어주기는 하지만 말이다. 냄새는 우리가 느끼는 맛의 큰 부분을 차지하기 때문에 나는 양념이 아주 많이 들어간 경우가 아니면 음식 대부분이 밍밍하게 느껴진다. (매운맛은 미뢰taste bud와 삼차신경trigeminal nerve의 통각수용기가 감지하므로 멀쩡하게 느낀다.) 후각 상실 때문에 생긴 뚜렷한 장점도 하나 있다. 냄새 나는 뭔가를 치워야 할 때 내가 기꺼이 도맡을 수 있다는 점이다. 정말로 아무렇지도 않기 때문이다.

예전에는 사람 얼굴을 절대 잊어버리지 않았다. 지금은 얼굴을 잘 기억하지 못한다. 아니, 맥락이 주어지지 않을 때는 사람들의 얼굴을 알아보지 못한다는 말이 더 정확하겠다. 알츠하이머병의 가장 흔한 시각 문제는 얼굴맹 혹은 안면인식장애다. 보통은 감각 정보가 뇌에 도달하면 다양하고 복잡한 방식으로 처리되어 맥락과 의미를 만들어낸다. '저 냄새가 전에 맡아본 다른 냄새와 비슷한가?' 우리가 듣고 보고 냄새 맡고 맛보고 만지는 모든 감각 정보는 이런 식으로 서로 얽히고설켜 시간·공간·감정적 질감으로 맥락화된다. 말로 듣는 단어나 종이 위에 쓰인 단어와 마찬가지로 감각 정보 역시 하나의 문장 속에서 연결돼야 의미를 전달할 수 있다. 이때 단어들 중 한두 개를 해독하지 못하더라도 맥락을 참고해 의미를 파악할 수 있다. 저기 보이는 저 사람은 아는 사람인가 모르는 사람인가? 보통은 쉽게 답할 수 있는 질문이다. 그러나 알츠하이머병 환자 대다수에게는 쉽지 않은 질문이다. 복잡한 감각 처리 시스템이 손상되었기 때문이다. 나도 마찬가지다.

나는 이제 이웃이나 가볍게 알고 지내는 사람들은 얼굴만 봐서는 못 알아볼 때가 있다. 그들의 차나 개를 보거나 말소리를 듣는다면 이 추가적인 맥락 신호를 통해 문제없이 얼굴을 알아볼 수 있다. 하지만 얼굴만으로는 알아보지 못할 때가 많다. 안면인식장애는 보통 측두엽의 아래쪽과 뒤쪽 부분, 그 근처 후두엽에 생긴 문제가 원인이다. 2018년에 내가 두 번째로 받은 타우 PET 스캔에서도 그 부위들에 생긴 이상을 눈으로 확인할 수 있었다(121쪽 아래쪽 사진 참고). 비정상적 타우 단백질이 뇌의 좌우 반구 모두에서 위쪽 영역에 퍼져 있었다. 알츠하이머병에서는 다른 시각 문제도 일어날 수 있다. 예를 들어 환각, 시각적 왜곡, 심지어 피질맹cortical blindness(부분적이거나 전반적인 시각 상실)도 일어날 수 있는데 이는 알츠하이머병 후기에 나타날 가능성이 더 크다.

앞으로 지붕에 올라가 홈통 청소를 하는 일도 없을 것이다. 자신이 공간 속에서 어디에 있는지에 대한 지각인 고유감각은 촉각수용기, 근육과 관절 속 위치수용기, 시각, 속귀에 있는 전정(균형)기관vestibule에서 오는 입력 등 여러 감각 입력을 바탕으로 한다. 보통은 이 입력들이 뇌의 여러 영역에서 통합됨으로써 위아래를 정확히 구별하고, 균형을 잡고, 글자 그대로 '오른손이 하는 일을 왼손이 알게끔' 신체를 인지할 수 있다. 알츠하이머병에서는 초기 단계에서부터 고유감각이 손상되기도 한다. 나는 균형감각이 예전만큼 좋지 않다는 걸 알아차렸다. 그래서 지붕에는 올라가지 않는다. 이 자체는 별로 큰 손실이 아니다. 한편 우리 집은 오래된 이층집이라 계단을 오르내릴 일이 많은데 그럴 땐 늘 난간을 잡고 다닌다. 세 아이에게 난간을 잡고 오르내리도록 가르쳤던 투박하고 삐걱거리는 계단을 이제는 내가 그렇게 다녀야 한다. 그래도 계단을 오르내리는 걸 이제 막 배우고 있는 어린 손주들에게는 안전한 모범을 보여주는 손주 바보 할아버지로 통한다.

여기서 공통된 줄기 하나는 알츠하이머병이 생기면 뇌가 감각 정보를 처리하는 여러 복잡한 과정이 손상될 수 있으며, 그중 어떤 과정은 병의 초기에 또 어떤 과정은 후기에 손상된다는 것이다. 주목할 만한 예외가 하나 있는데 바로 음악이다. 아직 그 이유는 완전히 밝혀지지 않았지만 어쨌든 음악을 즐기고 식별하는 능력, 심지어 연주하는 능력은 알츠하이머병의 가장 후기 단계까지 보존되는 경우가 많다. 이런 현상은 직업 연주가였던 사람에게 가장 뚜렷하게 나타

나며, 어떤 이들은 말로 의사소통하는 능력을 완전히 잃은 뒤에도 아주 복잡한 곡을 연주해낸다.[4]

프루스트와 달리 나는 이제 냄새를 맡아도 좋았던 기억이 떠오르지 않지만, 다른 감각들에서는 여전히 덕을 보고 있는데 그중 최고는 음악이다. 새의 지저귐처럼 단순한 음악도 포함된다. 얼마 전 오리건 해안의 소나무 숲길 사이로 난 길을 잭과 함께 산책하다가 염주비둘기Streptopelia decaocto의 독특하고 구슬픈 소리가 들려오자 나는 곧바로 아프리카에 있는 듯한 느낌을 받았다. 매일 저녁 병원 일과를 마치고 함께 맥주 한 잔을 나누며 킬리만자로산으로 해가 지는 모습을 바라봤던 친구, 윌리엄 하울릿William Howlett네 베란다에 가 있는 것 같았다. 탄자니아의 그 지역에서 가장 흔한 비둘기인 붉은눈비둘기Streptopelia semitorquato는 울음소리가 워낙 독특해서 매년 봄 자원봉사를 하러 그곳에 도착할 때면 그 소리가 꼭 환영인사처럼 느껴졌다. 염주비둘기는 꽤 최근에야 미국으로 들어왔다. 1974년, 한 반려동물 가게에서 누군가가 절도를 시도하던 중에 염주비둘기 몇 마리가 탈출했고 1980년즈음에 플로리다로 유입되었다. 그 뒤 미국 전역으로 신속히 퍼져나가 1988년에는 오리건에도 들어왔다. 현재 포틀랜드에 있는 우리 집 근처에서는 염주비둘기의 소리는 물론 좀 더 익숙한 우는비둘기Zenaide macroura의 소리도 흔하게 들린다.

염주비둘기의 울음은 아프리카의 사촌인 붉은눈비둘기의 소리와 아주 비슷하다. 몇 년 전 포틀랜드에서 처음 그 소리를 들었을 때, 기분 좋은 감정이 물밀듯 밀려와 즐거운 놀라움에 휩싸였었다. 알츠하이머병조차 앗아가지 못한 기쁨이었다.

나의 마들렌은 음악인 것 같다. 음악은 마음을 차분하게 진정시켜줄 뿐 아니라 점점 잊혀가는 과거와의 접점도 지켜준다. 나를 나로 만든 성장기의 시간과 사람과 장소로 데려다주는 풍부한 자전적 기억autobiographical memory과 연결해주는 것이다. 비틀스의 〈미셸〉은 라디오를 들으며 짝사랑에 한숨짓던 10대 시절의 침실로 데려다준다. 50년 넘게 듣지 못한 어떤 노래가 라디오에서 나오면 그 노래를 즐겨 듣던 시절의 기억 하나가 순간적으로 따라 나온다. 머릿속에 항상 노래가 들어 있는 것만 같다. 떨쳐내고 싶어도 계속 머릿속을 맴도는 짜증스러운 느낌이 아니라 듣기만 해도 반가운 그런 노래다. 나는 이런 몽상에 시간을 충분히 내어준다. 음악은 향수를 무자비한 병에 맞서는 일종의 신경학적 저항력으로 바꿔주는 듯하다.

대니얼 레비틴Daniel Levitin은 《음악인류This Is Your Brain on Music》라는 새로운 통찰이 가득한 책에서 음악 듣기와 만들기에 관여하는 뇌의 과정들을 다루면서, 음악과 관련된 뇌의 기능들이 알츠하이머병의 파괴 앞에서도 탄력적으로 버티는 이유에 관해 몇 가지 실마리를 던졌다. 제일 먼저 그는 이렇게 지적한다. "음악 활동은 우리가 아는 뇌의 거의 모든 영역과 신경계의 거의 모든 하위시스템을 작동시킨다."[5] 뇌의 어느 영역이 손상됐을 때 근처의 영역이 손상된 영역의 기능을 넘겨받는 경우가 있는데, 이를 '신경가소성 neuroplasticity'이라고 한다. 뇌의 그토록 많은 부분이 음악을 처리하는 데 관여한다면 알츠하이머병으로 손상된 뇌 영역의 작업을 그와 비슷한 기능을 하던 이웃 영역 중 하나가 이어받을 가능성이 클 것이다. 흥미롭게도 음악적 리듬은 소뇌와 기저핵에서 파악하고 만들어낸다. 둘 다 절차기억(자전거를 타거나 피아노를 연주할 때 활용하는 기억 유형)에 관여하며 뇌에서 알츠하이머병의 병변에 대해 가장 저항력이 강한 부위다. 비틀스 노래의 비트와 자전거를 탈 때 하는 반복적 동작의 리듬 사이에 공통점이 있다는 말이 억지스럽게 들리겠지만 실제로 뇌의 구조와 회로를 보면 둘은 함께 배선되어 있다.

전문 음악인의 뇌에 관한 MRI 연구들을 살펴보면 음악적 뇌의 회복탄력성을 이해하는 데 도움이 될 실마리를 몇 가지 더 얻을 수 있다. 아마도 수년에 걸쳐 매일 음악을 연습한 결과로 음악인의 뇌에서는 (1) 측두엽 상층부에 자리한 측두

평면planum temporale (2) 일차운동피질primary motor cortex (3) 뇌의 양쪽 반구가 서로 소통하게 해주는 연결 케이블인 뇌들보corpus callosum의 앞쪽 부분, 이 세 가지 핵심 영역의 크기가 더 커져 있다.[6] 이 영역들은 알츠하이머병 후기에 이르기 전까지는 병의 영향을 전혀 받지 않는다. 이 모든 사실을 종합하면, 음악을 감상하고 만드는 데 필요한 핵심 영역은 뇌 전체에 고루 퍼져 있고 그중 가장 중요한 몇몇 영역은 알츠하이머병의 공격에 상대적으로 저항력이 강한 곳에 자리한다.

음악 감상, 식별, 창작(음악을 만드는) 능력이 알츠하이머병에서 상대적으로 더 잘 보존될 뿐 아니라, 노래 부르기나 악기 연주처럼 음악을 듣고 만드는 일이 인지 저하 속도를 떨어뜨리고 과거 사건에 관한 기억인 자전적 기억을 강화하는 데 도움이 된다는 사실이 점점 더 분명해지고 있다.[7]

내 머릿속 재생목록에는 10대와 20대 때 좋아했던 노래, 좋았던 시절의 추억을 되살려주는 노래, 주변에서 들리던 소리들이 주를 이룬다. 금요일 밤 친구들과 포커나 브리지 게임을 할 때, 방과 후에 축구하고 트랙을 달릴 때, 틈만 나면 나가서 서핑했을 때, '터헝가 넥스트 엑시트'라는 이름의 학교 록밴드에서 리드기타를 연주했을 때 내 귀를 가득 채우던 소리들이다. 제일 좋아하는 노래인 〈호텔 캘리포니아〉를 담당하는 신경 경로는 나 때문에 너덜너덜해졌을 것이다. 물론 말이 그렇다는 것이지 실제로 뇌에 담긴 음악이 더 중요한 다른 연결을 밀어낸다는 증거는 없으며 음악이 인지 기능을 손상시킨다고 보기도 어렵다. 분명한 사실은 알츠하이머병 때문에 인지 손상이 시작된 뒤 이후 지난 몇 년 사이에 내 머릿속 노래들의 존재감이 더욱 강해졌다는 것이다. 초조함과 우울감은 보통 알츠하이머병 후기에 흔하게 나타나지만 내 경험에 따르면 초기에도 드물지 않다. 이런 신경정신의학적 증상을 완화하는 데 음악이 도움이 된다. 그래서 음악 치료는 알츠하이머병 관리의 핵심으로 자리 잡아가고 있다. 기억 및 노화 클리닉과 알츠하이머병협회 지부 대다수는 치매 환자를 위해 합창 같은 음악 활동 프로그램을 마련해두고 있다.

일주일에 한 번씩 로이스는 잭을 데리고 복종 훈련 수업에 나간다. 그건 내게 건반 앞에 앉으라는 신호다. 이 시간에는 프레드 할아버지가 당신의 성인기 내내 매일 연주했던 스타인웨이 베이비 그랜드피아노 앞에 앉아 그가 함께 물려준 베토벤 소나타 악보집에서 비교적 쉬운 곡 몇 개를 골라 연습한다. 소나타 대부분이 내 수준에는 너무 어렵지만(알츠하이머병이 끼어들기 전에도 그랬다) 그 곡들이 던져주는 난관에 계속 도전하는 일이 즐겁다. 게다가 집중과 연습이라는 익숙한 반복적 행동 사이에는 기억과 음악이 교차하는 순간에 느낄 수 있는 소박한 기쁨이 깃들어 있다. 스타인웨이 피아노 소리와 프레드 할아버지가 결국 들이고 만 최신형 해먼드 전자오르간 소리는 내가 열 살쯤이던 시절 내내 배경음악처럼 흘렀다. 프레드 할아버지는 매년 베토벤 소나타 전곡을 작품번호 순서대로 연주했는데, 인지 손상이 악화되는 와중에도 그 일을 계속했다. 결국 할아버지는 요양시설에 보내졌고 그곳에서 1974년에 여든다섯의 나이로 돌아가셨다. 사인은 알츠하이머병이 거의 확실했다.

어머니도 피아노를 즐겨 연주했으며 나와 두 누나에게도 피아노 교습을 받게 했고, 열정까지는 보이지 않더라도 성실히 연습하게 했다. 아버지와 나는 토요일이면 프레드 할아버지와 함께 시간을 보내곤 했는데, 아버지와 할아버지가 커피를 갖고 뒷마당 작업대로 가 기계를 손볼 때면 나도 두 분을 따라가거나 집 안에 남아 피아노를 연습했다. 의무적인 연습이 끝난 뒤 해먼드 오르간을 연주하는 시간이 일종의 보상이었다. 고등학교에 가서는 피아노를 버리고 학교 록밴드에서 리드기타를 연주하는 음악적 반란을 감행했다.

나는 어머니의 피아노 실력이 대단한 줄을 모르고 자랐다. 어머니는 베토벤과 바흐, 라흐마니노프의 전주곡 C# 단조까지 악보를 보면 그 자리에서 바로 연주할 수 있었다. 나는 라흐마니노프의 그 곡을 무척 좋아했지만 연습 없이 악보를 보고 바로 연주하는 건 고사하고 한 번도 끝까지 완벽하게 연주해본 적이 없다. 어머니의 능력이 얼마나 대단한지 마침내 깨달은 건 대학에 가서 처음으로 트럼펫을 배우면서였다. 어느 주말 집으로 트럼펫을 가져가 트럼펫 연주용으로 편곡된, 내가 정말 좋아한 바흐의 〈G선상의 아리아〉를 자랑스레 연주했다. 그러자 어머니는 곧바로 피아노 앞에 앉더니 내 연주에 맞춰 그 어려운 반주를 했다. 어머니와 함께 연주한 순간은 마치 마법 같았다. 나중에야 깨달았지만 그런 마법 같은 순간은 그때가 처음이자 마지막이었다.

나는 보통 로이스와 잭이 문을 나설 때까지 기다렸다가 둘이 나가고 나서야 피아노에 앉아 연주를 시작한다. 과학적 증거를 보면 내가 피아노 연주 능력을 잃을 가능성은 별로 없다고 확신하지만, 그래도 만약 내가 연주 능력을 잃게 된다면 내 상태가 그 정도로 나빠졌다는 생각에 아내의 걱정이 더 깊어질 것 같아서다. 물론 속 깊은 로이스는 이를 눈치채더라도 아무 말 하지 않겠지만.

악보 위에서는 눈을, 건반 위에서는 손가락을 안내하는 나의 음악적 뇌 속에서는 괴짜 프레드 할아버지가 프루스트의 레오니 이모와 사이좋게 지내고 있다. 나의 어떤 신경적 충동에 의해 현재로 불려온 두 사람은 오직 내 기억 속에만 존재하는 시간 여행자들이다.

다른 몇 가지 감각기억도 빈도는 훨씬 덜하지만 생생하게 남아 있다. 따뜻한 모래가 등에 닿는 감각도 그중 하나다. 이 느낌을 만끽한 지는 아주 오래되었다. 아마 10년도 더 전에 마지막으로 하와이에 여행 갔을 때였을 것이다. 지금 사는 곳의 선선한 오리건 해변에는 따뜻한 모래가 없으며 맨 등과 따뜻한 모래의 조합은 더더욱 이곳과는 어울리지 않는다. 하지만 모래밭에 누울 때 등에서 느껴지는 감각은 내게 젊은 시절의 여름날을 불러와주는 힘이 있다. 내가 여덟 살 때부터 우리 가족은 서던 캘리포니아의 라구나 비치 근처에 해변 트레일러를 두고 자주 이용했다. 어머니와 누나들과 나는 해마다 여름 내내 거기서 지냈고 아버지도 주말마다 그곳으로 왔다. 나는 매일 해변과 풀장에서 친구들과 수영하고 놀면서 시간을 보냈다. 나이가 좀 더 들어서는 서핑도 시작했다. 그러면서 껍질이 벗겨질 정도로 피부가 심하게 타기도 했다. 아마 나중에 흑색종 두 군데를 포함해 다양한 피부암으로 고생한 이유도 이것 같지만, 당시에는 내가 자유롭고 천하무적인 것처럼 느껴졌다.

먼 옛날의 추억을 촉발하는 감각들이 지금 유난히 더 예리해진 것은 후각이 없어졌기 때문일지 모른다. 객관적으로 측정할 수 있는 건 아니지만 그냥 그런 것 같다는 직감이 든다. 이유가 무엇이든 가장 중요한 것은 이런 통찰로 알 수 있는 사실이다. 현재 사용하는 진단 방법을 통해 감지하기 훨씬 전부터 우리 뇌에서는 신경퇴행성 질환에 취약해지는 변화가 시작되며, 이 변화가 일어나는 방식은 아주 다양하고 미묘하다는 것이다. 언젠가 과학적으로 규명될 수도 있고 아닐 수도 있지만, 어쨌든 신경퇴행이라는 맥락에서조차 어떤 능력은 쇠퇴하고 또 어떤 능력은 탄력적으로 버티며 공존하는 이 현상은 감각에 관한 신비로운 수수께끼를 던진다. 신기하고 또 어떤 면에서는 용기를 주는 수수께끼를.

로이스의 애플파이.

한때 정말 좋아했지만 더는 맡을 수 없게 된 냄새 중 하나다.

내려다보지 않으면
무섭지 않다

경력 초창기, 그러니까 알츠하이머병의 인지 증상을 치료하는 도네페질(아리셉트) 같은 약들이 등장하기 한참 전이었다. 한 중년 여성이 알츠하이머병 진단을 받은 뒤 다른 의사의 의견을 들어보려고 나를 찾아왔다. 경미하지만 골치 아픈 인지 장애가 있었고 자신에게 진단을 내린 신경과 의사에게 진료를 받던 참이었다. 환자는 이미 적절한 검사를 모두 받았고 치매와 증상이 비슷하지만 치료가 가능한 다른 병일 가능성은 없다는 판단이 내려진 상태였다. 인지 검사 결과 언어기억과 시각-공간 처리에 아주 미묘한 손상이 있었다. 나는 환자에게 알츠하이머병의 아주 초기 단계일 가능성이 있다고 말했지만 확신을 갖고 진단하기란 불가능했다. 당시에는 사후 부검으로 뇌 조직을 확인하는 것 외에 알츠하이머병에 대한 확실한 진단을 내릴 검사 방법이 없었기 때문이다. 몇 달 뒤 나는 그 여성이 스스로 삶을 마감했다는 사실을 알게 됐다.

이후로 그 환자의 기억을 떨칠 수 없었다. 지금은 알츠하이머병을 확실히 진단할 방법이 여럿 있고 심지어 인지 증상이 나타나기 전에도 진단이 가능하다. 또한 알츠하이머병 초기 단계는 수년간 지속될 수 있으며 일찍 시작하기만 하면 몇 가지 개입법을 통해 병의 진행 속도를 늦출 수 있다. 신경과 의사로서 그리고 알츠하이머병 환자로서 내 바람은 우리 신경학자들이 이 병의 진행 속도를 더 줄일 방법, 상대적으로 가벼운 인지 손상이 있는 시기는 연장하고 끔찍한 말기에 이르는 시기는 늦출 방법을 알아내서, 환자들이 알츠하이머병이 아닌 다른 자연적 원인으로 사망하는 것이다. 자살까지 생각할 필요가 없어지는 지점에 도달한다면 정말 좋을 것이다.

비컨 록의 가파른 트레일을 오를 때면 난간 옆으로 깎아지른, 잘못하면 떨어질 것 같은 아래쪽 강을 내려다보지 말고 눈앞의 주변 풍경만 바라보는 게 좋다. 나는 딱히 높은 곳을 무서워하진 않지만 살다 보면 가파른 낭떠러지 아래 아찔한 풍경으로 시선이 향할 때가 있다. 이따금 심란한 꿈이나 어떤 기분, 기억나지 않는 순간이나 우울의 늪이 나를 붙잡고 알츠하이머병의 길 가장자리로 정신을 잡아끈다. 그럴 땐 어쩔 수 없이 시선이 아래로 향한다. 심연을 엿보게 되는 불안한 순간이다.

나 같은 알츠하이머병 초기 단계는 아무 증상도 없는 경우부터 증상이 비교적 가벼운 경우까지 다양하기 때문에 평소엔 알츠하이머병 후기의 더 어두운 측면에 대해서 오래 생각하지 않는다. 하지만 나는 그 어두운 측면들을 잘 알고 있다. 오랜 세월 환자와 그 가족이 알츠하이머병이 몰고 온 변화와 상실에 대처하는 힘겨운 내리막을 함께해왔으니 말이다. 인지 기능이 서서히 쇠퇴하다가 결국 오랜 기억과 최근의 기억 모두 잃는다. 사랑하는 사람을 알아보지 못하고, 분노를 터뜨리고 신랄한 공격을 일삼을 수 있으며, 신체적으로나 감정적으로나 통제력을 상실한다. 우울과 무감정과 체념, 후기 알츠하이머병이 불러오는 모욕과 상실을 적나라하게 보여주는 책과 영화와 미디어의 이미지는 차고 넘친다.

나는 신경과 의사지 정신과 의사나 심리학자는 아니다. 하지만 경험으로 판단하건대 어떤 병을 진단받고 그 충격을 가누려 애쓰는 사람이 미래에 대해 느끼는 두려움은 신체적 질병 자체보다 더 지독하게 기력을 앗아간다. 이는 알츠하이머병의 경우 더욱 심하다. 이 병은 신경퇴행성 질환, 다시 말해 뇌를 공격하는 병이고 이 사실 하나만으로도 대다수는 공포에 사로잡힌다. 두려움을 더 가중하는 것은 100년도 더 전에 알츠하이머병이 공식적으로 식별된 후로 이 병을 대표하는 유일한 얼굴이 심한 치매로 혼란에 빠진 가련한 노인의 모습이라는 점이다. 직접 이 병을 경험하지 않더라도 책, 영화, 사람들의 이야기를 통해 모두가 그것이 어떤 상태인지 안다. 그 누구도 자신이 그런 상태가 되기를 원치 않는다. 미래에 대한 공포에 휩싸이면 현재를, 그 병이 있더라도 할 수 있는 일들을 볼 수 없게 된다.

당당한 가장이자 큰 성공을 거둔 사업가였던 한 80대 노인이 경미한 기억 문제로 나를 찾아온 적이 있다. 그는 신경학적 검사들을 통과했고 그의 기억 문제가 순전히 노화 때문에 생겼다는 결론을 내렸다. 하지만 아직 증상이 나타나기 전인 알츠하이머병 초기일 가능성도 완전히 배제할 수는 없었다. 그 무렵에는 잠재적 효과가 인정된 약물도 몇 가지 있었기 때문에, 나는 기억 기능 개선을 위해 알츠하이머병 치료에 자주 쓰이는 특정 약물을 한번 써보는 게 좋겠다고 설명했다. 그러자 그는 불같이 화를 냈다. 자기는 결코 알츠하이머병에 걸리지 않았다고 단호하게 주장하면서 그 병과 조금이라도 연관된 약은 절대 복용하지 않겠다고 했다.

그런 약을 쓴다는 사실 자체가 알츠하이머병에 걸렸다는 말로 해석될 수 있다면서 말이다. 그는 거칠게 자리를 박차고 나가버렸다. 때로 분노는 두려움의 다른 얼굴이다.

두려움은 최초의 손상 신호가 나타났을 때 가능한 선택지를 탐색하거나 가족에게 진단을 알리는 일을 방해한다. 그러면 환자는 점점 커지는 두려움을 홀로 감당해야 하고, 인지 손상이 진행되면서 나타나는 알츠하이머병 증상에도 홀로 대처할 수밖에 없다. 맨 처음 얘기한 여성의 사례에서 보듯이 두려움은 최악의 경우 자기 손으로 삶을 너무 일찍 끝내버리게 몰아가기도 한다. 아직 삶과 죽음을 통제할 수 있을 때 스스로 마무리하겠다는 생각으로 말이다. 진단을 받지 않았더라도 유전적 위험성이 높다는 사실만으로 알츠하이머병 말기에 대한 공황 상태를 촉발할 수 있다. 무서운 병에 대한 유전적 위험성을 의논하다 보면 순식간에 학습 모드에서 공황 모드로 돌변할 수 있다. 정보가 두렵고 개인적인 양상을 띠는 순간, 뇌에서 투쟁-도피 반응fight-or-flight response을 촉발하기 때문이다. 곰의 움직임을 추적하다가 다음 순간 곰과 정면으로 마주치면 달아나고 보는 게 우리의 본능이다. 일반적으로 뇌는 모호하고 불확실한 정보를 잘 처리하지 못하기 때문에 틀린 결론이라도 익숙하게 느껴지기만 하면 덥석 받아들이려는 충동이 있다. 깜짝 놀란 상황에서는 뇌의 이런 충동이 더 강해져 논리적 판단을 건너뛰고 즉각적으로 반응한다. 그래서 위험성의 다양한 뉘앙스를 침착하게 처리하기 어려워진다. 심지어 유전자의 주사위가 실제로 자신에게 유리하게 던져진 경우에도 말이다.

거듭 말하지만 APOE-4 유전자가 있다고 해서 반드시 알츠하이머병에 걸리는 건 아니다. 발병 위험성이 상대적으로 (특히 그 유전자의 복제본 두 개가 있을 때) 높을 뿐, 그 유전자가 있지만 알츠하이머병에 걸리지 않는 사람도 많다. 다른 유전자 변이나 건강 이력 등 그 밖의 위험 요인도 있다. 따라서 이런 발견은 전문가의 안내에 따라 신중하게 접근해야 한다. DNA 검사기관에서는 반드시 결과를 유전학 상담가와 상의하라고 권고한다. 그러나 소셜미디어와 온라인 채팅방의 세계에서 이런 주의 사항은 심란한 소식을 받은 사람들의 게시물에 표현된 절망과 걱정에 파묻혀버린다. 이런 공개 토론장은 '의료보험 양도 및 책임에 관한 법률Health Insurance Portability and Accountability Act, HIPAA'(의료 기록의 기밀성을 보호하는 미국의 법률-옮긴이)에 따라 보호받는 의사와 환자의 사적 대화의 영역과 거리가 멀며, 여기에 올라오는 광범위한 게시물에는 위태로운 내용이 아주 많다. 나 역시 조상 추적 DNA 분석을 통해 알츠하이머병에 대한 유전적 위험성이 있음을 알게 되었을 때, 참고할 만한 자료나 배움을 얻을 수 있을까

해서 비슷한 소식을 들은 사람들이 모여 있는 온라인 채팅방에 들어간 적이 있다. 대다수가 놀라움과 염려를 표현했다. 한 사람은 APOE-4 유전자 복제본이 하나 있다는 사실을 알고 너무 낙심해서 자살을 생각 중이라고 말했다. 나는 소셜미디어를 활발하게 하지 않는 편이고 온라인 채팅에서 글을 올리는 일도 거의 없지만 이때는 답글을 달지 않을 수 없었다. APOE-4 유전자가 하나 있다는 것은 그 복제본이 하나도 없는 경우보다는 알츠하이머병에 걸릴 위험성이 더 크다는 뜻이지만 그래도 그 병에 걸리지 않을 가능성이 더 크다고 말이다.

소셜미디어뿐 아니라 사회 전반적으로 알츠하이머병에 관한 대화는 공포에 물들어 있다. 사실 이때 사람들이 생각하는 것은 많이 진행된 단계의 알츠하이머병이다. 상황이 이렇다 보니 초기 알츠하이머병에 주의를 기울이는 일이 더욱 시급하다. 알츠하이머병을 일찍 진단할수록 생활방식의 변화든 새로운 약물이든 둘 다든 병을 완화할 방법을 모색할 여지가 더 커진다. 개인으로서, 가족으로서, 그리고 더 넓은 의미에서 우리 모두는 자신이 느끼는 두려움을 이성의 빛에 비춰봐야 한다. 그래야 우리가 보지 못했던 가능성이 열릴 수 있기 때문이다.

두려움은 위협적으로 느껴지는 무언가에 대한 정상적

이고 인간적인 반응으로, 서로 다른 순간에 서로 다른 방식으로 솟아오른다. 내가 이 사실을 안다고 해서 두려움을 느끼지 않는 건 아니다. 나의 경우 알츠하이머병의 어두운 면이 꿈에 나타난다. 매일 꿈을 꾸진 않고 내용을 자세하게 기억하는 경우도 드물긴 하다. 그러나 일단 기억에 남는 꿈을 꿨다면 그 내용은 매우 심란하다. 배경은 그때그때 다르지만 반복되는 주제가 몇 가지 있다. 모두 통제력을 상실하는 느낌과 관련된 것들이다. 길을 찾을 수 없거나 문제를 효과적으로 해결하지 못하거나 도움을 구하지 못한다. 명료하게 의사소통을 하지 못하고 사람들이 어설픈 내 표현력에 어리둥절해하거나 걱정하기도 한다.

이런 꿈에는 몇 가지 변주가 있는데 모두 통제력 상실과 관련된 것이다. 여행하는 꿈을 꾸기도 하는데 보통 나 혼자다. 장소는 아프리카일 때도 있고 파리나 런던, 미국 동부일 때도 있다. 나는 길을 잃거나 역이나 공항에 늦게 도착해 기차나 비행기를 놓친다. 도와줄 사람도 아무도 없어 외롭고 막막하다.

학교 꿈도 몇 가지 버전이 있다. 꿈에서 나는 다시 학교에 다니고 있는데, 이런 꿈을 꽤 여러 번 꿨다. 꿈 속의 나는 69세인 현재의 나로 알츠하이머병 초기 단계인데, 무슨 이유인지 알 수 없지만 고등학교나 대학교나 의대나 레지던트 과정을 반복하기로 결정한 상태다. 인지 손상 때문에 과제를 완료하지 못하거나 수업에 낙제하거나 졸업을 하지 못한다. 어떤 꿈에서는 캠퍼스에서 길을 잃고 기숙사를 찾지 못한다. 또 다른 꿈에서는 깜빡하고 연말이 될 때까지 우편함을 확인하지 못하고 그러다가 우편함 열쇠도 찾지 못한다. 레지던트를 다시 하는 꿈에서는 전자 의료기록을 사용하는 방법을 모른다. 나는 의료 면허를 포기했기 때문에 처방전을 쓸 수 없다는 사실을 깨닫는다. 레지던트와 인턴은 자기들보다 마흔 살이나 많은 내가 당연히 지도교수인 줄 알았다가 무능력한 내 모습에 당황하고 걱정스러워한다.

2016년 1월, 내가 참가하기로 한 3상 임상시험이 시작되기 직전이었다. 탄자니아에서 해마다 하던 2주간의 교육 봉사를 절반쯤 마쳤을 때, 내가 전보다 꿈을 더 많이 꾼다는 걸 깨달았다. 항말라리아 약이나 더위 때문인 듯했다. 게다가 꿈들은 명백히 알츠하이머병에 따른 문제와 관련된 내용인 경우가 많았다. 어느 밤 꾼 꿈에서는 차를 댄 뒤 주차장에서 길을 잃었는데, 마침내 출구를 찾고 보니 차에 뒀어야 할 주차허가증을 갖고 나온 게 아닌가. 이는 잠재적으로 심각한 결과를 가져올 게 분명했다. 날 붙잡고 따지는 경찰에게 알츠하이머병에 걸려서 허가증을 두고 나오는 걸 깜빡했다고 설명했다. 이상하지만 놀라운 꿈은 아니었다. 그만큼 내가 인지 손상을 점점 더 자각하고 있던 터였으니 말이다.

의대생과 킬리만자로 기독교의료센터 직원을 대상으로 한 나의 세미나 수업은 언제나처럼 순조롭게 진행됐다. 아직 프레젠테이션을 하거나 병상 옆에서 교육하는 일에 문제가 없다는 건 고무적이었다. 하지만 아침 브리핑 시간에는 거의 아무것도 이해하지 못한다는 것을 깨달았다. 모르는 외국어를 듣고 있는 것 같았다. 나는 이것이 집에서 가족 여럿이 모여 식사할 때 겪던 것과 같은 문제라는 결론을 내렸다. 못 듣고 놓친 단어를 맥락으로 판단해 채워 넣기가 어려웠다. 세상 무엇보다 익숙한 집과 가족이라는 맥락에서조차 그랬다.

깨어 있는 시간의 현실과 꿈속 무의식의 관계를 이해하는 건 어렵지 않다. 결국 둘은 하나의 캔버스다. 낮은 밤으로 흘러들고 불안이라는 미세출혈이 한 매체에서 다른 매체로, 뉴런에서 악몽으로 스며든다.

동시에 어떤 날, 어떤 순간이 큰 용기를 주기도 한다. 자신에게 행위주체성이 있다는 감각은 두려움의 해독제가 된다. 로이스와 킬리만자로 지역을 여행할 때면 야심 찬 하이킹을 곧잘 하곤 하는데 이는 명백하게 신나는 일이지만 나에게는 특히 더 용기를 준다. 여행할 때든 집에서 운동할 때든, 경도 인지 장애에도 불구하고 신체 역량은 아직 좋다는 사실을 인식하면 내가 할 수 있는 일에 더 집중하게 된다. 나든 아내든 우리 역량에는 언제라도 변화가 찾아올 수 있지만, 우리 둘 다 지금 이 순간에 깨어 있는 정신을 유지하는 일이 가장 가치 있는 도구라는 걸 알게 되었다. 또한 꿈이 달라지기도 한다. 최근 나는 한참 만에 즐거운 꿈을 꿨다. 파리의 어느 익숙한 동네에서 이 책의 번역자가 될 사람을 만나러 걸어가고 있었다. 이 꿈에서 깰 때 내 마음은 평화와 미래에 대한 큰 희망으로 가득 차 있었다.

나는 후기 알츠하이머병의 어두운 측면에 대해서는 깊이 생각하지 않는다. 로이스와 나는 일종의 협약을 맺었다. 바로 현재를 살자는 것이다. 이는 한 가지 수행이다. 우리는 예상되는 실질적 문제들에 대비해 필요한 조치를 해왔다. 그것만 제외하면 현재에 굳건히 뿌리를 내리고 있다. 나에게 이것은 인지적 건강을 보호하고 증진하며, 알츠하이머병의 후기 단계를 뒤로 미루기 위해 할 수 있는 모든 일을 하는 것을 의미한다. 나는 운동, 식습관, 휴식에 관한 굵직굵직한 변화는 물론, 작고 세세한 변화 역시 종종 놀라운 보상으로 돌아온다는 걸 깨달았다.

여덟인가 아홉 살 무렵에 아버지에게 첫 카메라를 선물받았다. 손잡이를 돌려 작동시키는 검은색 상자였다. 오늘날 우리가 주머니에 넣고 다니는 디지털카메라의 조상이라고는 믿기지 않는, 마치 손에 들고 다니는 구식 자동차처럼 생긴 물건이었다. 곧이어 우리 집 뒷마당은 풀밭 위에서 장난감 병정들로 전투 장면을 연출하고 촬영하는 야외 스튜디오가 되었다. 내가 카메라에 깊은 관심을 보이자 아버지는 차고 위에 암실을 지었다. 고등학교에 들어간 무렵, 나는 사진에 푹 빠져 필름을 현상하고 인화하며 암실에서 많은 시간을 보냈다. 그로부터 40여 년이 지나고 보니, 내 직업 덕에 매사를 과학자이자 의사의 관점에서 바라보는 법을 익힌 것처럼, 카메라 덕에 두 눈으로 세부를 남달리 바라보는 법을 익혔음을 깨달았다. 느린 셔터스피드로 삶을 바라보고 자연에 초점을 맞추게 된 것이다.

창조적 활동과 자연에서 보내는 시간은 뇌 건강을 증진하며 치유적 가치가 있다고 알려져 있다. 이는 과학 문헌들에서도 지적하듯이 뇌의 노화와 치매, 특히 알츠하이머병에 더욱 특별한 의미를 지닌다. 알츠하이머병은 우리가 평소 기억 속 장면을 떠올리고 그 장면을 묘사할 수 있게 하는 뇌 영역에 손상을 입히는 경우가 많기 때문이다. 하지만 한 연구에서 지적했듯이 "알츠하이머병이 있는 사람은 형태나 사실성 대신 색상이나 구성 등 남아 있는 다른 능력을 활용해 예술 창작을 계속할 수" 있으며 "특기할 점은 일부 환자는 퇴행성 질환에도 불구하고 예술적 창조력이 샘솟는다는 사실"이다.[1]

나는 사진을 찍음으로써 풍경과 야생 생물을 더 주의 깊게 살피게 된다는 것을 깨달았다. 또한 사진 촬영은 기억에도 도움이 된다. 정체 모를 새나 동물을 사진으로 찍어두면 다른 참고 자료를 뒤지며 그 새와 동물에 관해 더 알아보려고 애쓰게 된다. 때로는 내가 찍은 사진에서 또 다른 놀라움도 발견한다. 몇 년 전 어린 흰머리수리(우리 지역의 토착 새다) 한 마리가 뒷마당 담장에 내려앉았는데 우연히도 그때 난 장초점 렌즈 카메라를 들고 있었다. 가까운 거리에서 이 아름다운 맹금류를 촬영할 수 있어 무척이나 기뻤다. 그런데 이 일에는 또 다른 뭔가가 기다리고 있었다. 그때 찍은 사진을 보면 햇빛을 받은 흰머리수리의 오른쪽 동공이 왼쪽 동공보다 더 작다. 사람과 포유류의 경우 한쪽 눈에 빛을 비추면 양쪽 동공이 같은 정도로 수축한다. 이를 공감동공반응consensual pupillary response이라고 하며 신경과 의사가 검사하는 항목 중 하나다. 이 반응이 있고 없고에 따라 뇌의 어느 부분에 병변이 있는지 추측할 수 있기 때문이다. 조류의 경우는 어떤지 궁금해 자료를 찾아보고서, 새는 공감동공반응이 부분적으로만 나타나거나 아예 없는 경우도 있다는 걸 알았다.

몰랐던 무언가를 알게 된 이 작은 발견이 그리 흥분할 일은 아니라고 생각할지도 모르겠다. 하지만 작은 불쾌감이 그날의 기분을 망쳐놓는가 하면, 소소한 일 하나가 마음을 다잡아주고 앞으로 나아갈 수 있게 더 폭넓고 더 만족스러

어린 흰머리수리

운 새로운 관점을 가져다주는 법이다.

 멘토는 어디에나 있다. 잭은 스패니얼의 감각에 걸맞은 멘토로서 살아간다. 언제든 작은 것 하나에 열광하거나 기뻐할 준비가 된 '상습 감탄꾼'이라고나 할까. 잭은 거실에서 깊은 잠에 빠져 있다가도 주방에서 식사 준비를 하는 소리가 희미하게 들리는 순간, 무엇 하나 놓치지 않겠다는 듯 곧장 내 곁이나 (특히 닭 요리를 준비하고 있다면) 로이스 곁으로 달려와 앉는다. 내가 피망이나 당근이나 브로콜리 꽃송이를 썰 때면 잭은 칼날의 작은 움직임 하나하나에 기대감을 가득 안고 집중한 채 앉아 있다. 혹시나 채소 한 조각이 자기 앞으로 굴러올지도 모르니까. 치즈를 강판에 갈거나 익힌 닭고기를 썰거나 수박을 자르는 일에도 주의를 기울인다. 지금까지 잭의 관심사 중 겨우 몇 가지만 열거했다. 우리는 잭이 실망하지 않도록 신경 쓴다. 식사하는 동안 잭은 식탁 아래에 자리를 잡는데, 주의를 기울이는 것과 침범하는 것의 차이를 잘 아는 것 같다. 하지만 모르는 척하면서도 은근히 신경을 바짝 세우고 있다. 잭은 누군가 접시를 놔두고 식탁을 떠나면 잽싸게 기회를 포착하고 다가와 접시를 깨끗이 핥는다. 로이스는 잭이 실제로는 사람 음식을 아주 조금밖에 먹지 않는다는 사실, 다시 말해 음식을 얻기 위해 쏟는 에너지의 양에 비해 너무 적은 양을 먹는다는 사실을 안다. 하지만 잭은 다른 할 일이 별로 없으니 그런 일도 가치 있게 여기는 것 같다는 게 로이스의 생각이다.

나는 잭에게서 소중한 순간을 포착하는 법을 배웠다. 작은 조각 하나하나가 가치 있게 느껴진다. 그 조각은 지금은 즐겁게 읽고 있지만 2주만 지나도 잘 기억하지 못할 책 한 권일 수도 있다. 또는 숲을 산책할 때 나무마다 킁킁거리며 냄새를 맡는 잭일 수도 있다. 이어폰을 끼고 오디오북을 들으며 직소 퍼즐의 다음 조각을 맞추고 있는 로이스의 모습일 수도 있다. 우리 아이들과 손주들, 다음 여름 헨리와 존과 산후안에서 함께할 항해 여행 계획, 어느 임상시험이나 신경과학 연구소에서 나온 새로운 발견에 관해 동료와 나누는 대화일 수도 있다. 어떤 날, 하루 중 어떤 한 순간이 아주 큰 용기를 줄 수 있는 것이다.

비컨 록의 정상에 가까이 다가갈 때 인상적인 일 하나는 그 아래 선착장을 내려다보는 일이다. 묶여 있는 배들은 모양을 알아보기 어려울 정도로 작게 보인다. 내려다보는 일이 항상 무섭기만 한 건 아니다. 고도가 얼마나 높아졌는지 파악할 수도 있으니까. 내가 얼마나 멀리 올라왔는지 느낄 수 있는 것이다. 그러려면 의식적인 노력이 필요하긴 하지만 그 순간 여유를 갖고 그 느낌을 음미하면 된다.

정상 근처에서 내려다본 비컨 록 기슭의 선착장

DNA를 넘어:
가족의 역사를
다시 생각하다

무엇이 우리를 현재의 우리로 만들까? 해묵은 본성 대 양육 논쟁은 이제 의미가 없다. 유전자는 우리를 형성하는 요소 중 일부일 뿐이다. 살아가는 내내 하는 경험 역시 우리를 형성하는데 그 영향력은 어릴 때 가장 크다. 우리가 부모에게 무엇을 배우는지는 유전자뿐 아니라 무엇보다 문화적 유산에 크게 좌우되는지도 모른다. 조상으로부터 전해져온 사상, 철학, 문학적 취향, 종교적 믿음, 좋아하는 것과 싫어하는 것, 선입견이 한데 버무려진 윤리적, 예술적, 지적 혼합물 말이다.

알츠하이머병을 포함해 유전적 관련성이 있는 모든 병

에 관한 대화에서는 명확한 진단이 가장 중요한 목적이므로, 가족의 역사를 논의할 때도 오직 그 목적에 맞춰 부모와 더 넓은 범위의 대가족을 예리하게 검토한다. 그들의 DNA 자취를 살펴보는 것이다. 결정적인 단서가 발견되지 않으면 기억에 남는 행동을 조사하며 증거를 찾는다. 치매 행동을 조사하는 것이다. 한 노인의 지독한 건망증이나 기이한 행동이 혹시 알츠하이머병과 관련된 인지 저하의 증상이었을 수도 있을까? 그 밖에 유전적 소인을 암시할 만한 행동 패턴이나 건강 문제로는 무엇이 있을까?

나는 신경과 의사로서 수년간 유전자의 대물림에만 초점을 맞춘 이야기를 들어왔다. 아니, 사실은 나부터가 이야기의 범위를 좁혀왔다. 진단과 치료 계획에 참고할 만한 사항을 모두 알아내야 한다는 것 이상으로는 생각해보지 않았다. 내가 물려받은 유전자, 그러니까 내가 APOE-4 유전자 한 쌍을 보유하고 있다는 사실을 처음으로 알았을 때도 내 생각은 정확히 그런 방향으로 흘러갔다. 이내 나는 부모님 두 분 다 알츠하이머병의 증상이 나타날 만한 나이가 되기 전에 다른 건강 문제로 돌아가셨음을 깨달았다. 만약 두 분이 충분히 오래 살았다면 알츠하이머병의 유전적 특성 때문에 치매가 생겼을지 여부는 결코 알 수 없다. 예전에 들었던, 당시 가족들을 곤혹스럽게 했다던 집안 노인들의 별스럽고 기이한 행동에 관한 이야기들이 새로운 의미로 다가왔다. 이 이야기들과 집안 어른들에게는 임상적으로 중요한 의미가 있다. 이런 판단 자체는 문제가 되지 않는다. 그러나 그저 임상 사례로만 그들의 의미를 축소해서도 안 된다.

요즘은 기억력을 단련하려고 일부러 과거 일을 많이 생각한다. 그러다 보니 과거를 새로운 방식으로 깊이 돌아보게 된다. 유전자를 물려받는다는 개념을 더욱 전체적인 관점에서 이해하게 됐다고나 할까. 갈색 눈동자와 마른 체구, APOE-4 유전자뿐 아니라 삶을 정의해온 여러 자질과 특징도 유전자가 나에게 끼친 영향을 드러낸다.

나의 아버지 잭 깁스는 훈련으로 길러진 과학자가 아니라 천성으로 타고난 과학자였다. 아버지는 열렬한 호기심, 비판적 사고, 무엇이든 직접 실험해보는 열정 등 과학적 태도를 체화한 사람이었고 나에게 과학을 가르쳐준 더없이 훌륭한 멘토였다. 공학자였던 아버지는 내게 장난감을 사줄 때까지 기다리지만 말고 직접 만들어보라고 격려했다. 내가 설계를 하다 난관에 부딪히면 아버지는 나 혼자 실패를 경험해보도록 내버려뒀다가 문제를 개선할 방법을 스스로 찾아내게 도와줬다. 여덟 살 무렵, 나는 나무로 작은 경주용 차를 만들었다. 못으로 차대를 조립했었는데 차를 타고 언덕에서 몇 번 덜컹거리며 내려왔더니 몽땅 망가지고 말았다. 아버지는 압력이 가해지는 부분이 어딘지 알려주고 그 지점들을 적당한 크기의 볼트와 너트와 와셔를 써서 보강하는 법을 가르쳐줬다. 내가 좀 더 자라자 아버지는 나를 더 정교한 실험으로 이끌었다. 대개 전기와 관련된 실험이어서 상당히 위험했다. 하지만 그 덕에 나는 아주 어린 나이에 위험은 통제할 수 있다는 것, 실험할 때 쓰는 기술은 빈틈이 없어야 한다는 것을 배웠다. 중학교 시절 내내 아버지와 함께 집 근처

하버드 천문대에 있는 아버지 잭. 아버지는 28세 때 벌써 열성적인 아마추어 사진가였다. 이 사진도 아버지가 직접 찍은 사진일 것이다.

캘리포니아공과대학교 교수들이 주최하는 주간 공개강연을 들으러 다녔다. 중학교를 마칠 즈음 나는 과학자가 되고 싶다는 확신이 들었다. 내가 아버지에게서 물려받은 가장 중요한 자질을 하나만 꼽는다면 바로 호기심이 주는 즐거움, 다시 말해 새로운 것을 발견하고 나의 지평을 넓히고 과학을 사랑하게 된 일이라고 생각한다. 과학자이자 의사로서, 또 한 명의 아버지로서 경력과 삶을 일궈온 세월 동안 내가 사용한 도구는 모두 아버지가 이끌어준 나의 유년기 경험에서 얻은 것이다.

어머니는 대학을 짧은 기간밖에 다니지 못했지만 열렬한 독서가이자 음악을 사랑하는 사람이었다. 뛰어난 아마추어 피아니스트였으며 어린 나에게도 음악을 만들어보라고 격려했다. 나는 신나게 제안을 받아들여 피아노 교습을 받기도 전인 4학년 때부터 작곡을 시작했다. 학교에서 직접 작곡한 곡을 연주했던 일, 어머니의 도움을 받아 오선지에 주석을 써넣었던 일이 기억난다. 이듬해에 나는 피아노 교습을 받기 시작해 대학 시절까지 피아노 연주를 쉬었다가 다시 시작했다 하며 계속 실력을 갈고닦았다. 기타, 색소폰, 하모니카, 트럼펫 등 다른 악기도 배웠고 고등학교 록밴드에서 리드기타를 연주했다. 음악은 줄곧 삶에서 큰 부분을 차지했다. 우리 록밴드의 연주 목록은 온화함과 거리가 멀었지만 나는 어머니의 음악적 재능 덕분에 비교적 온화한 성품을 갖출 수 있었다고 생각한다. 어머니는 복잡하고 과묵한 성격이었으며 부드럽고 감성적으로 감정 표현을 잘하는 분은 아니었지만, 음악에서든 순수 미술에서든 당신이 사랑했던 정원에서든 아름다움에 대한 심미적 감성은 나에게도 그대로 전해진 것 같다.

그뿐이 아니다. 누나들과 돌아가신 프레드 할아버지도 있다. 로이스와 우리 아이들과 손주들도 빼놓을 수 없다. 내가 수정되던 순간 주어진 유전자들 못지않게 그들도 나라

1982년의 어머니와 낸시 누나와 나. 몰리 누나가 찍은 사진.

는 존재를 형성한 요소다. 뇌를 보호하고 알츠하이머병에 맞서 싸우기 위해 내가 선택한 생활방식의 변화, 그 선택을 이론에서 실천으로 옮길 때 일어나는 일을 생각하다 보면 진공 속에서 홀로 생겨나는 건 아무것도 없다는 생각이 든다. 특히 현재는 로이스와 우리 아이들이 나의 모든 경험을 형성한다.

로이스와 나는 51년째 파트너 사이이며 그중 48년은 결혼해서 부부로 살았다. 로이스가 사서를 직업으로 택한 것은 우연이 아니었다. 아내는 매우 조직적이고 체계적인 사람으로, 함께한 세월 내내 내게도 그 꼼꼼함을 가르쳐주려고 애썼지만 성공하진 못했다. 어쨌든 끈기는 로이스의 변치 않는 특징이었고, 아내가 끈질긴 노력으로 내게 전수한 계획 세우기와 시간 관리 기술은 내가 거둔 모든 성공에서 중요한 요소다. 내가 알츠하이머병의 안개 속으로 깊이 빠져들며 계획 세우는 능력과 멀티태스킹 능력을 점점 잃어가고 있는 지금은 더욱 그렇다. 나는 평생 독서를 좋아했지만 알츠하이머병을 겪는 와중에도 책 읽기를 잘 이어갈 수 있는 것은 순전히 로이스 덕분이다. 한 해에 300권 넘게 읽는 왕성한 독서 습관, 책 추천하기를 정말 좋아하는 열정, 자료를 찾아 소개해주는 사서다운 능숙함을 발휘한 로이스 덕분에 나는 굿리즈의 독서 챌린지에 푹 빠졌다. 내가 아리아 삽화 때문에 읽기 능력을 완전히 잃었을 때는 오디오북을 적극적으로 추천해줬는데 정말 효과가 좋았다. 글로 쓰인 텍스트는 시각적으로 해석할 수 없었지만 책을 읽어주는 소리는 아무 문제 없이 이해할 수 있었다. 아주 놀라운 사실이었다. 우리 개가 세상을 떠난 뒤로 개를 사랑하는 우리의 삶은 그 빈자리가 주는 허전함과 우울함에 물들어 미묘하게 변해갔다. 나라면 특유의 망설임 때문에 계속 상실감 속에 머물러 있었겠지만 로이스가 그 변화를 예리하게 포착하고 결단한 덕에 우리에

킬리만자로산에 있는 만다라헛까지 하이킹한 날의 로이스와 나

게는 잭이 생겼다!

우리는 아이들과 늘 연락하고 지내며 손주들에게 책을 읽어주고 이야기를 주고받으며 함께 논다(직접 만나지 못할 때는 화상채팅으로라도). 내 방어벽을 더 튼튼하게 다져주는 손주들이 없었다면 지적 자극과 사회적 상호작용이 훨씬 부족했을 것이다.

곁에 남아 있는 오랜 친구들은 우리가 함께해온 역사 속에 각자 기나긴 줄기로 엮여 있다. 그 각각의 줄기는 과학부터 항해까지 나의 앎과 내가 만사를 이해하는 방식을 형성해왔으며 이는 곧 친구들과 내가 함께한 경험의 총체다.

얼마 전 나는 노련하게 운영되는 요양 시설에 친구 R을 만나러 다녀왔다. R은 나보다 여섯 살인가 일곱 살 많다. 나는 1989년에 신경과 레지던트를 마친 뒤 여러 신경과 전문의가 함께 운영하던 공동 진료소에 합류해 일했는데 R은 그곳의 동료 의사 중 한 명이었다. R은 내가 수수께끼 같은 환자의 사례 때문에 의문이 생길 때마다 늘 내 질문에 답해주었고 신경과 의사의 기본 실무에 관해서도 잘 알려주었다. 우리는 친한 친구가 됐고 이후 21년 동안 거의 항상 함께 점심을 먹었다. 지난 몇 년 사이 R은 몇 가지 만성 신체 질환으로 건강이 나빠졌다. 그러면서도 특유의 냉소적인 유머를 잃지 않았고 인지적 예리함도 유지했다. 그는 아직도 의료 소송의 전문가 증인으로서 자문 업무를 하고 있다. 우리는 여전히 몇 달에 한 번씩 만나 점심을 함께한다. 그러다 한 달 전쯤 그에게 심각한 감염이 발생했다. 수술이 필요한 농양이 생겨서 3주 동안 병원에 입원해야 했고 그 뒤 요양 시설에서 장기간 지내며 회복하고 있다. 우리는 각자의 가족, 개, 신경학적 문제에 관해 이야기하며 좋은 시간을 보냈다. 또한 둘 다 자신의 문제를 신경과 의사의 관점에서 객관적으로 검토하는 것이 유용한 대처기제라고 생각했다. 그러면 침착하게 자신의 미래를 가늠할 수 있기 때문이었다.

그의 방을 나온 뒤 계단과 출구로 이어지는 문 앞으로 걸어갔다. 문은 잠겨 있었다. 문에 "요양소를 나가려고 하는 환자를 돕지 마세요"라는 문구가 적혀 있었다. 나는 탈출할 기회를 엿보고 있는 사람이 없는지 주변을 둘러봤다. 이상 신호는 전혀 없었다. 이어서 문을 여는 방법에 관한 지시문을 읽었다. 여섯 자리 숫자와 기호 하나를 역순으로 입력해야 했다. 오케이, 이 정도는 할 수 있지. 그러나 네 번 시도해서 네 번 다 실패했다. 결국 지나가던 간호사에게 도움을 청했다. 집에 돌아온 나는 R에게 요양소를 빠져나오는 인지 시험에 불합격했다는 문자메시지를 보냈다. "크하하하"라는 답이 돌아왔다. 나도 크하하하, 하고 웃었다. 그 순간의 내 뇌를 기능성 MRI 스캔을 통해 실시간으로 본다면 어떻게 보였을까. 나도 모르겠다. 하지만 당혹감과 좌절감으로 며칠을 괴로워했을 수도 있는 경험을 우리가 함께 웃어넘겼다는 것, 그러자 그 일이 씁쓸하지 않고 즐거운 기억으로만 남았다는 것은 안다.

루돌프 탠지가 지적했듯이 "일상의 의식적 선택과 경험을 통해" 우리의 유전자 발현 프로그램을 바꿀 수 있다. 나는 가족뿐 아니라 가까운 친구와 동료도 나에게 '유산'을 남겨주었음을 알고 있다. 각자의 자질과 특성을 통해 내가 삶에서 알츠하이머병을 비롯한 도전과 기회에 반응하는 방식을 함께 빚어온 사람들 말이다. 모두 평생 내가 일상적으로 하는 선택과 경험에서 적극적인 동반자가 되어준 이들이다. 본인이 알츠하이머병에 걸렸든 이 병에 걸린 가족이나 친구가 있든, 이 병과 함께 각자의 길을 가고 있는 사람과 대화할 때 유전자에만 집중하기보다 그들 각자와 우리 자신의 온전한 전체성에 다시 초점을 맞춘다면 큰 힘이 될 것이다. 그들이 나에게 물려준 다채로운 특성과 가치의 빛깔을 음미할 때면 기분이 달라진다. 이러한 전이는 우리 삶에 존재하는 소중한 타인을 통해 항상 일어난다. 우리는 소중한 사람들에게서, 서로에게서 통찰력과 인내를, 용기와 연민을, 지금을 웃어넘기는 능력을 얻는다. 그리고 어쩌면 우리 자신의 유산을 만들고 있을지도 모른다.

자기 아들에게 노 젓는 법을 가르치고 있는 내 아들

5시 뉴스:
은퇴한 신경과 의사
알츠하이머병 투병 중

로이스는 전화를 받기 위해 오디오북의 일시 정지 버튼을 누르고 귀에서 이어폰을 뺐다. 플라비아 드 루스(미스터리 소설 시리즈의 주인공인 11세 화학 천재 소녀-옮긴이)는 기다려줄 것이다. 발신자 이름을 보니 오리건 오지에 사는, 우리가 그 근처에서 하이킹을 할 때 이따금 마주치는 오랜 지인이었다. 때는 3월 중순이었고 우리는 우기가 끝나기를 기다리며 몇 달째 그곳에 가지 못한 터였다. 로이스와 그 사람은 몇 마디 쾌활한 인사를 나눴다. 그런 뒤 상대는 우리 가족과 잭에 관해 물었다. 자기가 텔레비전 뉴스를 시청하고 있는데 화면에 잭을 닮은 잉글리시 코커스패니얼이 등장해 주의를 끌더라고 했다. (잭은 아주 잘생긴 개다.) 이어서 화면에 내 얼굴이 나오는 것을 보고 그 개가 정말로 잭이라는 걸 알았다는 것이다. 그러다 화면에 자막으로 뜬 보도 내용으로 눈이 갔다고 했다. "은퇴한 신경과 의사 알츠하이머병 투병 중."[1] 그 순간 그 은퇴한 신경과 의사가 나라는 사실을 깨닫고 깜짝 놀라 전화를 건 것이었다.

이후 며칠에 걸쳐 우리의 사적인 이야기는 공적 이야기가 되었다. 이웃들, 얼굴은 알지만 자주 만나지는 않는 사람들, 저녁 뉴스에서 나를 본 또 다른 사람들이 전화를 걸거나 우리 집을 찾아왔다. 주로 그들이 상상한 대로 나와 우리를 기다리고 있을 암울한 미래에 대한 위로를 전하려는 것이었는데, 아직 내가 그런 상태는 아니었으므로 위로를 받기가 어색했다. 실제로 알츠하이머병 환자에 관한 이야기 대부분은 중등도나 중증 단계의 환자들에 관한 것이다. 초기 단계, 다시 말해 눈에 띄는 신경퇴행이나 인지 저하가 나타나기 전 대체로 증상이 없는 수년의 기간에 관한 이야기는 거의 없다. 그 시기에 관해 알려진 연구도 매우 적고 대중에게 알려진 바도 거의 없다. 게다가 나 같은 초기 알츠하이머병 환자에 관한 이야기, 그리고 그들이 실천하고 있으며 병의 진행을 늦추고 소중한 시간을 벌어줄 조치에 관한 이야기는 더더욱 드물다.

알츠하이머병이 우리가 바라는 미래를 앗아간다는 건 모두가 안다. 그러나 위험 요인을 알리지 않는다면, 이 병의 가장 초기 단계와 긍정적 개입의 잠재력을 알리지 않는다면 우리의 침묵은 알츠하이머병이 더 많은 것을, 어쩌면 더 많은 세월을 앗아가도록 방치하는 일과 같다.

나는 알츠하이머병을 예방하고 심지어 치료할 수 있게 될 거라고 낙관한다. 내가 살아 있을 때 실현되진 않더라도 우리 자식 세대에서는 확실히 가능할 것이다. 물론 어마어마한 노력이 필요하다. 연구에 수십억 달러 이상을 더 들여야 한다. 연구에 참여할 자원자가 수만 명, 수십만 명이 필요하다. 현재 알츠하이머병을 앓고 있는 사람, 아직 인지 장애 증상은 없지만 알츠하이머병 가족력이 있는 사람, APOE-4 유전자가 있거나 다른 위험 요인이 있는 사람 모두 연구에 참여해야 할 것이다. 또한 오랫동안 의학 연구에서 과소 대표된 인구집단, 특히 아프리카계와 라틴계 미국인이 포함되도록 연구를 확장해야 한다.[2] 모든 자원 참가자는 알츠하이머병 치료를 이끌어나가는 진정한 영웅이다.

치료와 완치를 위한 연구 지원뿐 아니라 모든 사람이 그 발전에서 혜택을 받게끔 보장하는 공공 정책을 추진할 사람들도 필요하다. 현재 뇌 아밀로이드 검사에서 양성 결과가 나온 사람에게 건강보험 적용을 거부하는 것은 불법이지만,

그 정보를 공유하면 장기 요양 보험에 가입하기가 어렵거나 불가능해지는 문제가 있다. 양성 진단 때문에 가족이 떠안게 될 문제와 사회적 낙인을 우려하는 이들도 있다. 이 모든 문제는 심각한 걱정거리이며 쉽고 빠르게 해결하기도 어렵다. 그만큼 우리를 보호하고 효과적 치료에 관한 연구를 진척시킬 공공 정책이 더욱 시급하다. 침묵은 발전을 가로막고 우리도 가로막는다.

우리는 각자 할 수 있는 일을 한다. 이는 당신이 누구인지, 당신의 삶에 알츠하이머병이 어떻게 자리하고 있는지에 따라 다를 것이다. 우리가 할 수 있는 일 한 가지는 사적 영역에 있는 이 병과의 싸움을 공적 영역으로 가져가는 것이다.

지난번에 그레그 오브라이언과 연락했을 때 그의 신체와 역량은 여러모로 쇠퇴하고 있었지만 정신은 여전히 강건했다. 그는 어느 때보다 또렷하게 자기 생각을 표현했고(아무튼 그는 저널리스트가 아닌가) 최근 《사이콜로지투데이 Psychology Today》에 실은 글의 링크를 하나 보내줬다. 얼마 전 알츠하이머병으로 세상을 떠난 그의 친구 몇 명을 간병했던 가족들에 관한 글이었다.[3] 그 글은 감상적인 에세이가 아니다. 아주 희망적인 글이며 그의 아일랜드인다운 불굴의 의지, 남겨진 배우자들의 불굴의 의지를 보여주는 증거다. 오브라이언은 알츠하이머병에 대한 인식을 높이고 행동하자고 주장하는 훌륭하고 똑 부러지는 활동가다.

나는 전문 저널리스트도 아니었기에, 의학 콘퍼런스와 저널을 넘어 세상을 향해 말하고 글을 써보자고 마음먹기까지는 꽤 시간이 걸렸다. 내가 한 걸음 용기를 낸 순간은, 망설이는 시간이 길어질수록 내 생각을 종이 위에 옮길 능력이 줄어들 거라는 생각이 들었을 때였다. 나의 알츠하이머병 투병은 개인적인 일이지만 지금 나는 무엇보다 더 큰 싸움에 전념하고 있다. 우리의 시선을 딴 데로 돌리려는 힘, 더욱 극적인 발전을 일궈낼 수 있는 과학적·의학적 잠재력을 억누르는 힘, 우리를 위협하고 침묵시키는 힘, 그럼으로써 조기 진단과 치료에 깃든 도전과 전망에 뛰어들지 못하게 막는 힘과 싸운다.

TV 인터뷰를 통해 내 이야기를 공개하겠다고 처음 결심했을 때, 이는 기본적으로 내 '싸움'을 공적으로 만들겠다는 결정이었다. 내가 주목받기 위해서가 아니라 지금 이 순간 수백만 명이 처한 상황에 대한 인식을 높이고, 대화와 행동을 촉진하기 위해 할 수 있는 모든 일을 하기 위해. 침묵은 발전을 가로막으며 우리도 가로막기 때문이다.

숲, 나무, 그리고
내가 딛고 선 땅

로이스는 아래층에서 올라오는 익숙한 바흐의 전주곡 소리를 듣고 내가 피아노를 연주하고 있다는 생각에 흐뭇해했다. 보통은 로이스가 잭과 밖으로 나간 뒤에야 연주를 시작하기 때문이다. 내가 피아노를 연주할 때면 잭은 하울링을 하거나 무릎 위로 올라오려고 하는데 불평하는 건지 듀엣으로 연주하고 싶어서 그러는 건지 모르겠다. 마침 딸 수재너가 집에 와 있었고 잭은 하울링을 하지 않았다. 로이스는 잭이 딴 데 정신이 팔린 모양이라고 생각했다. 그런데 곡을 듣다 보니 중간중간 끊어지고 부분부분 실수하는 소리가 들렸다. 로이스는 그 순간 알츠하이머병이 이런 식으로 모습을 드러내는 건가 하는 걱정이 들어 하던 일을 멈추고 나를 살펴보려 아래층으로 내려왔다. 그러고는 피아노를 연주한 사람이 내가 아니라는 걸 깨닫고 안심했다. 주인공은 플루트 연주자인 수재너였다. 수재너는 크리스마스 때 온 가족이 모인 자리에서 엘리자베스와 함께 엉터리 크리스마스 캐럴을 우스꽝스럽게 연주할 때를 빼면 피아노를 거의 치지 않는다. 그런 수재너가 악보를 뒤적이다가 재미 삼아 한번 연주해본 것이었다.

로이스는 아무렇지도 않은 표정을 유지했지만 아내도 나처럼 미묘한 변화에 신경을 곤두세우고 있다는 걸 안다. 내가 계속 독립성을 유지하는 것은 우리 두 사람 모두에게 중요하다. 로이스는 내 독립성이 나의 존재와 우리가 함께하는 삶에서 가장 중요하다는 걸 알고 있다. 나는 일을 하고 자원봉사 활동을 하며 세계를 여행했고 로이스와도 모험을 함께했다. 또한 매년 8월이면 헨리와 존과 함께 산후안 항해 원정도 떠나는데 그 계획을 세우는 일은 항상 내가 맡았다. 이 항해 여행은 우리의 전통이자 여름의 정점이다. 우리 항해자뿐 아니라 로이스에게도 그렇다. 어렵게 얻어낸 찬란한 고독을 넉넉히 누릴 시간이니 말이다.

로이스의 독립성 역시 우리 둘 다에게 똑같이 중요하다. 아리아 삽화 시기에 내가 갑자기 읽기 능력을 잃고, 의사들이 손을 쓰기 전까지 상태가 급속히 나빠지고 있을 때 로이스는 이 새로운 장애가 초래할 결과를 곧바로 직시했다. 가장 심각한 건 안전 문제였다. 안전상의 우려는 앞으로 나와 로이스의 독립성과 관련된 모든 걸 바꿔놓을 터였다. 내가 글을 읽을 수 없고 혼자 돌아다닐 수 없다면 해마다 탄자니아 봉사활동을 가거나 국제적인 약속들을 지키기가 불가능해진다. 거리 이름이나 표지판이나 상표를 읽을 수 없다면 상점에 가거나 일상적인 볼일을 보러 가는 단순한 외출도 위험천만한 일이 될 것이다. 별안간 영구적으로 읽거나 쓸 수 없게 되는 일이 일상에 끼치는 영향은 광범위하다. 친구나 가족과 소통하는 방식도, 알츠하이머병과 관련된 작업도 영향을 받는다. 강연이나 발표는 원고에 의지하지 않으면 할 수 없게 될 것이다. 우편물을 읽고 요금을 납부하고 이메일로 연락을 주고받는 일도 불가능해진다. 십자말풀이, 즐거운 독서, 자료조사, 물건 주문을 비롯한 일상생활의 여러 측면이 가로막힌다. 나는 이런 일들을 대신 해주거나 도와줄 다른 사람에게 전적으로 의존하게 될 터였다. 로이스는 혼자 상상 속에서 그 분기점을 향해 빨리 감기를 해야 했을 것이다. 내 뇌가 읽기를 처리할 수 없게 된 몇 주 동안 나는 온통 혼란에 사로잡혀 있어서 그 상황이 무엇을 의미하는지 인지하지도 못했으니 말이다. 몇 달 뒤 (감사하게도) 회복하면서 나는 다시 주의를 곤두세우고 작은 어긋남 하나가 알츠하이머병이 불러올 새로운 일상의 암시가 될 수도 있음을 되새겼다.

이는 합리적인 걱정이었다. 아리아 삽화가 닥쳐오기 전, 초기 알츠하이머병 진단을 받은 지는 꽤 되었을 때 내 몬트리올 인지평가Montreal Cognitive Assessment, MOCA 점수는 27~29점 사이를 오갔다. 만점인 30점을 받은 적은 한 번도 없었다. 임상시험 부작용으로 혼란에 빠져 있던 몇 달 동안은 점수가 20점까지 떨어졌는데 이는 치매 범위에 해당한다. 하지만 완전히 회복한 뒤 여섯 달이 지나자 점수는 다시 27점으로 올랐다. 이후로 내 MOCA 점수는 점진적으로 떨어지고 있다. 여섯 달 전 마지막으로 검사했을 때는 25점이었다. 단어 겨우 다섯 개를 듣고 5분 뒤 그중 한 단어도 기억하지 못해서 나온 점수였다. 더 광범위한 인지 검사에 따르면 나의 인지 손상은 대체로 언어기억 영역에 한정되는데 MOCA 점수는 이에 부합했다.

아직 이 정도로 검사 결과가 잘 나오는 건 천만다행이다. MOCA 검사에서는 경도 인지 장애 범위에 들어가는데, 내 뇌에서 알츠하이머병의 병변이 진행되고 있음을 감안하면 그 수준을 유지하는 것만도 다행스러운 일이다. PET 스캔에서는 타우가 포함된 신경섬유 뭉치가 뇌에서 확산 중인 게 보였다. 말들이 마구간에서 벗어나고 싶어 안달하며 발을 구르고 있다. 가능한 한 오랫동안 그 고삐를 잡기 위해 나는 인지예비능과 적극적인 생활방식 변화에 의지하고 있다.

나는 로이스에게 모든 일을 시시콜콜 이야기하지는 않고 로이스도 나를 시험해보지 않는다. 그렇다고 로이스가 알아차리지 못하는 건 아니라고 확신한다. 로이스는 집과 가족 안에서 일어나는 일이라면 무엇 하나 놓치지 않는다. 직접 보지 못한 일도 직관으로 아는 것 같다. 지난여름 일주일간 산후안 항해 여행을 다녀오고 얼마쯤 지나, 헨리가 로이스에게 지나가는 말처럼 내 항해 능력에는 아무 변화도 없다고 했다. 항해 여행이 아직 순조롭다는 건 로이스에게는 안심이 되는 일이었다.

매년 하는 몇 가지 여행을 계획하는 일은 언제나 기대된다. 첫 번째 여행은 봄에 탄자니아로 가서 병원 동료들, 그리고 그곳에서 신경외과 과장으로 계속 일하고 있는 오랜 친구 윌리엄을 만나는 일이다. 그런 다음 늦봄이나 초여름에 로이스와 일종의 모험을 계획한다. 코로나19 상황이 괜찮아진다면 올해는 오크니제도, 셰틀랜드제도, 파로제도, 아이슬란드를 탐험할 것이다. 여름에는 국제 콘퍼런스에 한두 번 참가하고 그 후 8월에 존과 헨리와 항해 여행을 떠난다. 다가오는 탄자니아 여행이 특히 기대된다. 아마 이번이 킬리만자로산 앞에서 친구들과 보내는 마지막 시간이 될 것 같다. 우리

탄자니아의 푸투 사파리에서 로이스와 친구 윌리엄 하울릿. 하울릿은 1980년대부터 아프리카에서 신경과 전문의로 일했으며 후천면역결핍증후군HIV/AIDS의 신경학적 합병증을 최초로 기술한 사람 중 한 명이다.

는 주기적으로 이메일을 주고받지만 직접 그곳에 가는 일은 무엇으로도 대신할 수 없다.

지난 20년간 거의 매년 혼자서 탄자니아에 갔지만 이제는 여행 중 돌발 상황이 생겼을 때 대처하는 능력이 예전만 하지 않다는 걸 깨달았다. 지난 여섯 달에 걸쳐 단기기억에 점점 문제가 생기고 있다는 것도 알아차렸다. 어떤 일이 있었던 게 그날인지 전날인지 지난주였는지 기억나지 않는다. 최근 내 역사의 시간 척도상에서 어떤 사건들이 어디에 위치하는지도 판단이 서지 않는다. 시간이 훨씬 더 빨리 흘러가는 것처럼 느껴진다. 오늘 한 일이나 며칠 전에 한 일도 세세하게 기억하지 못하니 시간의 흐름에 대한 감각에도 변화가 생긴 모양이다.

이번 여행을 계획하면서는 그 점을 특히 염두에 두고 있다. 운전사에게 탄자니아의 공항에 마중 나와달라고 부탁해 뒀고 혼자 길을 나서는 무모한 짓은 하지 않을 작정이다. 집으로 돌아오는 길에는 런던에 들러 며칠 머물 것이다. 원래는 당일치기 여행으로 기차를 타고 포츠머스로 가서 포츠머스해군역사공원에 전시된 18세기 영국 왕립해군 전함을 볼 계획이었다. 나는 포츠머스에는 한 번도 가본 적이 없었다. 그리고 거의 매시간 기차가 운행하기 때문에 여행하기에도 쉬울 것 같았다. 그렇지만 결국 생각을 바꿔 포츠머스에 들르는 곁다리 여행은 포기하고 사우스 켄싱턴에서 빅토리아 앨버트박물관과 자연사박물관 인근에 머물기로 했다. 길을 잃거나 방향 감각을 잃어버릴 가능성을 줄이려는 나름의 전략이었다.

여러 해를 지나며 계획 세우기 자체가 리추얼이 되었다. 내게는 일종의 도전이기도 하고 요즘은 스스로 계획을 세울 수 있다는 것만으로도 안도감을 느낀다. 이조차 못하게 될 날이 언젠가 오겠지만 아직은 때 이른 걱정 같다.

나의 인지는 알아차리기 어려울 만큼 아주 점진적으로 나빠지고 있다. 로이스와 이 문제에 관해 이야기를 나누면서 내가 말을 물 흐르듯 자연스럽게 할 수 없게 된 게 가장 두드러지는 변화라는 결론에 도달했다. 어떤 문장을 말하기 시작했다가도 그와 관련된 다른 생각이 떠오르면 샛길로 빠졌다. 그럴 때면 원래 말하던 문장은 마무리도 하지 않고 넘어갔다. 게다가 상대방이 한 말을 이해하는 능력도 조금 떨어졌다. 이건 처리 속도의 문제인 것 같다. 로이스가 나에게 무언가 말하기 시작하면 난 그 말을 이해하지 못하고 종종 다시 말해달라고 한다. 하지만 잠시 멈춰 생각하다 보면 방금 로이스가 한 말을 처리하고 이해할 수 있는 경우가 많다. 일단 주의력이 로이스에게 맞춰진 다음에는 대화를 나누는 데 아무 문제도 없다. 대화를 시작할 때만 그런 문제가 생긴다. 또한 균형감각이 조금씩 나빠지고 있는데 아직은 주로 계단에서만 문제가 생긴다. 이는 고유감각이 점점 더 나빠지고 있는 탓일 것이다.

집안에서 활용하는 전략과 요령에는 요일별 알약통 같은 단순한 물건도 포함된다. 매주 토요일 밤에 다음 주에 복용할 약을 알약통에 채워둔다. 알약통에는 7일을 오전과 오후로 나눠 칸이 14개가 있다. 이 일을 할 때는 눈앞의 과제에 집중하고 다른 생각은 하지 말아야 한다. 약을 빠트린 적이 몇 번 있었기 때문이다. 마지막에는 다시 확인하려고 수를 세어본다. 어쨌든 정신에 유익한 훈련이다. 그 밖에 이름을 기억하지 못하는 문제도 점점 심해지는데 이때 기억술에서 도움을 얻는다. 이는 어렸을 때 아버지와 실험할 때 전기회로를 만지작거리며 조정했던 일과 비슷하다. 지금은 이름을 기억하기 위한 회로를 내 뇌에 직접 연결하는 셈이지만. 예를 들어 이웃인 월트의 이름을 기억하기 위해 먼저 디즈니랜드를 생각한다. 그러면 월트 디즈니가 떠오르고 이어서 이웃 월트를 담당하는 시냅스들에 불이 들어온다. 동료 의사 실버트의 이름을 기억하려고 할 때 내 뇌는 먼저 헤이즐넛(오리건주를 대표하는 공식 견과류)을 생각한 뒤 (헤이즐넛의 다른 이름인) 필버트를 떠올리고 그러면 이어서 실버트가 생각난다. 많은 사람이 기억력을 단련하기 위해 기억술을 사용한다. 그런데 흥미롭지 않은가. 신경 처리 과정을 더 복잡하게 하는 것 같은 저런 방식이 어떻게 기억에 도움이 된다는 것일까? 나처럼 알츠하이머병에 걸린 뇌는 저런 방식 덕분에 플라크와 신경섬유 뭉치를 우회하여 필요한 회로끼리 연결할 수 있게 된다고 생각하면 이해가 쉬울 것이다. 게다가 조직적 관리에 필요한 과제 중 일부를 포스트잇과 디지털 기기에 맡기면 그렇게 아껴둔 역량을 다른 일에 쓸 수 있다는 것도 좋다.

알츠하이머병 초기에는 대부분의 사람이 자신의 인지 문제를 의식하지만 때로 그 사실을 부인하거나 받아들이지 않으려고 하는 경우도 있다. 내가 본 환자들 가운데도 그런 이들이 있었다. 그러면 질병 과정을 포착하기가 더 어려워지고 더 일찍 대책을 세울 기회를 놓치게 된다. 신경과 의사로 일하던 당시에는 중등도 단계나 후기 단계 환자가 자신의 인지 문제를 잘 모른다고 생각했지만 지금은 그렇지 않다는 생각이 든다. 확실히 후기 단계에서는 초조감과 행동 문제가 흔한데, 이런 문제들이 부분적으로는 인지적 한계에 부딪히며 느끼는 두려움과 좌절감 때문은 아닐지도 궁금하다. 몇 년 뒤 나한테 다시 물어보시길.

내가 인지에 나타나는 변화를 잘 추적하고 있는 건 맞지만 그렇다고 새로운 증상이 나타나기를 집요하게 기다리는 건 아니다. 새로운 문제를 알아차리면 주의가 그리 쏠리면서 약간은 겁을 먹게 된다. 아직은 수표장 정산을 할 수 있고 때로는 한 번 만에 성공하기도 한다. 하지만 아주 안 좋은 날도 한두 달 전에 있었다. 이날은 다섯 번이나 시도한 끝에 겨우 계산을 맞췄고 매번 그 오차의 폭도 너무 컸다. 전에 없던 일이었고 몹시 걱정스러웠다. 하지만 이런 문제들은 어느 정도 오르락내리락하는 경향이 있다. 이따금 동료의 이름이 생각나지 않으면 머릿속으로 다른 동료의 이름을 죽 떠올려보는 데 그렇게 해도 끝까지 생각나지 않을 때가 있는가 하면 또 아주 잘 기억날 때도 있다.

테크놀로지 역시 우리 같은 사람들에게 독특한 도전 거리를 던져준다. 아이들이나 손주들과 달리 디지털 네이티브가 아닌 우리 세대에게는 특히 더 그렇다. 노트북, 스마트폰, 전자책 리더기, 태블릿은 모두 예전만큼 정신이 예리하지 않은 사람들에게 (필수적이진 않더라도) 꽤 유용하지만 잦은 변화, 업데이트, 새로운 학습의 필요성 등으로 엄청난 답답함을 안기기도 한다. 우리 연령대 대부분이 스마트폰이나 태블릿이나 노트북에 의지해 달력, 메모장, 알림 설정을 사용하고 생각나지 않는 정보를 재빨리 검색한다. 하지만 익숙하게 사용하던 컴퓨터 프로그램에 변화가 생기면 도저히 어떡해야 할지 막막해진다. 파일과 북마크를 정리하는 일은 언제나 까다롭다. 나는 특히 그렇다. 전자 기기 작동법은 배우기가 꽤 까다롭다. 우리 집 스마트 TV도 작동법만 간신히 안다. 리모컨도 때로는 좀 수수께끼 같다. 로이스는 내가 전자레인지 타이머 사용법을 도무지 익히지 못한다는 점을 지적한다. 테크놀로지와 관련된 어려움에 관해서는 가족 내 젊은 구성원의 전문지식이 필요하다. 하지만 도움을 청하기가 어려울 때도 있다. 한편 기술을 다루는 어려움은 알츠하이머병으로 말미암은 문제일 수도 있지만 세대에 따른 문제일 수도 있다. 나의 경우 성인이 된 아이들과 그 배우자들이 친절하게 도와주고 조언을 해준다. 덕분에 나는 물어보는 일에 대한 자의식을 어느 정도 극복했다.

당분간 이런 문제들에 대해서는 깊이 생각하지 않기로 했다. 쇠퇴를 측정하는 데 집착하지 않기로 했기 때문이다. 이따금 운동 연구에서 사용하던 스마트폰 테스트를 해보기는 하지만 내가 느끼기로 그 테스트는 언어기억의 손상에 대해서는 별로 민감하지 않은 것 같다. 나는 여섯 달에 한 번씩은 뇌 건강 등록 프로그램의 온라인 설문지를 작성한다. 여기에는 인지 검사도 포함되지만 이번 결과가 지난번 결과와 비교해 어떤 차이가 있는지는 알 수 없다. 담당의들과도 1년에 한 번, 경우에 따라서는 1년에 두 번 만나는 공식 진료를 제외하고는 연락하지 않는다. 이렇게 정기적으로 하는 검사들에서는 계속해서 인지 측면의 결과가 놀랍도록 좋게 나온다. 그러면 나는 인지 저하 속도가 그만큼 느리다는 뜻이라고 낙관적으로 생각한다. 이 결과가 조금은 생활방식 변화 덕분이라고 생각하고 싶다. 단정할 수는 없지만 그 가능성이 매일 실천을 이어갈 동기를 불어넣는다.

인지 쇠퇴 속도가 빠르지 않기 때문에 내가 미래의 재앙을 향해 나아가고 있다는 걸 곧잘 잊는다. 미래에 대한 생각에 너무 매몰되지 않는 건 좋다고 생각한다. 로이스와 나처럼 실질적인 모든 면에서 가능한 한 최대로 잘 준비되어 있다면 말이다. 가족 전체가 평정심을 유지하기란 더 어려울 수 있다. 우리 각자가 병과 그 영향을 받아들이고 반응하는 방식이 다르기 때문이다. 우리 가족은 다 같이 모여서 내 병에 관해 깊은 대화를 나누지는 않는다. 딸 한 명은 《뉴욕타임스New York Times》에 실린 내 글을 보고서야 어떤 사실을 처음 알게 되어 놀랐다고 말했다. 아이들은 우리가 자기들을 걱정시키지 않으려고 내 증상과 병의 진행에 관해 최신 소식을 알려주지 않는다고 느낄지도 모르겠다. 우리와 아이들은 거의 매일 통화하고 자주 만나지만 일상의 모든 부침을 전부 이야기하지는 않는다. 사소한 기억 오류, 실수로 열어둔 문, 꽉 잠그지 않은 수도꼭지 같은 것. 우리는 나쁜 소식에 매달리지는 않지만 더 심각하고 걱정스러운 상황이 생기면 꼭 아이들에게 알리려고 한다. 우리의 대화는 대체로 더 활동적이고 흥미로운 삶, 직업, 가족과 가정에 중점을 둔다. 우리 부부와 마찬가지로 아이들의 가정도 때때로 찾아오는 불운에서 완전히 자유롭지는 않지만 그중 어떤 일은 언급할 가치가 있고 어떤 일은 그렇지 않다. 아이들은 각자 자기 직업 경력의 초반부를 지나고 있으며, 어린 자녀나 반려동물들을 돌보거나 집 수리도 하며 산다. 우리는 아이들이 우리를 걱정하는 걸 원치 않는다. 부모로서 자연스러운 일이다. 우리가 아이들에게 더 많은 것을 부탁해야 할 때가 올 수도 있다. 알츠하이머병이나 노화 과정을 거치면서 심리적 지원, 곁에 있어주기, 돌봄을 아이들에게 부탁하게 될 수도 있다. 그럴 때 아이들이 기꺼이 힘이 되어주리라 믿는다. 함께 해온 삶 내내 어려움이 닥칠 때마다 몸소 보여주었듯이 우리 아이들은 배려심과 회복탄력성이 강하니 말이다. 우리 가족은 모두 계획 세우기를 좋아하는 만큼 언제 어떤 일이 생길지 미리 알고 대책을 세워둘 수 있다면 마음이 편하겠지만 그건 우리 능력을 벗어난 일이다. 우리(우리 가족, 더 나아가 과학과 의학계 사람들)는 모르는 것이 많다. 구체적인 계획을 세우고 준비하기란 쉽지 않다. 비교적 고기능을 유지하는 이 초기 단계가 얼마나 오래갈지, 나중에 내가 본격적으로 보살핌을 받게 된다면 상황이 어떻게 될지 지금으로서는 아무도 모른다. 알려진 사실은 이 초기 단계가 꽤 길게 이어질 수 있다는 것, 주기적으로 발생하는 중대한 변화가 많지는 않다는 것이다. 의도적으로 비밀로 했다기보다는 알릴 내용이 그리 많지 않았다.

하루하루 살아가며 현재 순간에 주의가 머물 때 더욱 잘 지낸다고 느낀다. 나도 기분이 저조하고 평소보다 더 허둥대는 듯해 울적해지는 날이 있다. 누구에게나 그런 날이 있게 마련이다. 알츠하이머병이 삶에 들어오기 훨씬 전에도 그런 날들을 충분히 많이 겪었기에 그날 하루가 우울하다고 해서 다음날도 똑같이 우울하지 않다는 걸 잘 안다. 알츠하이머병에 걸린 뒤로도 힘든 날을 버텨내고 결국 기분이 나아지곤 했다는 사실을 거듭 되새겼다. 인지 향상을 위한 식물 유래 화합물의 용량 연구를 위해 연구센터에 갔던 날, 아침에 기분이 엉망이었다. 그럴 만한 요인을 꼽아보았다. 12시간 동안 금식했고 사흘째 카페인을 전혀 섭취하지 않았으며 기상 시간의 리듬이 깨졌다. 이어서 좋은 면에 대해서도 생각해봤다. 몇 시간 동안 초고를 편집했고 《제5도살장Slaughterhouse-Five》을 40쪽 정도 읽었다. 얼마 전 나는 앞으로도 기분이 주기적으로 오르락내리락할 것임을 깨달은 터였고, 지금까지는 기분이 밑으로 가라앉기만 한 적은 한 번도 없었다.

신경심리학자들은 인지 손상이 생긴 환자의 뇌에서 정확히 어느 부위에 문제가 있는지 알아내기 위해 광범위한 인지 검사를 실시했다. 이 검사는 1시간 넘게 걸릴 수도 있어서 선별 검사screening test(특정 질병이 있는지 없는지 판별하는 검사-옮긴이)로 쓰기에는 적합하지 않다. 신경과에서는 선별 검사를 통해 환자에게 인지 장애가 있는지 없는지 대략적으로 파악하는데, 종류가 최소한 세 가지가 있으며 비교적 짧은 검사로도 뇌의 어디에 문제가 생겼는지 단서를 얻을 수 있다. 검사들 모두 30점이 만점이며 일반적으로 26점 미만은 비정상으로 판단한다.

내가 처음으로 치매 환자를 보기 시작한 1989년에는 이런 검사들이 널리 사용되지 않았다. 그래서 대다수 의사가 자신만의 선별 질문을 만들어 사용했다. "오늘 날짜를 말씀해주세요." "여기는 뭐 하는 곳일까요?" "지금 몇 시인가요?" "이전 대통령 다섯 명의 이름을 말해주세요." 나는 단어 세 개를 말해주며 기억하라고 하고 5분 후에 단어들이 뭐였는지 물었다. 복잡한 도형을 따라 그리게 하기도 했다. 질문들은 표준화되어 있지 않았고 결과를 해석하기도 쉽지 않았다.

널리 쓰이는 선별 검사로 가장 먼저 나온 것은 MMSE였다. 1975년에 처음 발표됐지만 저작권 보호 대상이었다. 그렇지만 1990년 중반이 되자 의사 대부분이 그 검사를 사용하게 됐다. 주된 이유는 어느 대형 제약사가 증정품으로 검사키트를 나눠줬기 때문이다. 괜찮은 선별 검사였지만 변별력이 낮다는 비판을 받았다. 26점 이상을 받기가 상당히 쉬웠고 초기 치매는 잘 잡아내지 못하는 것 같았다.

신경과 의사로 일하던 후기에는 세인트루이스대학교 정신상태 검사 St. Louis University Mental Status Test, SLUMS와 MOCA라는 새로 나온 두 가지 검사를 사용했다. 둘 모두 MMSE보다는 변별력이 더 높다고 생각한다. 난 특히 MOCA를 좋아한다. 기억해야 하는 단어와 숫자, 이름을 대야 하는 동물이 서로 다르게 조합된 세 가지 버전이 있어서 학습효과를 최소화하는 데 도움이 되기 때문이다. 같은 검사를 반복적으로 받다 보면 실험참가자, 특히 인지 문제가 경미한 이들은 답을 외우게 되니 말이다. 나는 MMSE를 받으면 아직도 거의 항상 30점 만점을 받는데 이는 약 15년 전에 의사로 일하며 매일 그 검사를 실시한 탓에 답을 다 알고 있기 때문이다. MOCA 점수를 보면 처음 주기적으로 검사를 받기 시작한 2015년에는 29점을 받았지만 여섯 달 전에 마지막으로 한 검사에서는 25점까지 떨어졌다. 신경과 주치의가 세 버전을 돌려가며 사용하기 때문에 내가 지난번 답을 기억했다가 다음에도 맞히는 일은 없다.

MOCA는 시각-공간 처리에 관한 세 가지 검사로 시작한다. 선 잇기 검사에서는 열 개의 작은 동그라미를 1에서 시작해 A, 그다음 2, 그다음에는 B…… 하는 식의 올바른 순서대로 연결해야 한다. 그런 다음 복잡한 도형을 따라 그려야 한다. 이어서 시계를 그려 숫자를 써넣고, 제시된 시간에 맞춰 시곗바늘을 그려 넣어야 한다. 다음에는 세 가지 동물 그림을 보고 무슨 동물인지 맞혀야 한다. 그런 다음 단어 다섯 개를 기억하게 하면서 기억력을 검사한다. 검사자가 단어들을 말해주고 5분 뒤 다시 그 단어들을 말해보라고 한다.

주의력 검사에서는 숫자 다섯 개를 불러준 다음 차례로 읊어보기, 숫자 세 개를 역순으로 읊기, 큰 숫자에서 어떤 숫자를 연속으로 빼기, 문자를 무작위로 불러주면서 특정 문자가 들릴 때 탁자를 손가락으로 두드리기 등을 실시한다. 언어 능력 검사에서는 꽤 복잡한 문장 두 개를 따라 말해야 한다. 단어 사이의 추상적 관계를 이해하는 능력을 알아보는 짧은 검사도 있다. 마지막으로 지남력orientation(시간, 장소, 자기가 처한 상황이나 환경을 정확히 인식하는 능력-옮긴이)을 검사하는데 이는 MMSE와 꽤 비슷하다.

물론 이 검사를 내가 나에게 직접 실시할 수는 없다. 질문지에 답이 포함되어 있기 때문이다. 온라인으로 할 수 있는 인지 검사도 있다. 나도 임상시험 과정에서 했던 새로운 검사 하나를 포함해 몇 가지 온라인 검사를 받아봤다. 그러나 이 가운데 언어기억 결손에 꽤 치우친 내 상태를 예리하게 파악해낸 검사는 없었다.

인지 손상을 세부적으로 파악하고자 하는 이 검사들의 반대쪽 극단에는 진 코언Gene Cohen 박사가 제시한 더 단순하고 서술적인 접근법이 있다. 그는 알츠하이머병 환자들을 오래도록 집중적으로 치료해온 노인정신의학의 저명한 선구자다. 알츠하이머병의 각 단계에 따라 정신의 명료성에 어떤 변화가 일어나는지 묻자 코언 박사는 이런 비유를 들었다.

"건강한 사람은 명료한 정신 덕분에 숲을 봅니다. 알츠하이머병 경도 단계에서는 더 이상 숲을 보지 못하고 나무만 몇 그루 보지요. 알츠하이머병 중등도 단계가 되면 나무도 볼 수 없고 가지만 몇 개 보입니다. 중증 단계에 이르면 가지도 보지 못하고 모든 게 흐릿하게만 보입니다."[1]

이 척도로 보자면 알츠하이머병 여정의 현 시점에 나는 아직 숲을 볼 수 있는 날이 대부분이고 나무들은 항상 볼 수 있다는 점에 안도감을 느끼지만, 어쩌면 내게 그보다 더 중요한 것은 내 발밑의 땅에 주의를 집중할 수 있고 삶에 온전히 깨어 있다고 느낀다는 점일 것이다.

이 책을 쓰고 있을 때, 몇 개의 문단을 만지작거리던 몇 주 사이에 코로나19 팬데믹이 닥쳐왔다. 2020년 초봄의 여행 계획이 취소됐고 당분간 모든 사람의 모든 해외여행이 중단됐다. 언젠가 여행 제한이 완화되더라도 앞으로 1년쯤 뒤에 내가 해외여행에 따르는 힘겨움을 감당할 수 있는 상태일지 확신이 서지 않았다. 그러니 내게 리추얼처럼 자리 잡은 여행이 별안간 완전히 끝나버린 것일 수도 있었다. 전문 콘퍼런스는 모두 온라인 플랫폼으로 옮겨갔고 사람들이 실제로 모이는 일은 없어졌다. 주변에서 매일같이 훨씬 더 끔찍한 일들이 벌어졌다. 내가 개인적으로 겪는 고난이, 격리 조치에 따라 여행지와 거주 지역에서 돌아다니지 못하는 정도라는 사실에 감사할 따름이다. 하루는 친구 한 명과 팬데믹이 도처에서 급속히 확산하는 상황과 코로나바이러스가 얼마나 갑작스레 덮쳐와 목숨을 앗아가는지에 관해 이야기를 나누었다. 죽음은 예상치 못하게 닥쳐왔다. 나는 알츠하이머병의 예측 가능성과 종국에 찾아올 최종 단계에 관해 말하는 데 익숙해져 있었고, 이것이 운명임을 인정하면서 우리 가족은 그런 운명을 피하기를 바란다고 말해왔다. "다른 병이 먼저 데려가지 않는다면 알츠하이머병이 나를 죽일 텐데, 차라리 다른 병이 날 데려갔으면 해." 나는 종종 아무렇지도 않게 이런 말을 했었는데 친구는 그 말을 상기시키며 지금 팬데믹 상황에서 그 말이 어떤 의미인지 짚어주었다.

"소망을 말할 때는 신중해야 해."

내 말에 담긴 아이러니에 그제야 퍼뜩 눈이 뜨였다. 내가 말한 알츠하이머병의 장기적 예후, 다시 말해 일정 기간 정신과 육체의 기능이 급격히 쇠퇴하다가 통계적으로 예측할 수 있는 죽음을 맞이한다는 예후는 시간이라는 사치를 당연한 것으로 전제했다. 그러나 팬데믹은 우리 모두에게 이 전제를 다시 생각해보게 했다. 나 역시 코로나바이러스를 막아내기 위해 가능한 모든 조치를 했고, 우리 가족과 다른 사람들의 안전을 위해, 나 자신의 안전을 위해 극도로 조심스럽게 행동했다. 난 사실 떠날 준비가 되어 있지 않다. 가장 중요한 건 타이밍이다. 그리고 삶이란 참 좋은 것이다.

알류샨 열도 앞바다에서 만난 해달

알츠하이머병이라 불리는 병의 실체를 다시 생각하다

경력 초기에 연구직에서 물러나 임상 신경의학에 전념하기로 마음먹은 가장 큰 이유는 환자와 직접 만나고 함께 일하는 게 정말 좋아서였다. 최첨단 의학을 적용하고 그 방법이 환자의 삶에 일으키는 변화를 볼 수 있다는 점이 참 좋았다. 의대 시절 누군가가 자기 아버지는 신경과 의사였는데 환자들을 보다가 의기소침해져서 연구로 분야를 옮겼다는 이야기를 들려줬다. 신경과 분야에서 수많은 환자에게 해줄 수 있는 일이 너무 없었으니 그럴 만도 하다. 1980년대 정도까지는 정말로 그랬다. 그러나 내가 의사로 일하기 시작한 무렵에는 사정이 많이 달라졌다. 연구가 발전하면서 몇몇 신경

질환을 극적으로 호전시키는 약들이 나왔다. 신경과 의사로 일하기가 특히 신나던 시기였다. 편두통과 다발성경화증 치료법이 발전했고 수많은 환자의 삶이 바뀌었다. 그러나 치매는 안타깝게도 그런 과학적 성공담에 끼지 못했다. 그때까지는 그랬다. 치매 약은 타임캡슐과 비슷했다. 알츠하이머 박사가 거의 100년 전에 그 병을 처음으로 식별한 뒤로 유의미한 변화가 거의 없었다는 얘기다.

도네페질(아리셉트) 같은 아세틸콜린acetylcholine 분해효소 억제제가 등장하기 전까지, 의학계에서 쓰는 표현으로 말하자면 치매에 대한 내 관점은 확실히 '병합파'였다. 그러니까 알츠하이머병과 전두측두엽 치매, 루이소체 치매, 파킨슨병 치매, 혈관성 치매를 굳이 구별하지 않았다는 뜻이다. 이 여러 치매 유형 중 그 어떤 것도 치료약이 없었다. 의사들이 아는 건 환자 대부분이 기억을 완전히 잃어버리는 단계까지 진행할 것이고 타인에게 일상활동을 완전히 의지하게 되며, 의사가 아무리 노력해도 8~10년이 지나면 죽음을 맞이한다는 것뿐이었다. 이 병의 가차 없는 진행을 늦추기 위해 할 수 있는 일이 하나도 없어 너무나 막막했다.

1996년에 도네페질을 쓸 수 있게 된 것은 나를 포함해 이 분야 의사 모두에게 진정한 전환점이었다. 우리가 치매 및 약물 치료의 잠재적 이점을 바라보는 시각을 그 약이 바꿔놨기 때문이다. 1993년에 다른 아세틸콜린 분해효소 억제제(타크린tacrine)도 승인을 받았지만 간에 대한 독성이 너무 강해 거의 사용되지 않았다. 도네페질과 이후에 나온 유사한 두 가지 약(리바스티그민rivastigmine, 갈란타민galantamine)은 훨씬 더 안전했다. 이 약물들은 알츠하이머병에서 손상되는 뇌의 기억 회로에서 아세틸콜린이라는 신경전달물질의 농도를 높여준다. 나는 알츠하이머병 환자들에게 도네페질을 쓰기 시작했는데 특히 경도와 중등도 기억 장애가 있는 환자들에게 도움이 되었고, 극적으로 개선되는 사례도 있었다. 물론 약에 전혀 반응이 없거나 위경련, 설사 같은 대표적인 위장 부작용을 견디지 못하는 이들도 있었다. 세 가지 약 가운데 어느 약을 다른 약들보다 더 잘 견디는 환자들도 있었지만 세 약 모두 효과는 엇비슷했다. 다음으로 나온 메만틴memantine(나멘다Namenda)은 2003년에 승인되었다. 이 약은 흥분성 신경전달물질인 글루탐산glutamate의 NMDA 수용체 N-methyl-D-aspartate receptor(뇌의 흥분성 시냅스에서 작동하는 글루타메이트 수용체로 학습과 기억, 시냅스 가소성에 중요한 역할을 한다-옮긴이)를 차단하여 앞의 약들과는 다른 뇌 경로에 작용한다. 이 약이 어떻게 알츠하이머병 증상을 개선하는지는 분명하지 않지만 특히 다른 약들과 조합해 복용하면 괜찮은 효과를 낸다.

중요한 점은 이 약들이 알츠하이머병을 '낫게' 하는 약은 아니라는 것이다. 효과가 가장 좋은 경우에도 기억력 및 기타 인지 능력이 1~2년 전과 비슷한 수준으로 개선되는 정도다. 결국 신경세포를 죽이게 되는 플라크나 신경섬유 뭉치의 확산을 막는 효과는 전혀 없다. 인지는 계속 나빠지지만 좀 더 개선된 수준에서 그 과정이 일어나므로 시간을 벌어주는 셈이다.

알츠하이머병의 증상에 대한 효과적인 치료제(원인을 해결하는 건 아니라도)가 등장하면서 치매의 구체적 유형을 정확하게 진단할 필요성이 부각됐다. 그전까지 나는 병합파로서 모든 치매를 똑같이 다뤘다. 모든 치매를 전혀 치료하지 않았다는 뜻이기도 하다. 치료법이 전혀 없었기 때문이다. 도네페질, 리바스티그민, 갈란타민, 메만틴은 알츠하이머병에 대해서는 부분적으로 효과가 있었다. 앞의 세 약은 루이소체 치매와 파킨슨병 치매에서도 인지 기능을 개선했다. 하지만 혈관성 치매에는 아무 효과가 없고 전두측두엽 치매는 오히려 증상이 악화할 수도 있다.

이후 신경과 의사 대다수가 그랬듯이 나도 진료실에 오는 환자 한 사람 한 사람에게서 증상이 나타나는 방식을 기반으로 치매의 유형을 구별해야 했다. CT와 MRI 스캔은 뇌종양, 경막하 혈종subdural hematoma, 정상압수두증normal-pressure hydrocephalus 등 치매와 증상이 유사한 병을 걸러내는 데 도움이 됐지만 알츠하이머병의 생체표지자를 찾는 데 PET 스캔과 요추천자spinal tap를 활용하는 기술은 비교적 최근에 와서야 등장했다. 일반적으로 알츠하이머병은 기억 문제가 첫 증상으로 나타나면서 시작된다. 루이소체 치매의 전형적 특징은 인지 손상이 시작되기 훨씬 전부터 환각이 보인다는 점이다. 나중에는 파킨슨병과 유사한 증상이 나타날 수도 있다. 파킨슨병의 증상으로 치매가 나타나는 경우는 명확히 구별되는데 이 병의 특징인 떨림, 근육 강직, 보행장애가 인지 손상보다 먼저 나타나기 때문이다. 전두측두엽 치매는 대체로 명백한 인지 손상 전에 행동 문제가 나타나면서 시작되며 비교적 이른 나이에 발병하는 특징이 있다. 혈관성 치매는 위에서 말한 모든 유형의 치매와 모습이 유사해서 증상과 징후만을 기준으로 구별하기 어렵다. 게다가 한 사람에게 두 유형 이상의 치매가 동시에 나타나는 경우도 많다. 모든 치매를 하나로 뭉뚱그리던 병합파였던 나는 이제 세분파가 되어야 했고 그 후로 치매의 유형을 정확히 진단하기 위해 최선을 다했다.

가끔 명확한 인지 손상의 징후는 없고 다른 신경학적 문제가 있어 찾아왔다가 결국 알츠하이머병으로 밝혀지는 환자들도 있다. 이런 경우도 진단에 혼선이 생긴다. 기억 속 70대 후반의 한 여성 환자는 주의력 결핍과 혼돈에 빠지는 상태가 나타나기 시작했는데 이런 증상은 복합 부분 발작 complex partial seizure, 곧 측두엽이나 전두엽에서 일어나는 국소성 뇌전증을 암시했다. 중년 이후에 발병하는 발작의 가장 흔한 원인은 뇌졸중이지만 MRI 결과는 나이에 비해 정상으로 보였다. 뇌졸중이나 종양 등 발작의 원인이 되는 다른 국소성 병변도 전혀 없었다. 처음 발병한 뇌전증에서는 정상적인 MRI 소견도 드문 일은 아니며 다행스러운 일이기도 하다. 뇌전도 검사에서는 왼쪽 측두엽에서 간헐적으로 비정상적 전기 활동이 포착됐고 이는 복합 부분 발작이리라는 내 추측을 확인해주는 것 같았다. 환자는 저용량의 항뇌전증약에 잘 반응했으나 발작이 완전히 멈추지는 않았다. 그런데 약 1년 뒤, 환자에게 인지 손상 증상이 나타나기 시작했고 몇 년 후에는 이 인지 손상이 알츠하이머병 때문에 생겼음이 분명해졌다. 알츠하이머병 환자는 치매가 없는 같은 연령대 사람에 비해 발작이 일어날 가능성이 일곱 배다.[1] 발작은 알츠하이머병의 후기 단계에 뇌 퇴화와 손상된 뇌 조직에 생긴 흉터 때문에 발생할 수도 있지만 눈에 띄는 인지 손상이 나타나지 않은 초기 단계에도 일어날 수 있다. 또한 인지 손상이 일찍 시작되는 사람에게 더 흔하며, 특히 유전적 원인 때문에 알츠하이머병에 걸린 환자에게 더 흔하다.[2]

또 다른 60대 여성 환자는 시력 문제로 안과를 찾았다가 신경학적 원인 때문이라는 안과 의사의 판단으로 내게 왔다. 신경학적 검사 결과는 거의 정상이었으나 단 하나, 동측 반맹homonymous hemianopsia(반맹이란 시신경 손상으로 시야의 반 정도가 결손되어 보이지 않는 것이며, 그중 동측반맹이란 두 눈의 같은 쪽이 결손된 것이다-옮긴이)이라는 문제가 있었다. 곧 양쪽 눈 모두 오른쪽 시야의 시력이 손상되어 있었다. 이는 후두엽이나 두정엽의 시각 영역에 뇌졸중이나 종양이 있을 때 나타나는 전형적인 증상이지만 환자의 MRI 결과는 정상이었다. 나는 어리둥절했다. 여섯 달 뒤 그 환자를 다시 봤을 때 이제는 좌우 시야 모두 손상되어 있었고 경미한 인지 손상도 보이기 시작했다. MRI 스캔을 다시 해보니 뇌졸중이나 종양은 여전히 보이지 않았지만 후두엽과 두정엽이 약간 위축돼 있었다. 나는 환자를 치매 전문의에게 보냈고 그가 환자에게 후두피질위축증posterior cortical atrophy이 있음을 확인해줬다. 후두피질위축증은 알츠하이머병 특유의 아밀로이드 플라크와 신경섬유뭉치 병변이 전두엽과 측두엽이 아니라 뇌의 뒤쪽 부분에서 제일 먼저 나타나는, 알츠하이머병의 드문 변이형이다. 이 병은 대체로 알츠하이머병보다 더 일찍, 주로 50대나 60대에 발병한다.[3] 이 환자는 내가 만난 유일한 후두피질위축증 환자였다.

앞에서 살펴봤듯이 후각 손상은 알츠하이머병의 매우

초기에 일어난다. 알츠하이머병이 있는 사람은 대체로 냄새 맡는 능력을 어느 정도 상실하지만 대부분 그 사실을 인지하지 못한다. 나는 인지 손상의 신호가 나타나기 시작한 시점보다 최소한 6~7년 전에 후각 손상을 인지했다. 나 역시 기이한 환후각증, 그러니까 존재하지 않는 냄새의 환각을 경험하지 않았다면 후각 손상을 눈치채지 못했을 것이다. 의사로 일했던 마지막 해에 본 어느 60대 초반 남자 환자는 실제 후각적 자극이 존재하지 않는데도 불현듯 냄새를 지각하는 증상이 있었다. 항상 같은 냄새였고 불쾌하지도 않았다. 냄새는 짧게 지속됐는데 나는 이것이 환후각증보다 후각 발작에 더 부합한다고 생각했다. 또한 이 환자는 인지 손상 증상이 전혀 없었고 인지 검사 결과도 정상이었다. 뇌 MRI 역시 정상이었다. 후각 검사에서는 아주 작은 손상만 감지됐다. 뇌전도는 측두엽에서 비정상적으로 예리한 뇌파를 감지했다. 이는 발작과 관련될 수도 있지만 명백한 발작 증상이 없는 알츠하이머병 환자에게도 나타날 수 있는 비특정적인 결과였다. 나는 그 환자에게 항뇌전증약을 처방했지만 별안간 느껴지는 냄새의 빈도나 지속시간에 아무런 개선이 없었다. 이 환자는 여섯 달 뒤부터 현저한 인지 손상을 보이기 시작했고 알츠하이머병 초기 단계임이 거의 확실해졌다. 내가 알기로 환후각증과 알츠하이머병의 연관성이 보고된 적은 없었다. 그러나 2019년에 《JAMA 신경학》 저널에 내 환후각증 이야기를 포함한 글을 발표한 뒤로, 알츠하이머병이 있거나 발병 위험군에 속하는 사람 네 명이 이메일로 자신도 그 현상을 경험했다고 알려줬다.

알츠하이머병은 아밀로이드 플라크와 타우를 포함한 신경섬유 뭉치라는 구체적인 신경병리적 소견과 여러 증상을 기준으로 진단한다. 그런데 오늘날에는 이 질환이 어쩌면 단일한 병이 아니라 증후군(서로 다른 유전적·해부학적·생화학적 연관성이 있으며 치료법도 각기 다른 개별적 질병의 묶음)일지도 모른다는 가능성을 탐색하는 중이다. 예를 들어 APOE-4 유전자 때문에 생긴 알츠하이머병과 그 유전자가 없는 알츠하이머병 사이에는 몇 가지 미묘한(어쩌면 그리 미묘하지 않은) 차이점이 있다. APOE-4 보유자는 항아밀로이드 약물 임상시험 중에 아리아가 발생할 확률이 더 높으며[4], 아리아 발생이 오히려 약물의 효과가 더 증진되는 것과 관련이 있다는 의견도 제시됐다.[5] 최근 또 다른 연구는 APOE-4 유전자가 아밀로이드와는 무관하게 뇌 속 미토콘드리아 mitochondria에 해로운 영향을 끼쳐 뉴런의 위축과 소실을 초래한다는 사실을 밝혔다.[6] 그런가 하면 프리세닐린-1 presenilin-1, PSEN-1 유전자 돌연변이가 있는 한 콜롬비아 여성의 매우 특별한 사례도 있다. 이 돌연변이는 조발성 알츠하이머병과 50세 이전의 조기 사망의 원인이다. 그런데 이 여성은 PET를 통해 보니 뇌에 아밀로이드증amyloidosis이 넓게 퍼져 있었음에도 77세까지 살았고 인지 손상도 아주 가벼운 수준이었다. 그 이유는 매우 드물게 나타나는 APOE-3 크라이스트처치APOE-3 Christchurch 돌연변이 한 쌍을 갖고 있었기 때문인데, 이 유전자 조합이 아밀로이드의 영향에서 여성을 보호해준 것으로 보인다.[7]

이런 사례들에서 보듯이 알츠하이머병을 비롯한 신경퇴행성 질환의 발생에 영향을 주는 유전자, 생활방식 등 여러 요인의 상호작용에 관해 우리가 아직 모르는 사실이 정말 많다. 30년 전에 모든 치매가 다 비슷하다고 여겼던 것처럼, 현재 우리 대부분은 알츠하이머병이 단일한 질병이라고 가정하는 병합파다. 이 때문에 잠재적 질병 수정 약물(충분히 일찍 복용하기 시작한다면 병의 진행을 늦추거나 치료할 수 있는 약물, 아직 증상이 발현되지 않았지만 발병 위험이 있는 사람에게 병을 예방해주는 약물)의 임상시험이 실망스러운 결과를 내는 것일지도 모른다. 항아밀로이드 약물의 초기 임상시험에서는 시험참가자 집단에 알츠하이머병 외에 다른 유형의 치매 환자가 섞여 있었을 것이며, 따라서 알츠하이머병의 병리에 대한 그 약물의 잠재적 효과를 증명하기가 더 어려워졌을 것이다. 현재는 알츠하이머병 약물에 대한 임상시험을 할 때 아밀로이드 PET 스캔을 활용해 모든 시험참가자가 알츠하이머병의 병변이 있음을 확인해야 한다. 이는 임상시험의 성공 확률을 높이지만 더 복잡하게 만들 수도 있다. 참가자 모두 아밀로이드 PET 스캔에서 양성 결과가 나와 임상적으로 '알츠하이머병' 진단에 해당한다고 하더라도, APOE-4 보유자는 질병 수정 약물에 대해 비보유자와 다른 반응을 나타낸다는 증거들이 있다. APOE-4 보유자와 비보유자의 차이는 무엇일까? 그들은 정말 같은 병에 걸린 것일까? 사실 우리도 알지 못한다. 우리가 줄곧 알츠하이머병이라고 불렀던 이 질병의 원인이 되는 또 다른 유전적·생화학적 변이가 분명히 존재할 것이며, 각 원인에 따라 정확히 표적화된 방법으로 치료해야 한다. 아직 알아낼 것이 많다.

모든 신경퇴행성 질환이 그렇다. 신시내티대학교 신경학과 교수인 알베르토 에스페이Alberto Espay와 파킨슨병 환자 권익활동가인 벤저민 스테처Benjamin Stecher는 공저 《뇌 질환에 관한 오해Brain Fables》에서 이렇게 주장했다.

'파킨슨병'과 '알츠하이머병'은 대처하기에는 너무 광범위하다. 생물학적으로 말해서 두 병은 허구적 개념이다. 비록 '같은 병'으로 진단받았다고 해도 개인마다 정상적 노화가 비정상적 노화로 방향을 트는 경로는 제각각이다. 이 병들을 정복하기 위해서는 바로 그 다양한 경로를 연구하는 데서 시작해야 한다. '파킨슨병'이든 '알츠하이머병'이든 다른 어떤 인위적 병명이든 우리는 작지만 달성 가능한 목표에 초점을 맞춰야 한다.[8]

현재 알츠하이머병 연구가 찾는 성배는 기저의 질병 과정을 멈추는 치료법, 곧 질병 수정 개입이다. 지금까지 무엇도 임상시험에서 효과를 증명하지 못했지만(잠재적 예외가 하나 있긴 하다) 이 병이 진행되는 동안 뇌에서 일어나는 일에 관한 이해에는 큰 진전이 있었고, 몇 가지 개입 방법에 관한 연구가 적극적으로 추진되고 있다. 지금까지 여러 임상시험이 실패한 이유 중 하나는 사람에게 심각한 기억 문제가 나타날 즈음에는 이미 손상들이 되돌릴 수 없는 상태이기 때문이다. 그래서 좀 더 최근의 임상시험은 알츠하이머병 초기 단계나 아직 인지 손상이 전혀 없는 단계에 있는 사람을 치료하는 일에 초점을 맞추지만 예상할 수 있듯이 이런 사람을 식별해 참가자로 모집하기란 쉬운 일이 아니다. 증상 발현 이전(인지 손상이 시작되기 10~20년 전)의 알츠하이머병에 주목하는 변화 자체에 대해서도 논쟁이 있다. 우선 뇌 아밀로이드 검사에서 양성이 나온 사람이 모두 알츠하이머병에 걸리는 것은 아니다. 양성 아밀로이드 결과를 받았지만 나이에 비해 인지 기능이 정상인 노인도 있다.[9] 뇌에 아밀로이드가 있다고 해서 죽기 전에 반드시 알츠하이머병이 발병하는 것도 아니다. 다만 이처럼 인지 손상이 시작되기 전에 생체표지자를 찾는 전임상 진단의 정확성 문제는 생체표지자를 둘 이상(예를 들어 아밀로이드 PET와 타우 PET 스캔을 모두 다) 사용함으로써 개선될 수도 있고, 아직 발견되지 않은 무언가에 의해 개선될 수도 있다. 아밀로이드 베타와 타우 둘 다에 대한 혈액 검사도 곧 등장할 조짐이 보인다. 이런 검사를 사용할 수 있게 되면 알츠하이머병의 조기 진단도 훨씬 쉬워질 것이다.[10]

또한 한 가지 약물 유형이 알츠하이머병의 모든 하위유형에 다 효과를 내는 건 아닐 수도 있다. APOE-4 보유자인지 비보유자인지에 따라, 또 다른 유전적 위험성이 있는지 없는지에 따라 서로 다른 접근법이 필요할 수도 있다. 복잡한 일이지만 그 복잡성을 이해하면 새로운 잠재적 치료법 연구에 바탕이 되는 정보를 얻을 것이다. 치료법이 나올 때까지, 알츠하이머병 위험군에 속하는 우리는 개인 차원에서 병의 진행 속도를 늦춘다고 밝혀진 생활방식의 변화를 적극적으로 실천할 필요가 있다.

의미 있는
결과

알츠하이머병 하면 기억상실이 가장 먼저 떠오르지만, 은근슬쩍 파고들어 잘 드러나지 않는 무감정이라는 증상도 있다. 이는 일반적인 무관심이나 무심한 태도와 달리 눈앞의 상황에 대해 좀 더 잘 이해한다고 해서 바뀔 수 있는 게 아니다. 알츠하이머병은 뇌의 실행 기능을 손상시켜 계획을 세우고 실행할 의욕과 능력을 앗아가기 때문에 알츠하이머병 환자의 무감정은 생물학적인 원인에 따른 것이자 이 병에 내재한 속성이다. 마치 뇌에 배려와 공감이라는 장비 세트가 있는데도 쓸 수 없게 된 것 같은 상황이다. 장비를 조립할 뇌의 해부학적 구조물과 메커니즘이 훼손됐기 때문이다. 무감정은 알츠하이머병 환자들에게 가장 흔히 나타나는 신경정신의학적 증상이다. 기존 연구 25건의 결과를 대상으로 최근에 실시한 메타분석 연구에 따르면 알츠하이머병 환자에게 무감정 증상이 나타나는 비율은 19~88퍼센트였다. 꽤 범위가 넓다. 전체 중위값은 49퍼센트다. 무감정이 전체 알츠하이머병 환자 중 적어도 절반에게 임상적 문제라는 뜻이다.[1]

무감정 문제는 알츠하이머병의 심리적 피해를 더욱 키운다. 이 피해에는 엄청난 무력감과 절망감을 느낄 간병인의 심리적 고통도 포함된다. 앞의 메타분석에서 연구진이 지적하듯이 무감정 증상의 비율 범위가 넓은 이유는 알츠하이머병의 중증 단계에서 나타나는 여러 차이 때문이기도 하지만 무감정 자체를 식별할 변별력 있는 도구가 없기 때문이기도 하다. 다시 말해 알츠하이머병 환자와 가족, 간병인에게 큰 영향을 끼치는 이 흔한 증상에 관해 아직 연구가 부족하다는 뜻이다.

다 포기하고 이렇게 말하고 싶은 마음이 든다. "내가 할 수 있는 건 없어. 희망이 없는데 뭐하러 굳이 애를 써야 하지?" 나는 항상 무감정에 맞서 싸워왔고 이 싸움의 가치를 알고 있다. 스스로 나서서 필요한 행동을 할 때, 병이 아니라 내가 상황을 장악한다고 느낄 때 기분이 훨씬 좋다. 하지만 아무리 초기 단계라고 해도 알츠하이머병이 있는 한 자기 뇌를 천천히 파괴하는 이 병에 맞서 주도권을 쥔다는 생각을 하는 것 자체가 만만찮은 일이다.

절실히 필요한 연구 자금은 물론, 의학계와 의료계와 공동체의 진취적 노력에까지 막대한 영향을 미치는 '사회적 차원의 무감정' 역시 문제다. 이 병은 오늘날 600만 명에 달하는 미국인에게 영향을 미치며 2050년이 되면 그 수가 두 배로 늘어날 것으로 추정되고, 전 세계적으로는 훨씬 더 많은 사람을 위협하고 있다. 우리는 하나의 공동체로서 이 병을 어떻게 해결해야 할까?

개인 차원에서도 집단 차원에서도 무감정에 맞서 싸우기 위한 의미 있는 방법이 있다. 그 방법을 소개한다.

나의 일로 받아들이자. 먼저 알츠하이머병에 걸렸거나 걸릴 위험성이 높다면 이 병의 진행을 늦춘다고 증명된 생활방식의 변화를 실천하자. 매일 유산소 운동 하기, 지중해식 식단이나 마인드 식단처럼 심장 건강에 좋은 식생활 하기, 지적·사회적 활동을 적극적으로 유지하기, 충분한 수면으로 피로 풀기 등이 포함된다. 더 미루지 말자. 생활방식의 변화는 인지 증상이 나타나기 전 가장 초기 단계에, 발병 위험성이 높은 경우 마흔 살 정도부터 시작하는 것이 가장 효과적이다. 부모나 연로한 친척 등 발병 위험성이 높은 주변 사람이 걱정스러운 행동을 보인다면 당신이 나서서 병원에 방문하도록 적극적으로 권유하고, 의사에게 혹시 증상이 다른 원인 때문인지 확인받고, 문제의 실제 원인에 초점을 맞춰 대책을 세워야 한다.

알츠하이머병에 관해 공부하자. 미국의 알츠하이머병협회에서는 환자와 가족, 의료서비스 제공자에게 필요한 정보와 지원, 24시간 콜센터 등의 프로그램을 제공한다.* 또한 이곳에서는 전 세계 비정부 단체 중에서 치매 연구에 가장 많은 자금을 지원한다. 영국의 알츠하이머병협회Alzheimer's Society도 비슷한 서비스를 제공한다.**

연구에 자원하여 참가하자. 신경과 의사이자 전직 연구과학자로서 나는 효과적인 질병 수정 약물이 우리 세대는 아니라도 우리 자녀 세대에서는 발견되어 활용될 거라고 확신한다. 언젠가는 더 많이 진행된 알츠하이머병을 치료할 방법도 찾아낼 것이다. 물론 죽었거나 죽어가는 신경세포를 재생하거나 대체하는 방법을 알아내는 것은 긴 세월이 걸릴 수도 있는 어려운 도전이다. 알츠하이머병의 치료제를 찾으려면 수십만 명의 실험참여자가 필요하다. 그중에서도 가족력 때문에 치매 발병 위험성이 높은 사람, 유전 표지자를 갖고 있

---

* 미국 알츠하이머병협회 웹사이트: www.alz.org.
** 영국 알츠하이머병협회 웹사이트: www.alzheimers.org.uk.

지만 아직 인지 손상이 일어나지 않은 사람이 중요하다. 알츠하이머병에 걸린 부모나 형제자매가 있다면, 특히 아직 인지 증상은 없지만 점진적 후각 손상이나 존재하지 않는 냄새를 맡는 증상이 있다면 알츠하이머병 초기를 표적으로 한 약물 연구에 참여하기 적합한 후보다. 내가 아두카누맙 연구에 참여한 건 아주 특별한 경험이었다. 2년 동안 삶에 틀을 부여해줬고 연구센터의 의사, 간호사, 직원 중에서 새로운 친구를 만났다. 또한 지적 자극도 얻었다. 나쁜 부작용을 겪었음에도 불구하고 그 임상시험 이후로 나는 인지 능력이 향상됐다고 생각한다. 가장 중요한 사실은 치료제를 찾는 일에 내가 이바지했다고 느꼈다는 것, 그래서 행복하고 뿌듯했다는 것이다. 가까운 곳에서 진행되는 임상시험에 관해 알아보고 싶다면 알츠하이머병협회의 트라이얼매치TrialMatch*나 국립보건원clinicaltrials.gov 웹페이지를 참조하라.

과학과 연구를 지원하자. 해답이 발견될 곳은 바로 과학 연구 현장이다. 연구에는 비용이 많이 들지만 알츠하이머병에서 비롯되는 생산성 손실과 장기 간병에 따른 경제적 비용, 환자와 그들을 돌보는 사람이 겪는 인간적 피해에 비하

---

* 웹사이트 주소: www.alz.org/alzheimers-dementia/research_progress/clinical-trials/about-clinical-trials.

면 미미하다. 연구 비용을 제약업계에만 떠맡기지 말고 사회에서 큰 부분을 책임져야 한다. 제약회사는 알츠하이머병 치료제를 찾는 데 필수적인 참여자이지만 결국 잠재적 이익에 따라 움직인다. 대규모 임상시험에 드는 비용은 어마어마하며, 시험이 기본적인 성공 지표에 도달하지 못했다고 판단하면 기업은 손실을 최소화하기 위해 연구를 중단한다. 일례로 항아밀로이드 단일클론항체 임상시험이 여러 차례 실패하자 약물 자체에 대한 관심도 줄어들었다. 그러나 이 임상시험들의 하위그룹 분석에서 아리아가 나타난 참가자 및 APOE-4 유전자를 보유한 참가자의 경우 고용량 복용이 어느 정도 좋은 결과를 가져온다는 결과가 나왔다.

이렇게 세밀한 구분에 따라 잠재적 이점을 찾아내는 일에는 큰 비용이 들어간다. 제약회사들은 그 실마리를 더 캐고 들어가는 데 별 관심이 없어 보인다. 몇몇 연구에 따르면 복제약으로 쉽게 구할 수 있는 염증약과 당뇨병약이 알츠하이머병 치료에 어느 정도 도움이 될 수 있지만 이에 대해 큰돈을 들여 임상시험을 할 제약회사는 없을 것이다. 특허권 보호로 큰 이윤을 얻을 가능성이 없기 때문이다. 최근 한 대형 제약회사는 자사의 류마티스관절염 약 중 하나가 알츠하이머병을 막아주는 보호 효과가 있을 수 있다는 자체 연구 결과를 발표하지 않고 넘어갔다. 그 약의 특허권 보호 기간

이 얼마 남지 않아 큰돈을 벌 가망이 없어 보였기 때문일 것이다.[2]

딱히 제약업계를 비난하려는 건 아니다. TV 광고에서 하는 말과 달리 기업들은 이타심으로 사업을 하는 게 아니라 투자자들을 위해 이윤을 창출하는 사업을 하는 것이니까. 제약업계가 알츠하이머병 연구에 자금을 투입할 것이라는 기대는 안 하는 게 낫다. 실질적인 자금은 정부 기관과 알츠하이머병협회 등 사적 재단에서 마련해야 한다.

그러나 정말 필요한 것은 연구 모델의 변화다. 기업, 학계 과학자, 국가까지 뛰어들어 새로운 치료약, 새로운 특허권, 엄청난 금전적 수익을 서로 먼저 차지하려고 경쟁할 게 아니라 서로 협력하고 조율해 함께 노력하고, 정보와 연구 모형, 효과적인 약물이나 개입법에 대한 유망한 실마리를 공유해야 한다. 나는 제약회사, 과학자, 정부 기관이 앞으로 더 많이 협력해나갈 희망을 이번 팬데믹에서 보았다. 코로나19 팬데믹에 대한 대응은 많은 이해관계자 사이의 데이터 공유와 연구 협력을 보여주는 훌륭한 모델이다. 점점 확대되는 알츠하이머병 팬데믹의 명백한 위협을 온 세상이 하루빨리 깨달아서, 코로나19 앞에서 우리가 목격한 단호함과 창의력과 협력을 통해 알츠하이머병을 공격하는 것. 바로 그것이 나의 소망이다.

과학계에는 확실히 그러려는 열정이 존재한다. 다른 곳에서도 그에 필적하는 열정이 필요하다. 1990년대 초에 APOE-4 유전자와 알츠하이머병의 연관성을 발견한 듀크대학교의 이단아이자 알츠하이머병 연구자인 앨런 로지스Allen Roses를 생각해보자.[3] 처음에 그의 발견은 논쟁을 일으켰다. 지질 수송과 관련된 유전자가 알츠하이머병과 연관성이 있다는 생각은 알츠하이머병의 작동 방식에 대한 당시의 패러다임에 들어맞지 않았다. 《뉴욕타임스》에 실린 로지스의 부고 기사[4]에 따르면 그의 연구 중 일부는 집을 담보로 한 개인 대출로 자금을 충당해야 했다고 한다. 오늘날 APOE-4 유전자와 알츠하이머병 발병 위험성의 관계는 전적으로 인정된다. 아직 완전히 이해된 건 아니지만 말이다. 이 분야의 발전을 위해 헌신하는 과학자와 참여자의 노력은 계속되고 있다. 자금 지원이 그들의 노력을 발 빠르게 따라잡아야 한다.

알츠하이머병에 대한 이해를 높이려 노력하자. 알츠하이머병에 관해서는 오해와 낙인이 많이 남아 있다. 나는 내 경험과 배움을 듣고자 하는 사람이라면 누구에게나 이야기를 들려준다. 의대생, 의사, 알츠하이머병 연구자, 치매 환자, 치매 환자의 가족, 나의 친구와 가족, 언론까지. 연구가 주는 혜택은 치료법 발견에 그치지 않는다. 어떤 장애나 병에 관한 것이든 책임감과 증거에 기반한 대화는 사람들의 인식을 높이고, 상처를 주는 낙인과 잘못된 믿음을 재검토하며, 환자 본인이 자신에게 일어나는 일과 그 이유를 이해하는 데도 도움이 된다. 이는 엄청나게 큰 이점이다. 우리가 더 많이 이야기할수록 더 빨리 그런 이점을 얻고 걸림돌을 더 빨리 제거할 수 있다. 그러면 더 나은 이해, 돌봄, 치료가 가능해진다.

예를 들어 개업의로 일하던 초기에 나는 뇌혈류 변화와 공황발작 증상의 관계에 관심이 생겼다. 스트레스의 신경내분비학을 파고들던 연구자 시절에는 혈류의 역할과 불안증 및 공황발작의 뇌 메커니즘에 대한 혈류의 영향도 연구했고, 신경혈관 초음파 검사도 훈련받았다. 이 검사는 초음파를 활용해 경동맥과 두개골 내부의 주요 동맥인 두개내동맥intracranial arteries의 혈류 속도를 측정하는 것으로, 개업의 시절 내 업무에서 중요한 부분을 차지하게 됐다. 처음에는 주로 뇌졸중 위험이 있는 환자나 이미 뇌졸중이나 일과성 허혈발작을 경험한 환자에게 이 검사를 실시했다. 이 검사에 쓰인 경두개 도플러 초음파transcranial Doppler ultrasound, TDU 기술은 경동맥과 두개내동맥(전대뇌동맥anterior cerebral artery, 중대뇌동맥middle cerebral artery, 후대뇌동맥posterior cerebral artery, 척추동맥vertebral artery, 기저동맥basilar artery 등)에서 혈관이 좁아져 협착증stenosis이 심한 부위를 찾아내는 데 유용했다.

그런데 공황발작을 자주 겪는 공황장애 환자를 진료하

기 시작하면서 나는 이 초음파 기술의 예상치 못한 용도를 발견했다. 환자들이 내게 보내졌다면 그들에게 신경 장애를 암시하는 증상들이 있다는 뜻이었다. 공황발작이란 부정맥, 일과성 허혈발작, 뇌졸중, 뇌전증 발작, 약물 부작용 등 명백한 의학적 원인이 없는데도 다음과 같은 증상 삽화가 네 가지 이상 일어나는 것으로 정의한다. 숨 가쁨, 두근거림(심계항진palpitation), 현기증이나 어지러움 또는 실신, 과도한 땀 분비, 미세한 떨림이나 몸이 흔들릴 정도의 강한 떨림, 질식감, 흉통, 메스꺼움이나 복부 불편감, 비현실감 또는 이인증離人症(자기가 다른 사람처럼 느껴지거나 자신을 외부에서 관찰하는 듯한 느낌이 드는 자아의식장애-옮긴이), 통제력을 잃거나 미칠 것 같다는 공포감, 죽을 것 같은 공포감, 마비된 느낌과 따끔거림, 오한이나 열성 홍조. 이 가운데 하나도 견디기 힘든데 많은 환자가 거의 모든 증상을 겪는다.

1990년에 나는 44세 남자 환자를 검사해달라는 요청을 받았다. 이 환자의 문제는 10대 시절에 이유 없이 기절하는 삽화를 겪으면서 시작됐다. 삽화는 청년기에 접어들면서 사라졌으나 40세 때 심각한 불안증과 함께 다시 돌아왔다. 가장 심할 때는 하루에 다섯 번에서 일곱 번까지 기절했다. 이전에 심장 검사와 신경학적 검사를 두루 받았지만 결과는 모두 정상이었다. 또한 매일 전형적인 공황발작도 겪었지만 아무도 그가 기절하는 이유가 공황발작 때문이라고 확신하지 못했다. 경두개 도플러 검사를 해보니 그에게 과호흡이 일어날 때 뇌간brainstem과 뇌의 뒤쪽으로 가는 주요 혈액 공급원인 기저동맥에서 혈류가 무려 80퍼센트 이상 감소한다는 소견이 나왔다.

누구나 과호흡을 하면 뇌로 가는 혈류가 감소한다. 과호흡일 때 어지럽고 손이 따끔거리는 것도 그래서다. 혈류가 감소하는 것은 과호흡 때문에 혈중 이산화탄소 농도가 떨어지기 때문이다. 일반적으로 과호흡 시 혈류는 평균 35~40퍼센트 감소한다. 이 환자가 의식을 잃는 것은 과호흡 시 혈류가 너무 극단적으로 감소하기 때문이었다. 나는 공황장애가 있는 사람의 두개내동맥이 과호흡 중에 발생하는 혈중 이산화탄소 농도 변화에 더 민감한 것은 아닌지, 이 때문에 공황장애가 없는 사람의 두개내동맥보다 혈류가 더 많이 감소하는 것은 아닌지 궁금해졌다. 그래서 공황장애 환자 아홉 명과 공황장애가 없는 대조군 아홉 명을 비교하는 소규모 연구를 실시했다. 공황장애 환자는 과호흡 중에 기저동맥 혈류가 평균 62퍼센트 감소한 데 비해 대조군은 36퍼센트만 감소했다. 다시 말해 공황장애가 있는 사람은 공황장애가 없는 사람에 비해 과호흡 시 뇌로 가는 혈류가 더 많이 감소했다. 나는 이것이 어쩌면 공황발작 중에 일어나는 현기증, 숨 가

쁨, 마비감, 따끔거림 같은 증상 중 일부를 초래하는 생리학적 메커니즘일지도 모른다고 생각한다.[5]

공황발작에 시달리는 사람은 적절한 치료를 받기 어려운 경우가 많다. 공황발작이 일어나면 사람들은 일단 뇌졸중이나 심장마비 등 신체적으로 심각한 문제가 아닌지부터 걱정한다. 터무니없는 걱정은 아니다. 공황발작 중 심장박동이 불규칙해지는 증상이 흔하고 뇌졸중이나 뇌전증 발작과도 증상이 유사하기 때문이다. 그러나 의사가 환자에게 이런 자세한 설명이나 치료는 해주지도 않고서 그런 병일 가능성은 없으며 "순전히 환자분 머릿속에서만 일어나는 일"이라고 말하는 경우가 드물지 않다. 나는 진짜 공황발작을 겪는 환자의 경우 그들에게 전형적인 증상이 발생할 때 경두개 도플러 검사기의 화면 상에서 뇌로 가는 혈류가 현저히 감소하는 모습을 실시간으로 보여주는 것이 매우 도움이 된다는 걸 알게 됐다. 이럴 때 갑자기 전구가 켜지듯이 자기가 겪는 증상의 원인을 이해하게 되고, 이후 적절한 치료를 받는 것을 훨씬 편안하게 받아들이게 된다. 공황발작 치료는 다양하다. 종이봉투를 입가에 대고 호흡하면서 혈중 이산화탄소 농도가 떨어지는 것을 막기도 하고, 공황장애에 대한 약물치료나 심리치료를 받을 수도 있다.

첫 증상이 나타나기 훨씬 전인 알츠하이머병 초기 단계

에 관해 연구자들이 더욱더 깊이 연구하기를, 그리고 그렇게 알아낸 결과가 대중에게 널리 알려지기를 바란다. 그러면 초기 알츠하이머병에 관한 사실이 상식으로 자리 잡고 널리 논의될 것이며, 그에 따라 더 많은 사람이 전문적 안내와 도움이 되는 약물을 찾게 될 것이다. 별스럽게만 보였던 나의 후각 문제가 좋은 예다. 현재 여러 연구로 확인된 바에 따르면 알츠하이머병이 있는 사람 대다수가 냄새 맡는 능력이 일정 정도 손상되지만 그중 90퍼센트는 검사를 받기 전까지 그 사실을 인지하지 못한다. 대체로 인지 저하나 행동 변화가 나타난 후에야 검사를 받는데 이때는 이미 병이 후기 단계로 접어든 시기다. 오래전에 간과한 후각 증상의 의미를 진작에 알아차렸다면 조치를 하고 병의 진행 속도를 늦추는 치료를 받을 수도 있었을 텐데 말이다. 너무 늦은 일이 돼버렸다.

나는 확신을 품고 말할 수 있다. 한 달 전에 읽은 책의 내용은 기억하지 못할지 모르나, 경력 초기에 만난 환자의 경험에 대한 기억, 지난 30년 동안 알츠하이머병을 임상에서 다뤄온 내 경험과 역사에 대한 기억은 예전 그대로 멀쩡하다고. 그리고 과거 경험에서 배운 것을 현재에 적용해야 한다고.

신경과학에서는 기억의 메커니즘과 알츠하이머병이 기억의 연결 및 체계를 훼손하여 무력화하는 과정을 여러 방식으로 정의할 수 있다. 그러나 순수하게 인간적인 관점에서 기억상실이 위협하는 것은 바로 우리의 근본적인 자기의식, 우리가 어떤 존재이며 우리가 알고 느끼고 믿는 것은 무엇인지, 이 세계에 어떻게 속하고 어떻게 살아가는지에 대한 감각이다. 기억과 추억은 우리 존재를 형성할 뿐 아니라, 개인으로도 관계 속에서도 우리를 가장 심오한 방식으로 정의한다. 이것이 바로 알츠하이머병을 더 일찍 진단하고 치료함으로써 시간을 벌어야 한다고 말할 때 내가 이야기하고자 하는 바다. 허비할 시간이 없다.

에필로그:
글 쓰는 삶

아침 5시 30분에 일어났다. 포틀랜드 시내에 있는 레스토랑에서 7시 30분에 잡혀 있는 조찬 모임에 시간에 쫓기지 않고 느긋하게 도착하려는 생각에서다. 전에도 몇 번 가본 곳인데 가장 최근에 간 건 석 달쯤 전이다. 이미 약간 시간이 빠듯한 상태에서 집을 나섰는데, 휴대폰을 보니 지난밤 충전하는 걸 잊어버린 바람에 완전히 방전돼 있었다. 나는 휴대폰을 충전기에 꽂아두고 집을 나섰다.

전차를 타고 포틀랜드주립대학교 정거장에 내렸다. 머릿속에 그 레스토랑이 있는 곳에 대한 그럴듯한 이미지를 그렸다. 그런데 거기가 사우스웨스트 4번가인지 6번가인지 정확히 기억나지 않았다. 먼저 6번가를 지나며 몇 블록을 살펴봤다. 낯익은 게 하나도 없었다. 이번에는 4번가로 갔다. 여기는 더 낯설었다. 이미 약속시간에 늦었다. 휴대폰이 없으니 전화해서 늦는다고 알릴 수도 없었고 레스토랑 주소도 검색할 수 없었다. 공황이 몰려오기 시작했다. 다시 6번가로 달려가 아까 살펴본 곳에서 몇 블록을 더 지나며 레스토랑을 찾았다. 낯익어 보이는 곳이 전혀 없었다. 다시 4번가로 달려갔다. 이번에도 찾을 수 없었다. 이제 약속시간에서 10분이나 늦어버렸다. 너무나 나답지 않은 일이었고 더더욱 속이 타들어갔다. 이윽고 4번가에서 지나가던 한 커플을 붙잡고 그 레스토랑이 어디 있는지 아느냐고 물었다. 남자가 자기 스마트폰에서 주소를 검색해 알려줬다. 알고 보니 나는 기억 속 교차로에서 네 블록이나 떨어진 곳, 레스토랑에서는 여섯 블록 떨어진 곳에 있었다. 레스토랑까지 계속 달렸다. 막 도착했을 때 디지털시계의 활동 추적기에서 땡 소리가 나며 '야외러닝'을 추적하고 있다는 메시지가 떴다. 나는 귀찮다는 듯 메시지를 닫아버리고 동료들을 만나러 갔다. 당황스럽고 창피했다. 나중에 활동 추적기를 보니 756미터를 달렸다며 칭찬 메시지가 남아 있었다. 결과적으로 달리기 기록이 쌓인 건 좋은 일이지만 바라던 일은 결코 아니었다.

이 책을 쓰는 일도 마찬가지다. 2019년 봄 《JAMA 신경학》 저널에 내 이야기를 담은 짤막한 에세이를 발표했을 때 의도한 바는, 은퇴한 신경과 의사로서 동료 의사들에게 내가 알츠하이머병 환자로서 한 경험을 들려주는 것이었다. 환자의 생활방식 변화가 신경퇴행 과정을 변화시키고, 인지 손상을 늦추며, 대체로 증상이 없는 단계를 10~20년은 연장할 가능성이 가장 큰 시기가 이 병의 초창기이므로 동료들에게 더욱 적극적으로 알츠하이머병을 초창기에 잡아내고 치료하라고 말하고 싶었다. 이 책을 쓰기 시작할 때도 나는 그 에세이의 확장판을 쓴다는 생각이었고 의료계, 특히 그 변화로 혜택을 얻을 수 있는 환자들과 최전선에서 만나는 의사들에게 변화를 촉구하는 일에 초점을 맞추고 있었다.

그런데 내 기억들을 글로 옮기면서 이 일에 내가 예상한 것보다 더 많은 게 있다는 걸 깨달았다. 긴 글을 쓰는 건 어렵다. 더구나 알츠하이머병 때문에 아주 단순한 일조차 쉽지 않은 상황에서는 더더욱 힘든 일이다. 다른 일을 하던 중에(잭과 산책하거나 커피를 내리거나 어떤 책에 관해 로이스와 이야기를 나눌 때) 아이디어가 떠오르면 곧장 기록해둬야 한다. 하던 일을 즉각 멈추고 노트에 적어두지 않으면 그 생각을 놓쳐버린다는 말이다. 머릿속에 담아두는 건 결과를 장담할 수 없는 일이다. 초기 치매로 언어기억에 문제가 생긴 뒤로는 말하고 싶은 단어가 가물거려서 애를 먹는다. 쓰고 싶은 글의 흐름도 곧잘 놓친다. 주의를 분산시키는 것은 뭐든 피해야 한다. 음악을 들어서도 안 되고 나를 스스로 격리해야 한다. 보통은 서재에 있는 책상에서 글을 쓰는데 가끔 방문을 닫아둔다. 그러지 않으면 집중이 안 되기 때문이다. 놀랍게도 물 흐르듯 글이 술술 써질 때도 있다. 한 문장이 바로 다음 문장을 끌고 나오며 꽤 오랫동안 글을 쓰기도 한다.

가족, 친구, 동료에 관한 기억, 종종 내가 본 환자들이나 어떤 장소에 관한 기억에 주의를 기울일 때면 오래전 일인데도 글에 다 녹여낼 수 없을 만큼 많은 기억이 떠올라 놀라곤 했다. 신경학 교육을 마치고 신경과 의사가 되기 전, 연구 과학자로 지내던 시절의 기억들도 꺼내 글로 풀어냈다. 나는 도합 35편의 과학 및 의학 논문을 발표했고 그중 22편의 논문은 제1저자였으며 내가 유일한 저자인 경우도 많았다. 몸소 그 논문을 썼다는 말이다. 나는 늘 과학적인 글쓰기를 좋아했다. 지금 내 인생에서 그 시절을 다시 떠올릴 수 있다는 것은 예상치 못한 즐거움이다.

생생히 남아 있는 다른 기억도 많다. 이 기억 모두 완성된 원고를 향해 가는 길에서 다채로운 샛길을 내줬다. 나의 유년기, 로이스와 아이들과 함께한 인생, 소중한 친구들, 어려운 도전이면서도 만족스러웠던 직업 경력에 관한 생각에

이 책을 집필할 때의 내 책상

잠겨 느긋하게 시간을 보낼 수 있었던 것은 참으로 귀한 선물이었다. 글쓰기는 내가 계속 일하도록 닦달하는 달가운 감독이자 스스로 선택한 의무였다. 로이스와 나는 오리건 해변에서 자주 주말을 보내는데, 긴 산책과 느릿느릿 다가오는 일몰 사이에서 글쓰기는 나에게 유익한 구조와 목적을 부여한다.

글 쓰는 사람이라면 하루 중 좋아하는 글쓰기 시간, 그러니까 가장 창조적이거나 생산적이라고 느껴지는 시간이 있기 마련이다. 내게는 아침이 그런 시간이다. 지금도 거의 매일 아침에 잭을 산책시킨 뒤 두어 시간은 글을 쓴다. 최근에는 이 원고를 완성해야 한다는 압박감을 느끼고 있어서 밤에도 글을 쓰기 시작했다. 이따금 저녁과 함께 맥주나 포도주를 마셨음에도 밤에 하는 글쓰기 작업의 성과가 아주 좋았다. 밤에는 주의를 흩트리는 요소가 더 적어서인 것 같다. 잭은 저녁에 차분해지며 잠잘 준비를 하다가 10시쯤에 잠든다. 그래서 나는 그 전에 잭에게 간식을 주고 그런 다음 둘 다 잠자리에 든다.

글은 보통 노트북으로 쓴다. 타자 실력은 아직 녹슬지 않았다. 그런데 노트북은 화면이 너무 작아서 창을 두 개 이상 띄우면 보기가 불편하다. 그래서 문자메시지와 이메일을 보기 위해 아이패드도 종종 켜둔다. 일단 창 하나를 최소화하거나 닫아버리면 그 창에 있던 내용은 뇌에서 사라진다. 때로는 펜이든 연필이든 손에 잡히는 대로 노트에 글로 적어둔다. 볼펜을 너무 많이 쓰는 바람에 볼펜이 동이 나서 연필을 써야 할 때도 있다. 하지만 분명히 해둘 사실이 있다. 가장 중요한 글쓰기 도구는 우리의 뇌라는 사실.

글쓰기에는 뇌 전역의 여러 중추와 경로 사이의 상호작용이 관여하며, 물 흐르듯 글을 쓰려면 그 모든 작용이 원활하게 일어나야 한다. 이 영역들에는 좌반구 전두엽과 측두엽의 언어 처리 영역, 두정엽의 철자법(맞춤법) 중추, 후두엽과 두정엽의 시각 인지 영역, 글 쓰는 손동작을 통제하는 전두엽의 운동피질이 포함된다. 철자를 틀리거나 글자를 빠트리거나 부적합한 단어를 쓰는 등 글쓰기 장애는 일부 알츠하이머병 환자에게 아주 일찍부터 나타난다. 나도 예전보다 철자를 틀리는 일이 훨씬 더 많아졌다. 보통은 맞춤법 검사 기능이 실수를 바로잡아준다. 읽기는 좀 덜 복잡한데 주로 후두엽과 측두엽, 그리고 후두엽의 시각 중추와 좌반구 측두엽의 언어 처리 중추를 연결하는 아래세로다발inferior longitudinal fasciculus이라는 신경섬유 다발이 관장한다.[1] 읽기 능력을 잃는 것은 실독증alexia 또는 읽기언어상실증이라고 한다. 아리아 삽화를 겪던 당시 나는 글을 읽을 수는 없었지만(실독증) 쓸 수는 있었다. 아리아 때문에 생긴 뇌부종이 가라앉으면서 읽기 능력도 정상적인 수준으로 돌아왔고, 알츠하이머병에도 불구하고 아직 글쓰기 능력은 최소한으로만 손상된 상태다.

과거의 어떤 일들은 또렷이 기억하면서도 또 다른 일들은 망각해버리는 내 뇌의 기억력은 참으로 아이러니하다. 경력 초기에 나는 바다달팽이Aplysia californica의 삼킴근육에 관한 신경근 약리학을 연구했는데, 이 연구는 1977년에 내가 공동저자로 참여해 나의 첫 연구 논문으로 출판되었다.[2] 얼마 전에 가본 레스토랑의 위치는 까맣게 기억나지 않는데 오래전 연구에 대한 기억은 왜 이리 쉽게 떠오르는 것일까?

이 책을 쓰면서 줄곧 염두에 두고 있는 것은 이 책을 쓰는 목적이다. 내가 배운 것을 나누며 다른 사람들에게 도움을 주고 싶다. 뇌에서 알츠하이머병의 병리학적 변화들은 인지 손상이 시작되는 시점보다 길게는 20년 전부터 시작된다. 이 시기에 생활방식을 바꾸는 간단한 변화로도 병의 진행 속도를 현저히 늦출 수 있다는 증거가 수두룩하게 쌓여 있다. 언젠가는 치료법이 발견될 것이다. 그때까지는 기억이 사라지기 전의 초기 단계에 초점을 맞추고 너무 늦기 전에 싸움을 시작해야 한다. 이 사실을 널리 알릴 수만 있다면 무슨 일이든 할 것이다.

"B하면 비컨B is for Beacon"

데니스 커닝엄의 블록판화(www.denniscunningham.net).

작가의 허락을 받아 실었다.

부록

마인드 식단의 기초와 임상시험

식단

2015년에 일반적 노화와 알츠하이머병의 구분없이 인지 저하 속도를 늦추기 위해 마인드 식단이 도입됐다. 마인드 식단은 지중해식 식단과 대시 식단의 요소 대부분을 조합한 것으로 특히 녹색 잎채소, 콩류, 견과류, 베리류 섭취를 강조한다. 마인드 식단의 요소를 다음 장에 열거했고 뇌 건강에 좋은 식품과 나쁜 식품별로 권장 섭취 횟수도 표시했다.

뇌 건강에 좋은 10개 식품군

녹색 잎채소(케일, 콜라드, 시금치, 샐러드용 잎채소)	주 6회 이상
기타 채소	하루 1회 이상
견과류	주 5회 이상
베리류	주 2회 이상
콩류	주 4회 이상
통곡물	하루 3회 이상
(튀기지 않은) 생선	주 1회 이상
(튀기지 않은) 가금류	주 2회 이상
올리브유	주요 식용유로 사용
포도주(선택 사항)	하루 1잔

뇌 건강에 나쁜 5개 식품군

붉은 고기(소고기, 양고기, 돼지고기, 햄 등)	주 4회 이하
버터, 마가린	하루 1큰술 이하
치즈	주 1회 이하
페이스트리, 사탕류	주 5회 이하
튀긴 패스트푸드	주 1회 이하

참고자료:
https://mcpress.mayoclinic.org/healthy-aging/the-best-foods-for-reducing-dementia-risk
www.today.com/health/mind-diet-plan-foods-eatwhat-mind-diet-t183797

임상시험

임상시험 찾기는 생각보다 쉽다. 여러분이나 소중한 사람이 알츠하이머병에 걸렸거나 발병 위험이 있는 경우, 가까운 곳의 연구에 참여해 이 병을 더 알아보고 싶다면 알츠하이머병협회의 트라이얼매치 웹페이지를 방문해보라. https://www.alz.org/alzheimers-dementia/research_progress/clinical-trials/trialmatch.
더욱 포괄적인 목록은 다음에서 볼 수 있다. clinicaltrials.gov
영국에서는 영국 알츠하이머병협회 웹페이지에서 일상시험 자원 참가에 관한 정보를 얻을 수 있다. www.alzheimers.org.uk/research/get-involved.

참고자료

자료

2024 알츠하이머병협회, 〈사실과 수치〉 www.alz.org/alzheimers-dementia/facts-figures

이 PDF 파일은 해마다 업데이트되며 위 링크에서 내려받을 수 있다. 알츠하이머병 및 그와 연관된 치매에 관한 정보를 찾을 때 가장 믿고 보는 자료다. 가장 최신이고 면밀하며 일반 독자도 쉽게 읽을 수 있다.

책

알츠하이머병에 관련된 문학 작품, 알츠하이머병과 그 경험의 의학적·사회적 차원뿐 아니라 내밀한 개인적 차원에 대한 인식을 높이는 데 이바지한 귀중한 책들을 모았다.

린 캐스틸 하퍼 Lynn Casteel Harper, 《**여전히 같은 사람입니다**On Vanishing》 저자는 요양원 담당 목사라는 직업적 경험, 문학과 언론 보도 등을 끌어와 사회에서 노화와 알츠하이머병을 대하는 방식을 이야기한다. 알츠하이머병 치료의 가장 좋은 사례와 나쁜 사례를 몇몇 들려주는데 작가의 할아버지를 포함해 대부분 알츠하이머병 후기 환자에 관한 이야기다.

리사 제노바 Lisa Genova, 《**스틸 앨리스**Still Alice》 신경과학자인 리사 제노바 박사에게는 알츠하이머병을 앓은 할머니가 있었다. 그의 첫 소설인 이 작품은 기억과 지남력 상실을 겪기 시작하는 50대 심리학 교수에 관한 이야기다. ADAD가 조기에 발발해 급속도로 진행되는 과정을 본인과 가족의 관점으로 보여주는데, 한시도 눈을 떼지 못하고 몰입해 읽게 된다. 내가 알츠하이머병에 걸리게 될 거란 걸 전혀 몰랐던 2009년, 이 소설을 읽고 치매 환자에 대한 이해와 그들과 상호작용하는 방식에 큰 전환점을 맞이했다.

조지프 저벨리 Joseph Jebelli, 《**기억을 찾아서**In Pursuit of Memory》이 역시 젊은 신경과학자가 쓴 책이다. 저자의 할아버지가 알츠하이머병으로 사망했고 저자는 이 분야의 연구자다. 알로이스 알츠하이머 박사가 최초로 병을 발견한 이야기부터 이 병에 걸린 사람들의 개인적인 이야기, 오늘날의 지식과 연구에 관한 개관까지 알츠하이머병의 역사에 관한 실질적 논픽션이다.

로런 케슬러 Lauren Kessler, 《**로즈와 춤추기**Dancing with Rose》 워싱턴 대학교에서 논픽션 창작을 가르치는 케슬러는 어머니가 알츠하이머병으로 사망한 뒤, 지역의 치매 요양 시설 수습 직원으로 여섯 달을 일하며 치매 돌봄의 세계에 깊숙이 들어갔다. 이 책은 요양 산업을 폭로하는 내용이 아니다. 치매가 심한 사람들과 가까워지며 배운 것, 그들이 잃은 것뿐 아니라 아직 지니고 있는 것, 그들이 다른 사람에게 나눠줄 수 있는 가치에 대한 깨달음에 더 가깝다. 저자는 자신과 어머니의 관계, 또는 어머니와 맺지 못했던 관계를 이해하기 시작한다. 아주 중요하고 감동적인 책이다.

웬디 미첼 Wendy Mitchell, 《**내가 알던 사람**Somebody I Used to Know》 영국 건강보험공단에서 일했던 저자는 조발성 알츠하이머병이 발병한 후의 자기 삶의 이야기를 들려준다. 그는 인지 저하 속도를 늦추기 위해 여러 방법으로 노력하며, 알츠하이머병을 지닌 채 살아가는 일에 따르는 고난과 기회를 사람들에게 알린다.

그레그 오브라이언, 《**명왕성에서**》 저널리스트인 오브라이언은 50대에 두부외상을 입은 후 알츠하이머병의 신호가 나타나기 시작했다. 알츠하이머병을 앓았던 부모를 돌본 일부터 나중에는 자신의 투병까지 알츠하이머병에 대한 경험을 유려하게 들려준다. 앞에서도 말했듯이 그레그는 내 친구이기도 하다.

거다 손더스 Gerda Saunders, 《**기억의 마지막 숨결**Memory's Last Breath》 전직 대학교수인 손더스는 치매를 안고 살아가는 삶을 현실적인 태도로 주석을 달듯 들려주며, 남아프리카에서 보낸 유년기에서 풍부한 기억의 광맥을 발견한다.

데이비드 스노든 David Snowdon, 《**우아한 노년**Aging with Grace》 나이 들어가는 수녀 수백 명을 대상으로 시행되어 알츠하이머병에 관한 생각을 크게 바꿔놓은 종단연구를 다룬 책으로, 20여 년 전에 쓰였지만 지금 읽어도 흥미진진하다.

주석

들어가며: 삶의 의미를 끝까지 지키기 위하여

1   Prince M, Bryce R, Albanese E, et al. The global prevalence of dementia: a systemic review and meta-analysis. *Alzheimer's & Dementia* 2013; 9:63-75; https://doi.org/10.1016/j.jalz.2012.11.007

2   Gibbs, DM. Early awareness of Alzheimer disease: a neurologist's personal perspective. *JAMA Neurology* 2019; 76:249; https://jamanetwork.com/journals/jamaneurology/article-abstract/2724326

3   TV에 방영된 저자의 이야기. https://katu.com/news/local/retired-neurologist-with-alzheimers-shares-importance-of-early-awareness

비컨 록

1   Dekker MCJ, Wilson MH, Howlett WP. Mountain neurology. *Practical Neurology* 2019; 19:404-411; https://doi.org/10.1136/practneurol-2017-001783.

미리 알아보고 미리 대비하자

1   그레그 오브라이언에게 분명한 허락을 받고 그가 내게 보낸 개인적 이메일 속 문장들을 인용했다.

빵 굽는 냄새

1   Bainbridge KE, Byrd-Clark D, Leopold D. Factors associated with phantom odor perception among US adults. *JAMA Otolaryngology - Head & Neck Surgery* 2018; 144:807-814 (공개 열람용: www.ncbi.nlm.nih.gov/pmc/articles/PMC6233628).

2   Mishra A, Saito K, Barbash SE, Mishra N, Doty RL. Olfactory dysfunction in leprosy. *Laryngoscope* 2006; 116:413-416; https://doi.org/10.1097/01.MLG.0000195001.03483.F2.

3   Hawkes CH. Smell, taste and Covid-19: testing is essential (출간 전 온라인 공개, 2020.10.19.). *QJM* 2020;hcaa326; doi: 10.1093/qjmed/hcaa326.

4   Hawkes CH, Doty RL. *Smell and Taste Disorders*. Cambridge University Press, 2018.

5   Truman RW, Singh P, Sharma R., et al. Probable zoonotic leprosy in the southern United States. *New England Journal of Medicine* 2011; 364:1626-1633; www.nejm.org/doi/full/10.1056/NEJMoa1010536 (공개 열람용: www.ncbi.nlm.nih.gov/pmc/articles/PMC3138484).

나 홀로 시사회

1 Gibbs DM, Neill JD. Dopamine levels in hypophysial stalk blood in the rat are sufficient to inhibit prolactin secretion in vivo. *Endocrinology* 1978; 102:1895-1900; http://doi.org/10.1210/endo-102-6-1895.

맞춰지지 않는 퍼즐

1 Doty RL. Olfactory dysfunction and its measurement in the clinic. *World Journal of Otorhinolaryngology - Head and Neck Surgery* 2015; 1:28-33; https://doi.org/10.1016/j.wjorl.2015.09.007 (오픈액세스)

2 Landis BN, Burkhard PR. Phantosmias and Parkinson disease. *Archives of Neurology* 2008; 65:1237-1239; https://doi.org/10.1001/archneur.65.9.1237.

잠긴 상자와 가계도

1 Reiman EM, Arboleda-Velasquez JF, Quiroz YT, et al. Exceptionally low likelihood of Alzheimer's dementia in APOE2 homozygotes from a 5,000-person neuropathological study. *Nature Communications* 2020; 11:667; https://doi.org/10.1038/s41467-019-14279-8.

2 Hubacek JA, Pitha J, Skodova´ Z, et al. A possible role of apolipoprotein E polymorphism in predisposition to higher education. *Neuropsychobiology* 2001; 43:200-203; https://doi.org/10.1159/000054890.

3 Rusted JM, Evans SL, King SL, et al. APOE 4 polymorphism in young adults is associated with improved attention and indexed by distinct neural signatures. *NeuroImage* 2013; 65: 364-373; https://doi.org/10.1016/j.neuroimage.2012.10.010.

4   Jochemsen HM, Muller M, van der Graaf Y, et al. APOE 4 differentially influences change in memory performance depending on age. The SMART-MR study. *Neurobiology of Aging* 2012; 33:832.e15–22 (오픈 액세스).

5   Ihle A, Bunce D, and Kliegel M. APOE 4 and cognitive function in early life: a meta-analysis. *Neuropsychology* 2012; 26:267–277; https://doi.org/10.1037/a0026769.

인지예비능과 회복력: 저축해둔 뇌세포

1   Stern Y. Cognitive reserve in ageing and Alzheimer's disease. *Lancet Neurology* 2012; 11: 1006–1012; https://doi.org/10.1016/S1474-4422(12)70191-6 (공개 열람용: www.ncbi.nlm.nih.gov/pmc/articles/PMC3507991).

2   Xu H, Yang R, Qi X, et al. Association of lifespan cognitive reserve indicator with dementia risk in the presence of brain pathologies. *JAMA Neurology* 2019; 76:1184–1191; https://doi.org/10.1001/jamaneurol.2019.2455 (공개 열람용: www.ncbi.nlm.nih.gov/pmc/articles/PMC6628596).

3   Huang AR, Strombotne KL, Horner EM, Lapham SJ. Adolescent cognitive aptitudes and later-in-life Alzheimer disease and related disorders. *JAMA Network Open* 2018; 1(5):e181726; https://doi.org/10.1001/jamanetworkopen.2018.1726.

4   Russ T. Intelligence, cognitive reserve, and dementia: time for intervention? *JAMA Network Open* 2018; 1(5):e181724; https://doi.org/10.1001/jamanetworkopen.2018.1724.

5   Stern Y. 위의 글. 2012.

6   Snowden D. *Aging with Grace: What the Nun Study Teaches Us About Leading Longer, Healthier, and More Meaningful Lives.*

Bantam Books, 2001. 데이비드 스노든, 《우아한 노년》, 유은실 옮김, 사이언스북스, 2003.

실험하는 삶

1   Jack CR, Wiste HJ, Weigand SD, et al. Agespecific population frequencies of cerebral β-amyloidosis and neurodegeneration among people with normal cognitive function aged 50-89 years: a cross-sectional study. *Lancet Neurology* 2014; 13:997-1005; https://doi.org/10.1016/S1474-4422(14)70194-2. (공개 열람용: www.ncbi.nlm.nih.gov/pmc/articles/PMC4324499).

2   La Joie R, Visani AV, Baker SL, et al. Prospective longitudinal atrophy in Alzheimer's disease correlates with the intensity and topography of baseline tau-PET. *Science Translational Medicine* 2020; eaau5732; https://doi.org/10.1126/scitranslmed.aau5732. (공개 열람용: www.ncbi.nlm.nih.gov/pmc/articles/PMC7035952).

3   Sevigny J, Chiao P, Bussie`re T, et al. The antibody aducanumab reduces Aβ plaques in Alzheimer's disease. *Nature* 2016; 537:50-56; https://doi.org/10.1038/nature19323.

아리아가 오페라 독창곡이라면 좋겠지만

1   Viswanathan A, Greenberg SM. Cerebral amyloid angiopathy in the elderly. *Annals of Neurology* 2011; 70:871-880 (공개 열람용: www.ncbi.nlm.nih.gov/pmc/articles/PMC4004372).

2   Liu E, Wang D, Sperling R, et al. Biomarker pattern of ARIA-E participants in phase 3 randomized clinical trials with bapineuzumab. *Neurology* 2018; 90:e877-e886; https://doi.org/10.1212/WNL.0000000000005060.

3   Knopman D.S. Sifting through a failed Alzheimer trial: what

biomarkers tell us about what happened. *Neurology* 2018; 90:447–448; https://doi.org/10.1212/WNL.0000000000005073.

4 VandeVrede L, Gibbs DM, Koestler M, et al. Symptomatic amyloid-related imaging abnormalities in an ApoE-ε4/ε4 patient treated with aducanumab. *Alzheimer's & Dementia: Diagnosis, Assessment & Disease Monitoring* 2020; 12:e12101; https://doi.org/10.1002/dad2.12101 (오픈 액세스).

우리의 모든 선택이 삶을 변화시킨다

1 Buchman AS, Boyle PA, Yu L, et al. Total daily physical activity and the risk of AD and cognitive decline in older adults. *Neurology* 2012; 78:1323–1329 (공개 열람용: www.ncbi.nlm.nih.gov/pmc/articles/PMC3335448).

2 Rabin JS, Klein H, Kirn DR, et al. Associations of physical activity and β-amyloid with longitudinal cognition and neurodegeneration in clinically normal older adults. *JAMA Neurology* 2019; 76:1203–1210 (공개 열람용: www.ncbi.nlm.nih.gov/pmc/articles/PMC6635892).

3 Chang YK, Labban JD, Gapin JI, et al. The effects of acute exercise on cognitive performance: a meta-analysis. *Brain Research* 2012; 1453:87–101; https://doi.org/10.1016/j.brainres.2012.02.068.

4 Sanders LMJ, Hortobá'gyi T, Karssemeijer EGA, et al. Effects of low- and high-intensity physical exercise on physical and cognitive function in older persons with dementia: a randomized controlled trial. *Alzheimer's Research & Therapy* 2020; 12:28; https://doi.org/10.1186/s13195-020-00597-3.

5 Licher S, Ahmad S, Karamujic´-Comic´ H, et al. Genetic predisposition, modifiable-risk-factor profile and long-term

dementia risk in the general population. *Nature Medicine* 2019;
25:1364-1369 (공개 열람용: www.ncbi.nlm.nih.gov/pmc/articles/
PMC6739225).

6   Morris MC, Tangney CC, Wang Y, et al. MIND diet associated with reduced incidence of Alzheimer's disease. *Alzheimer's & Dementia* 2015; 11:1007-1014 (공개 열람용: www.ncbi.nlm.nih.gov/pmc/articles/PMC4532650).

7   Holland TM, Agarwal P, Wang Y, et al. Dietary flavanols and risk of Alzheimer dementia. *Neurology* 2020; 94:e1749-e1756 (공개 열람용: www.ncbi.nlm.nih.gov/pmc/articles/PMC7282875).

8   Hosking DE, Eramudugolla R, Cherbuin N and Anstey KJ. MIND not Mediterranean diet related to 12-year incidence of cognitive impairment in an Australian longitudinal cohort study. *Alzheimer's & Dementia* 2019; 15:581-589; https://doi.org/10.1016/j.jalz.2018.12.011.

9   Scarmeas N, Levy G, Tang MX, et al. Influence of leisure activity on the incidence of Alzheimer's disease. *Neurology* 2001; 57:2236-2242 (공개 열람용: www.ncbi.nlm.nih.gov/pmc/articles/PMC3025284).

10 Krell-Roesch J, Syrjanen JA, Vassilaki M, et al. Quantity and quality of mental activities and the risk of incident mild cognitive impairment. *Neurology* 2019; 93:e548-e558 (자유 열람: https://doi.org/10.1212/WNL.000000000000789)

11 Jessen NA, Munk ASF, Lundgaard I, et al. The glymphatic system - a eginner's guide. *Neurochemical Research* 2015; 40:2583-2599 (공개 열람용: www.ncbi.nlm.nih.gov/pmc/articles/PMC4636982).

12 Fultz NE, Bonmassar G, Setsompop K, et al. Coupled electrophysical, hemodynamic, and cerebrospinal fluid oscillations in human sleep. *Science* 2019; 366:628-631 (공개 열람용: www.ncbi.

nlm.nih.gov/pmc/articles/PMC7309589).

13 Li X, Song D, Leng SX. Link between type 2 diabetes and Alzheimer's disease: from epidemiology to mechanism and treatment. *Clinical Interventions in Aging* 2015; 10:549-560; https://doi.org/10.2147/CIA.S74042 (공개 열람용: www.ncbi.nlm.nih.gov/pmc/articles/PMC4360697).

14 Lam SE, Sheehan B, Atherton N, et al. Dementia and Physical Activity (DAPA) trial of moderate to high intensity exercise training for people with dementia: randomised controlled trial. *BMJ* 2018; 361:k1675; https://doi.org/10.1136/bmj.k1675 (오픈 액세스).

15 2019년 9월 25일, 루돌프 탠지 박사가 미국 상원 노화특별위원회에서 한 증언. 원문은 다음과 같다. Promoting healthy aging: living your best lifelong into your golden years; https://www.aging.senate.gov/imo/media/doc/SCA_Tanzi_09_25_19.pdf.

16 위와 같음.

마들렌, 음악, 아프리카비둘기

1 Andrews-Hanna JR. The brain's default network and its adaptive role in internal mentation. *Neuroscientist* 2012; 18(3):251-270; https://doi.org/10.1177/1073858411403316 (공개 열람용: www.ncbi.nlm.nih.gov/pmc/articles/PMC3553600).

2 van Campen C, *The Proust Effect: The Senses as Doorways to Lost Memories.* Oxford University Press, 2014.

3 Zou YM, Lu D, Liu LP, et al. Olfactory dysfunction in Alzheimer's disease. *Neuropsychiatric Diseases and Treatment* 2016; 12:869-875; https://doi.org/10.2147/NDT.S104886 (공개 열람용: www.ncbi.nlm.nih.gov/pmc/articles/PMC4841431).

4   Fornazzari L, Castle T, Nadkarni S, et al. Preservation of episodic musical memory in a pianist with Alzheimer's disease. *Neurology* 2006; 66:610–611; https://doi.org/10.1212/01.WNL.0000198242.13411.FB.

5   Levitin D. *This Is Your Brain on Music: The Science of a Human Obsession*. Dutton, 2006. 대니얼 레비틴, 《음악인류》, 이진선 옮김, 와이즈베리, 2022.

6   Münte TF, Altenmüller E and Jäncke L. The musician's brain as a model of neuroplasticity. *Nature Reviews Neuroscience* 2002; 3:473–478; https://doi.org/10.1038/nrn843.

7   Moreira SV, dos Reis Justi FR and Moreira M. Can musical intervention improve memory in Alzheimer's disease? Evidence from a systematic review. *Dementia & Neuropsychologia* 2018; 12:133–142; https://doi.org/10.1590/1980-57642018dn12-020005 (공개 열람용:www.ncbi.nlm.nih.gov/pmc/articles/PMC6022981).

내려다보지 않으면 무섭지 않다

1   Cummings JL, Miller BL, Christensen DD, Cherry D. Creativity and dementia: emerging diagnostic and treatment methods for Alzheimer's disease. *CNS Spectrums* 2008; 13(2 Suppl. 2):1–22.

5시 뉴스: 은퇴한 신경과 의사 알츠하이머병 투병 중

1   LaBrecque J. Retired neurologist with Alzheimer's shares importance of early awareness. *KATU News* March 26, 2019; https://katu.com/news/local/retired-neurologist-with-alzheimers-shares-importance-of-early-awareness

2   Staples GB. Opinion: why having more Blacks, Latinos in Alzheimer's trials is vital. *The Atlanta Journal-Constitution*

July 23, 2020; https://www.ajc.com/life/opinion-why-having-more-blacks-latinos-in-alzheimers-trials-is-vital/AAP65TZYIJGZDIVW467HLW6654.

3 O'Brien G. Confessions of a caregiver. *Psychology Today* January 16, 2020; www.psychologytoday.com/us/blog/pluto/202001/confessions-caregiver.

숲, 나무, 그리고 내가 딛고 선 땅

1 Miller WL, Cohen GD. *Sky Above Clouds: Finding Our Way through Creativity, Aging and Illness*. Oxford University Press, 2016, p. 130.

알츠하이머병이라 불리는 병의 실체를 다시 생각하다

1 Irizarry MC, Jin S, He F, et al. Incidence of new onset seizures in mild to moderate Alzheimer disease. *Archives of Neurology* 2012; 69:368–372; https://doi.org/10.1001/archneurol.2011.830 (공개 열람용: www.ncbi.nlm.nih.gov/pmc/articles/PMC3622046).

2 Vossel KA, Beagle AJ, Rabinovici G, et al. Seizures and epileptiform activity in the early stages of Alzheimer disease. *JAMA Neurology* 2013; 70:1158–1166; https://doi.org/10.1001/jamaneurol.2013.136 (공개 열람용: www.ncbi.nlm.nih.gov/pmc/articles/PMC4013391).

3 Crutch SJ, Lehmann M, Schott JM, et al. Posterior cortical atrophy. *Lancet Neurology* 2012; 11:170–178; https://doi.org/10.1016/S1474-4422(11)70289-7 (공개 열람용: www.ncbi.nlm.nih.gov/pmc/articles/PMC3740271).

4 Salloway S, Sperling R, Fox NC, et al. Two phase 3 trials of bapineuzumab in mild-to-moderate Alzheimer's disease. *New England Journal of Medicine* 2014; 370:322–333 (공개 열람용:

www.ncbi.nlm.nih.gov/pmc/articles/PMC4159618).

5   Knopman, DS. Sifting through a failed Alzheimer trial: what biomarkers tell us about what happened. *Neurology* 2018; 90:447–448; https://doi.org/10.1212/WNL.0000000000005073.

6   Yin J, Reiman EM, Beach TG, et al. Effect of ApoE isoforms on mitochondria in Alzheimer disease. *Neurology* 2020; 94:e2404–e2411; https://doi.org/10.1212/WNL.0000000000009582

7   Arboleda-Velasquez, JF, Lopera F, O'Hare M, et al. Resistance to autosomal dominant Alzheimer's disease in an APOE3 Christchurch homozygote: a case report. *Nature Medicine* 2019; 25:1680–1683; https://doi.org/10.1038/s41591-019-0611-3 (공개 열람용: www.ncbi.nlm.nih.gov/pmc/articles/PMC6898984).

8   Espay A, Stecher B. *Brain Fables: The Hidden History of Neurodegenerative Diseases and a Blueprint to Conquer Them.* Cambridge University Press, 2020.

9   Chételat G, La Joie R, Villain N, et al. Amyloid imaging in cognitively normal individuals, at-risk populations and preclinical Alzheimer's disease. *NeuroImage: Clinical*, 2013; 2:356–365; https://doi.org/10.1016/j.nicl.2013.02.006 (공개 열람용: www.ncbi.nlm.nih.gov/pmc/articles/PMC3777672).

10 Palmqvist S, Janelidze S, Quiroz YT, et al. Discriminative accuracy of plasma phospho-tau217 for Alzheimer disease vs other neurodegenerative disorders. *JAMA* 2020; 324:772–781; https://doi.org/10.1001/jama.2020.12134 (공개 열람용: https://jamanetwork.com/journals/jama/fullarticle/2768841).

의미 있는 결과

1   Nobis L, Husain M. Apathy in Alzheimer's disease. *Current Opinion*

in Behavioral Sciences 2018; 22:7–13; https://doi.org/10.1016/j.cobeha.2017.12.007 (공개 열람용: www.ncbi.nlm.nih.gov/pmc/articles/PMC6095925).

2. Rowland, C. Pfizer had clues its blockbuster drug could prevent Alzheimer's. Why didn't it tell the world? *The Washington Post* June 4, 2019; www.washingtonpost.com/business/economy/pfizer-had-clues-its-blockbuster-drug-could-prevent-alzheimers-why-didnt-it-tell-the-world/2019/06/04/9092e08a-7a61-11e9-8bb7-0fc796cf2ec0_story.html

3. Roses AD. Apolipoprotein E alleles as risk factors in Alzheimer's disease. *Annual Review of Medicine* 1996; 47:387–400; https://doi.org/10.1146/annurev.med.47.1.387.

4. Allen Roses, who upset common wisdom on cause of Alzheimer's, dies at 73. *New York Times* October 5, 2016; www.nytimes.com/2016/10/06/science/allen-roses-who-upset-common-wisdom-on-cause-of-alzheimers-dies-at-73.html.

5. Gibbs DM. Hyperventilation-induced cerebral ischemia in panic disorder and effect of nimodipine. *American Journal of Psychiatry* 1992; 149(11):1589–1591; https://doi.org/10.1176/ajp.149.11.1589.

에필로그: 글 쓰는 삶

1. Wandell BA, Le RK. Diagnosing the neural circuitry of reading. *Neuron* 2017; 96:298–311; https://doi.org/10.1016/j.neuron.2017.08.007 (오픈 액세스).

2. Taraskevich PS, Gibbs D, Schmued L, Orkand RK. Excitatory effects of cholinergic, adrenergic and glutaminergic agonists on a buccal muscle of Aplysia. *Developmental Neurobiology* 1977; 8:325–335; https://doi.org/10.1002/neu.480080405.

감사의 말

알츠하이머병 환자이자 신경과 의사. 이 두 관점에서 나의 초기 알츠하이머병 경험에 관해 글을 써보라고 처음 제안했던 사람은 UCSF의 길 라비노비치 박사다. 또한 그는 영상 몇 가지를 이 책에 싣게 허락해줬다. 그는 담당의를 넘어 친구이자 동료가 됐다. 그 외에도 많은 신경과 의사와 신경학자가 나를 의료적으로 살피고 격려해줬으며 일부는 이 책에 필요한 정보까지 제공해줬다. 오리건보건과학대학교의 조퀸, 제프 케이, 데니스 보뎃, 마리사 켈로그, 리사 실버트, 커스틴 라이트, UCSF의 리처드 차이, 로런 밴더브레드, 브라운대학교 앨퍼트의학대학원의 스티브 셀로웨이 등 여러 박사에게 감사 인사를 전한다.

공저자 터리사 H. 바커가 없었다면 이 책은 빛을 보지 못했다. 터리사는 내가 처음에 썼던 단선적이고 현학적인 회고록 속에서 가능성의 씨앗을 발견해줬다. 책의 구조를 새로 짜고 거의 매일 글쓰기 과제를 내줬으며 훨씬 더 읽기 쉽고 흥미로운 서사로 만들어줬다. 터리사를 소개해준 로런 케슬러에게도 감사한다. 터리사의 가족, 수전 셸렌바저, 웬디 밀러와 세상을 떠난 그의 남편 진 코언, 스테파니 테이드에게도 통찰과 열정을 나눠주어 감사 인사를 전한다.

우리의 에이전트인 매들린 모렐은 내가 터리사와 협업을 시작했을 때부터 이 책을 믿어줬다. 학술출판사와 작업하고 싶어한 날 이해해주고 지지해준 데 감사를 전한다. 케임브리지대학교 출판부의 편집자 애나 휘팅은 처음부터 이 책에 큰 열정을 보여줬다. 애나를 비롯해 마케팅팀, 편집팀, 디자인팀도 번개 같은 속도로 책으로 완성하는 과정에 수고를 아끼지 않았다.

에릭 그레이스 포로즈니는 내 딸 엘리자베스의 결혼식에서 촬영한 사진 두 장을 사용해도 좋다고 허락해줬다. 내가 아주 좋아하는 오리건의 예술가 데니스 커닝엄은 블록판화 작품인 〈B 하면 비컨〉을 책에 실어도 좋다고 허락해줬다.

공중보건 박사후연구원인 우리 딸 수재너 깁스는 초기

부터 원고를 읽어주고 참고문헌을 함께 찾아줬으며 통계적 개념을 이해하는 데 정말 큰 도움을 줬다. 또 다른 딸 엘리자베스 깁스와 아들 애덤 깁스는 늘 내 집필을 응원해주고 기탄없이 의견과 피드백을 줬다. 엘리자베스의 남편 닉 펜스터는 이 책의 온라인 홍보에 필요한 영상 작업을 흔쾌히 도와줬다.

마지막으로 48년의 결혼 생활부터 2년이 넘게 걸린 이 책의 출간 프로젝트까지 내 삶의 51년을 함께해준 동반자 로이스 시드에게 감사를 전한다. 로이스가 없었다면 이 책은 세상에 나올 수 없었다.

찾아보기

DNA 67, 71~72, 205, 218
NMDA 수용체 258

ㄱ
가족력 73, 166, 231, 273
간이 정신상태 검사(MMSE) 39, 249~251
갈란타민 258~259
감각기억 184
개두술 56~57
경도 인지 장애 40~41, 82, 90~91, 103, 115, 119, 140, 162, 165, 209, 237
경막하 혈종 259
계보학 67, 76
고유감각 104~105, 241
고혈압 147, 153, 163, 167, 174
공감 145~146, 269
공감동공반응 212
공황 54~55, 204, 277~281, 284
과호흡 279~280
국제노화연맹 코펜하겐 정상회의 125

굿리즈 171
그레그 오브라이언 42, 232, 298
글루탐산 258
글림프 시스템 174
글쓰기 83~84, 130, 166, 180, 285~289
기억 13, 33, 39, 41, 64, 79~81, 83~87, 89~90, 95, 97~98, 100~101, 103~104, 108, 116, 143, 156, 171~172, 183~184, 187, 190~194, 196, 201~203, 207, 212, 214, 218, 221, 227, 237, 239~240, 242, 244, 246, 249~250, 257, 258, 260, 267, 269, 281~282, 284~286, 289~290, 296~298
기억력 24, 69, 72, 152, 219, 242, 250, 259, 289
기억술 242
기저핵 84, 172, 192
길 라비노비치 106~107, 112, 114~115, 117
꿈 202, 207~210

ㄴ

낙인 19, 21, 158, 232, 276~277
내 뇌에 새겨진 문신 148, 152, 157~158
내시경 수술 56
냄새 신호 184
노인성 치매 74
뇌부종 30, 148, 151, 289
뇌수술 56~57
뇌실 116
뇌전증 57, 261, 278, 280
뇌졸중 39~40, 114, 124, 146~147, 175, 261~262, 277~278, 280
뇌종양 40
뇌척수액 116, 174
뇌척수액 검사 14, 40
뇌출혈 74, 153
뇌하수체 종양 54~56, 60~61, 68

ㄷ

다발성경화증 54, 151, 257
다섯 가지 알츠하이머 예방 전략 163
단기기억 43, 103, 104, 239
단일클론항체 135, 153~154, 274
당뇨병 124, 133, 163, 174~175, 274
〈당신의 뿌리를 찾아서〉 66
대뇌피질 84~85
대니얼 레비틴 191
대시(DASH) 식단 108, 167~168, 292
도네페질 152, 200, 257~259
독립성 80, 235~236
독서 62, 83, 108, 110, 131, 149, 170~171, 180, 221, 223, 236
두려움 19, 21~22, 40, 53, 145~146, 162, 202~204, 206~207, 209, 243
두부외상 42, 46~48, 62, 124, 298
두정엽 116, 262, 288
두통 30, 136, 138, 144, 146, 148, 150~152

ㄹ

루돌프 탠지 177~178, 227
루이소체 치매 69, 257, 260
류신풍부반복키나제-2(LRRK-2) 68
리바스티그민 258~259
리처드 L. 도티 47, 60, 62

ㅁ

마인드(MIND) 식단 108, 163, 167~168, 271, 292~293
멀티태스킹 81~82, 86, 102, 223
메만틴 258~259
《명왕성에서》 42, 298
몬트리올 인지평가(MOCA) 237, 249~250
무감정 173, 202, 269~271
미각 169
미니 뇌졸중 175
미세출혈 147~148, 152~153, 209

ㅂ

바피뉴주맙 155
반맹 262
방추이랑 173

벤저민 스테처 266
본성 대 양육 217
분노 43, 202, 204
비렘수면 174

ㅅ

사회적 활동 11, 16, 22, 108, 163, 169~170, 172~173, 271
생활방식, 생활양식 41, 81, 118, 133, 162~163, 166, 175~179, 206, 223, 238, 245, 265, 268, 271, 285, 290
서술기억 84~85, 172
세인트루이스대학교 정신상태 검사(SLUMS) 249
소뇌 84, 172, 192
수녀 연구 129
수면 81, 163, 166, 173~174, 178, 271
시각-공간 지각 86
시각-공간 처리 200, 250
신경가소성 192
신경섬유 뭉치 13, 25, 113, 135, 175, 237, 242, 259, 262, 264
실독증(읽기언어상실증) 289
실행 기능 86, 104, 116, 269

ㅇ

아두카누맙 136~139, 144, 151, 153~154, 273
아리아(ARIA) 137~138, 148~149, 151~156, 171, 223, 235, 237, 264, 274, 289
아리셉트 152, 200, 257

아밀로이드 14, 74, 113, 116~117, 134, 136~137, 153, 155, 165, 174~175, 177, 231, 262, 264~268
아밀로이드 베타 13, 70, 116, 133, 135~136, 153, 155, 174, 268
아밀로이드 플라크 13~14, 25, 74, 86, 113, 119~120, 133, 135~136, 153, 175, 178, 242, 259, 262, 264
아세틸콜린 257~258
아우구스테 D 24~25, 176
아포지질단백질 E-2(APOE-2) 70~71
아포지질단백질 E-3(APOE-3) 70~71, 265
아포지질단백질 E-4(APOE-4) 68~73, 115, 118, 130, 166, 177, 205~206, 218~219, 231, 264, 266, 268, 274, 276
안와전두피질 117, 121, 184
알로이스 알츠하이머 14, 24~25, 257, 297
알츠하이머병협회 42, 194, 272~273, 275, 294
암묵기억 85
앨런 로지스 276
야코브 스턴 124, 126~129
양전자방출단층촬영(PET) 14, 40, 112~113, 116~117, 121, 134, 137~139, 188, 237, 260, 265~266, 268
언어기억 39, 83, 200, 237, 245, 251, 285

언어 문제 86
얼굴맹(얼굴인식불능증) 173, 187
여가 활동 129, 169
오디오북 149, 214, 223, 229
외현기억 85
우울증 106
우울감 163, 178, 194, 202, 224, 248
운동 11, 16, 22, 33~34, 81, 86,
　　　105, 107~108, 131, 135, 163,
　　　165~168, 171, 176, 179~180,
　　　209~210, 245, 271
운동피질 193, 289
윌리엄 하울릿 190, 238~239
유전 상담 17, 68, 72, 205
음악 64, 105, 129, 184, 189~196,
　　　221~222, 286
음악 치료 194
이중맹검연구 138~139
인지 검사 72, 83, 106, 113, 115,
　　　119~120
인지 장애 41, 80, 82, 90~91, 103,
　　　115, 119, 140, 162, 165, 200, 209,
　　　231, 237, 248
인지예비능 120, 123~131, 170, 238
일과성 허혈발작(TIA) 175, 277~278
일기 쓰기 103, 171
임상시험 17, 33~34, 98, 131,
　　　133, 135~137, 139, 141, 143,
　　　155~156, 159, 161, 164, 208,
　　　215, 251, 264~265, 267,
　　　273~274, 292, 294
임상시험 3상 135~137, 141, 155, 208

ㅈ

자기공명영상(MRI) 40, 48, 55, 110,
　　　112, 114, 116, 134, 137~138,
　　　147~148, 151, 153, 192, 226,
　　　259, 261~263
자살 201, 206
자원활동 29, 63~64, 89~90, 99, 129,
　　　169, 190
자전적 기억 191, 193
장기기억 85, 104, 116
적대적 다면발현 72
전두엽 116, 147~148, 261~262,
　　　288~289
전두측두엽 치매 69, 257, 259~260
전전두피질 86, 116, 121
절망감 19, 42, 119, 162~163, 205, 270
절차기억 84~85, 104, 172, 192
정상압수두증 259
정신과적 증상 86
정신적 자극 16, 108, 169~170
조롱박피질 62, 117, 121, 184
주의력 241, 251, 260
즉시회상 85
지중해식 식단 108, 167~168, 271,
　　　292
진 코언 251
질병 수정 개입 123, 176, 265~267,
　　　272

ㅊ

초기 알츠하이머병, 알츠하이머병
　　　초기 10~11, 15~16, 20, 23,
　　　28~29, 84, 86, 105, 107, 109,

119, 122~123, 133, 135, 140,
162, 164~166, 173, 179, 189,
200~203, 206~207, 230, 237,
243, 263, 267, 273, 281
초음파 133, 277~278
초조함 86, 109, 194, 243
추측 항법 78~79
측두엽 55, 84~85, 116, 121, 147~148,
172~173, 188, 192, 261~263,
288~289

ㅋ

컴퓨터단층촬영(CT) 40, 74,
113~114, 259
코로나19 18, 47, 238, 252~253,
275~276
크리스토퍼 H. 호크스 47, 62

ㅌ

타우 단백질 13~14, 40, 113, 116, 121,
125, 133~135, 175, 178, 188,
237, 264, 268
타크린 258
톰 러스 125
통제력 163, 202, 207, 278
투쟁-도피 반응 204

ㅍ

파킨슨병 13, 54, 62~63, 68~69, 185,
257, 259~260, 266
펜실베이니아대학교 후각 인지
검사(UPSIT) 60~61
편두통 54, 144, 257

프리세닐린-1(PSEN-1) 264
프루스트 효과 183~184, 190
플라보놀 168
피아노 연주 84, 104, 130, 172, 180,
192, 194~196, 221, 234~235
피질맹 188

ㅎ

한센병 47~48
항해 78~80, 91~93, 95, 215, 225,
235, 238
해마 85, 116
행동 문제 243, 260
헤모시데린 148, 152, 157
혈관성 치매 69, 175, 257, 259~260
혈뇌장벽 133, 154~155
환각 46, 63, 86, 188, 260, 263
환후각증 46, 61, 63, 117, 144,
263~264
후각 손상 62, 262~263, 273
후각 저하 46, 61
후각 중추 85, 117
후각망울 62
《후각 및 미각 장애》 47
후각 상실 47, 60~61, 63, 116~117,
185~187
후각 장애 47, 62~63, 185
후두엽 116, 188, 262, 288~289
후두피질위축증 262

치매에 걸린 뇌과학자

초판 발행 2025년 8월 12일
초판 4쇄 발행 2025년 9월 30일

지은이 대니얼 깁스 · 터리사 H. 바커
옮긴이 정지인
발행인 이종원
발행처 (주)도서출판 길벗
브랜드 더퀘스트
출판사 등록일 1990년 12월 24일
주소 서울시 마포구 월드컵로 10길 56(서교동)
대표전화 02)332-0931 | **팩스** 02)323-0586
홈페이지 www.gilbut.co.kr | **이메일** gilbut@gilbut.co.kr
대량구매 및 납품 문의 02) 330-9708

기획 및 책임편집 이민주(ellie09@gilbut.co.kr), 박윤조 | **편집** 안아람 | **제작** 이준호, 손일순, 이진혁 | **마케팅** 정경원, 김선영, 정지연, 이지원, 이지현 | **유통혁신팀** 한준희 | **영업관리** 김명자, 심선숙 | **독자지원** 윤정아

디자인 및 전산편집 형태와내용사이 | **교정교열** 허유진 | **인쇄 및 제본** 정민

- 더퀘스트는 (주)도서출판 길벗의 인문교양·비즈니스 단행본 브랜드입니다.
- 잘못 만든 책은 구입한 서점에서 바꿔 드립니다.
- 인공지능(AI) 기술 또는 시스템을 훈련하기 위해 이 책의 전체 내용은 물론 일부 문장도 사용하는 것을 금지합니다.
- 이 책에 실린 모든 내용, 디자인, 이미지, 편집 구성의 저작권은 (주)도서출판 길벗(더퀘스트)과 지은이에게 있습니다. 허락 없이 복제하거나 다른 매체에 실을 수 없습니다.

ISBN 979-11-407-1511-4 03840
(길벗 도서번호 040285)
정가 19,500원

독자의 1초까지 아껴주는 정성 길벗출판사
(주)도서출판 길벗 | IT교육서, IT단행본, 경제경영서, 어학&실용서, 인문교양서, 자녀교육서 **www.gilbut.co.kr**
길벗스쿨 | 국어학습, 수학학습, 어린이교양, 주니어 어학학습, 학습단행본 **www.gilbutschool.co.kr**
인스타그램 **thequest_book** | 페이스북 **thequestzigi** | 네이버포스트 **thequestbook**